Stefan Blum, Sabine Brunner, Peter Grossniklaus, Christophe A. Herzig, Barbara Jeltsch-Schudel, Susanne Meier

Kindesvertretung

Gesellschaft der Unterschiede | Band 74

Stefan Blum ist Rechtsanwalt und Mitgründer sowie Partner der Musivo Genossenschaft für transdisziplinäre Fallführung in Winterthur. Er ist seit vielen Jahren in den Bereichen Kinderrechte in der Justiz, in Aufbau und Führung von NGOs, als Kindesvertreter, Dozent und Autor tätig.
Sabine Brunner ist Psychologin, Psychotherapeutin und Supervisorin am Marie Meierhofer Institut für das Kind in Zürich. Sie beschäftigt sich unter anderem mit dem Einbezug von Kindern in verschiedene professionelle Kontexte und ist Co-Autorin der von der UNICEF herausgegebenen Broschüren zur Kindesanhörung.
Peter Grossniklaus ist Diplom-Sozialarbeiter im Ruhestand. Er blickt auf eine langjährige Tätigkeit an der Fachstelle für das Pflegekinderwesen zurück und wirkte im europäischen Projekt »Quality4Children« mit. Er ist Gründungsmitglied und langjähriger Co-Präsident des Vereins »Kinderanwaltschaft Schweiz«.
Christophe A. Herzig (Dr. iur.) ist Rechtsanwalt, verfügt über ein CAS in Kindesvertretung und leitet das Institut für Kinds- und Opfervertretung in Bern. Darüber hinaus ist er Co-Präsident des Vereins »Kinderanwaltschaft Schweiz« sowie Dozent an der FernUni Schweiz und für verschiedene Fachhochschulen.
Barbara Jeltsch-Schudel (Prof. tit. em. Dr. phil.) ist Sonderpädagogin und war Leiterin des Studienprogramms Klinische Heilpädagogik und Sozialpädagogik am Departement für Sonderpädagogik der Université Fribourg. In Blockkursen, Gastvorlesungen, Weiterbildungen und Publikationen thematisiert sie die Rechte von Kindern mit Behinderungen in verschiedenen Kontexten.
Susanne Meier ist Rechtsanwältin, Mediatorin und und verfügt über ein CAS in Kindesvertretung. Sie vertritt seit über 25 Jahren Kinder und Eltern in den Bereichen Familienrecht, Kindesschutz und Strafrecht (Opfer). Sie doziert an verschiedenen Hochschulen der Schweiz.

Stefan Blum, Sabine Brunner, Peter Grossniklaus, Christophe A. Herzig,
Barbara Jeltsch-Schudel, Susanne Meier

Kindesvertretung

Konkret, partizipativ, transdisziplinär

[transcript]

Die Open-Access-Ausgabe wird publiziert mit Unterstützung des Schweizerischen Nationalfonds zur Förderung der wissenschaftlichen Forschung.

Bibliografische Information der Deutschen Nationalbibliothek

Die Deutsche Nationalbibliothek verzeichnet diese Publikation in der Deutschen Nationalbibliografie; detaillierte bibliografische Daten sind im Internet über http://dnb.d-nb.de abrufbar.

Erschienen 2022 im transcript Verlag, Bielefeld

transcript Verlag | Hermannstraße 26 | D-33602 Bielefeld | live@transcript-verlag.de

Umschlaggestaltung: Kordula Röckenhaus, Bielefeld

Druck: Druckhaus Bechstein GmbH, Wetzlar

https://doi.org/10.14361/9783839464441

Print-ISBN 978-3-8376-6444-7

PDF-ISBN 978-3-8394-6444-1

Buchreihen-ISSN: 2702-9271

Buchreihen-eISSN: 2702-928X

Gedruckt auf alterungsbeständigem Papier mit chlorfrei gebleichtem Zellstoff.

Besuchen Sie uns im Internet: *https://www.transcript-verlag.de*

Unsere aktuelle Vorschau finden Sie unter *www.transcript-verlag.de/vorschau-download*

Inhalt

»Ich fand es gut, dass meine Kinderanwältin an vielen Gesprächen teilnehmen durfte. Sie konnte uns in schwierigen Situationen sehr helfen. Die Beiständin glaubte mir nie, was ich ihr gesagt habe. In den vielen Gesprächen fragte mich die Beiständin fast immer das Gleiche. Es waren zu viele Gespräche, die viel zu lange dauerten für mein Alter. Die Fragen waren mir zu kompliziert. Für mich waren die Gespräche stressig. Es stresste mich, wenn meine Kinderanwältin nicht dabei sein durfte. Am liebsten wollte ich keine Gespräche und Briefe. Die Behörden verstanden die Sachen meist anders, als ich es gemeint hatte. Ich hätte mir gewünscht, dass ich alles nur einmal der Kinderanwältin hätte sagen müssen.«

Erich

Geleitwort

Prof. em. Dr. med. Dieter Bürgin

In einem Buch, das von einer Vielzahl von Autorinnen und Autoren verfasst worden ist, mag die Stimme eines Einzelnen im Vorwort ein Unding sein. Dennoch entspricht es dem Wunsch der Autorinnen und Autoren, sie hörbar zu machen.

Jeder Mensch besitzt *Würde*. Dass die Menschenwürde auch für Kinder und Jugendliche gilt, sollte eine Selbstverständlichkeit sein, ist es aber nicht. Die Würde von Kindern und Jugendlichen ist weitgehend noch nicht verankert im ethisch-pädagogischen Denken unserer Gesellschaft. Der absolute innere Wert der Würde *verbietet jede Instrumentalisierung des Subjektes* in juristischen Verfahren durch die Verfahrensbeteiligten, z. B. die Eltern, deren Anwälte, das Gericht oder die Behörde.

1967 wurde der Anspruch von Kindern und Jugendlichen auf eine eigenständige Rechtsvertretung in einem Verfahren erstmals bejaht. Die *UN-Kinderrechtskonvention* von 1989 verankerte dieses Recht auf Partizipation auf kindesrechtlicher Ebene (Art. 12). Da jedes Kind, jede jugendliche Person und jede Familie einzigartig sind, muss letztlich jedes Vertretungsmandat in völlig spezifischer Form geführt werden. Die Erfahrung ist weit verbreitet, dass vertiefte persönliche Gespräche mit Kindern und Jugendlichen in der Jugend- und Familienhilfe und in Justizverfahren sehr oft zu kurz kommen und dieser Umstand von einer Mehrheit der Beteiligten beklagt wird.

Im vorliegenden Buch werden nicht nur *konkrete Fälle* aus juristischer, psychologischer, sozialarbeiterischer und sonderpädagogischer Sicht diskutiert, sondern auch *Grundlagen* dargeboten bezüglich der Rechte von Kindern und Jugendlichen auf Partizipation (Beteiligung), d.h. es werden die *basalen Formen und Instrumentarien der ›Kindesvertretung‹* dargestellt.

Die *Kindesanhörung* und die *unabhängige Vertretung von Kindern und Jugendlichen* in gerichtlichen und behördlichen Verfahren sind wichtige Bestandteile dieser seit den 70er-Jahren in Gang gesetzten, weltweiten Entwicklung. In der schweizerischen Gesetzgebung wurden diese Partizipationsinstrumente, von der Öffentlichkeit und weiten Teilen der Fachwelt fast unbemerkt, erstmals im Jahr 2000 im Scheidungsrecht verankert.

Die *Vertragsstaaten der Kinderschutzkonvention* haben sicherzustellen, dass die für die Fürsorge für das Kind oder dessen Schutz verantwortlichen Institutionen, Dienste und Einrichtungen (z.B. KESB, Gericht, Kinder- und Jugendmedizin, KITAs) den an sie gestellten rechtlichen Anforderungen genügen, insbesondere im Bereich der Sicherheit und der Gesundheit sowie hinsichtlich der Zahl und der fachlichen Eignung des Personals und des Bestehens einer ausreichenden Aufsicht (z.B. Pflegekinderaufsicht).

Der *Europarat* – in dem die Schweiz ebenfalls Mitglied ist – hat im Jahr 2010 Leitlinien für eine *kindgerechte Justiz* verabschiedet, um zu gewährleisten, dass die Justiz Kindern und Jugendlichen gegenüber stets freundlich sei. Kinder und Jugendliche seien mit Würde, Achtung, Sorgfalt und Fairness zu behandeln. Eine kindgerechte Justiz solle sich als zugänglich, verständlich und zuverlässig erweisen. Hierdurch sind die rechtsanwendenden Behörden und Gerichte verpflichtet, die *Anliegen der betroffenen Kinder und Jugendlichen zu ›hören‹*, sie sorgfältig und ernsthaft zu prüfen und sie in der Entscheidungsfindung zu berücksichtigen.

Kindesvertreter und -vertreterinnen in menschlichen, fürsorgerischen und rechtlichen Fragen müssen erfahrene Personen sein. Diese Tätigkeit sollte nicht Anwältinnen und Anwälten vorbehalten bleiben, obwohl, bisher zumindest in der Schweiz, die meisten Vertretungspersonen einen juristischen Hintergrund aufweisen. Auch wenn eine Kindesvertretung grundsätzlich eine *Interessenvertretung* ist, wird seitens der Verfahrensbeteiligten dennoch erwartet, dass sie objektiv, unvoreingenommen und sachlich-professionell agiert. Die Kindesvertretung bietet Kindern und Jugendlichen eine kontinuierliche Begleitung während der Dauer des ganzen Verfahrens. Sie bekommen auf diese Weise eine Möglichkeit, ihr *eigenstes Anliegen durch eine Vertretungsperson hörbar zu machen und zu vertreten*. Auf diese Weise erhalten sie eine verstärkte Stellung als Subjekte mit eigenen Rechten in den sie betreffenden Gerichts- und Verwaltungsverfahren.

Im Jahr 2006 hat das *Bundesgericht* zur Rolle der Kindesvertretung überzeugend festgehalten: Die Kindesvertretung »handelt unabhängig von Behörden und Gericht aus eigenem Recht für das Kind. Sie hat namentlich dafür zu sorgen, dass die Anliegen des Kindes in den Prozess eingebracht werden«.

Eine der zentralsten und damit vorrangigsten Aufgaben der Kindesvertretung besteht in der Übermittlung des sorgfältig und umfassend abgeklärten subjektiven Willens des Kindes an die entsprechenden Instanzen. Die Ausgestaltung des kindlichen Willens ist entwicklungsabhängig. Manchmal sind Kinder inhaltlich oder emotional mit einer Lebenssituation überfordert und können deshalb ›keinen eigenen Willen‹ bilden.

Partizipation entspricht einem universellen, umfassenden und integralen Menschen-Recht, auf das sich jeder Mensch ab dem Zeitpunkt seiner Geburt berufen kann. Teil-Sein und Teil-Haben sind Elemente der Partizipation, die passiv sind. Partizipation als aktive *Teil-Nahme* ist vordringlich innerhalb der Familie umzusetzen, überdies aber auch in allen anderen Lebenswelten von Kindern und Jugendlichen. Sie bezieht sich ebenso auf alle wichtigen Entscheidungen und umfasst letztlich sowohl den aktiven als auch den passiven Pol. Partizipation gilt natürlich auch für alle Behinderten. Dem Verständnis von *Partizipation als Recht* liegt ein Menschenbild zugrunde, das davon ausgeht, dass jeder Mensch daran interessiert ist, von diesem Recht Gebrauch zu machen.

Kinder und Jugendliche dürfen mit der Möglichkeit von Mit-Sprache und Mit-Entscheidung aber *nicht in Ambivalenz-Konflikte hineingestoßen* werden. Partizipation von Kindern und Jugendlichen ist zwar erstrebenswert, aber nur in stetem Abgleich mit Führung durch Erwachsene und dem Einsatz natürlicher Autorität. Denn eine zentrale Aufgabe von Eltern besteht bezüglich ihrer Kinder und Jugendlichen in der Hilfestellung und Erleichterung bei der *Orientierung in der Welt*.

Kindesvertretungen können in zahlreichen Situationen eingesetzt werden. Auch wenn der Grundauftrag immer der gleiche bleibt, können sich die Vorgehensweisen im Einzelfall sehr unterschiedlich gestalten, z.B. in Kindesschutzverfahren, familiengerichtlichen Verfahren, Strafverfahren, Asyl- und ausländerrechtlichen Verfahren, gerichtlichen Rückführungsverfahren, Adoptionsverfahren, Verfahren zu medizinischen Belangen, Sozialversicherungs- und arbeitsrechtlichen Verfahren sowie Vertretung in Verfahren zur Wahrnehmung weiterer höchstpersönlicher Rechte (Erbrecht, Namensänderung etc.).

Jedes am Wohl des Kindes ausgerichtete Handeln muss sich an den *Grundrechten und Grundbedürfnissen von Kindern orientieren*. Da das *Wohl* von Kindern und Jugendlichen klugerweise nirgends genau festgelegt ist, muss es von allen Beteiligten stets neu definiert, abgeglichen und verantwortet werden. Die Ermittlung des Wohles von Kindern und Jugendlichen muss oft interdisziplinär ausgehandelt werden, da der Begriff vielfach sehr unterschiedlich verstanden wird. Alle Menschen gehen von *bewussten und vorbewussten Grundannahmen* aus, die ihr Handeln lenken[1]. Diese sind auch an der subjektiven Ausgestaltung der Vorstellungen über das Kindeswohl mitbeteiligt. Alle sich mit dem Wohl des Kindes beschäftigenden Fachpersonen müssen deshalb davon ausgehen, dass stets eine gewisse Unsicherheit hinterbleibt.

Verständigung entspricht einem komplexen Vorgang zwischen den Beteiligten. Ob Mitteilungen eines Gegenübers verstanden werden oder nicht, liegt in den Wahrnehmungs- und Verständnismöglichkeiten und -fähigkeiten der an der Verständigung beteiligten Personen begründet. Gespräche, also ein verbaler Informationsaustausch, sind in unserer Gesellschaft die üblichste und daher am besten verständliche Kommunikationsform. Andere, averbale Ausdrucksformen (z.B. mimische, gestische oder körpersprachliche) erfordern ein ganz anderes ›Hören‹ und ›Lesen‹ der Botschaften. Diese Fähigkeit lässt sich nur partiell unterrichten und ist in hohem Maße und automatisch von unbewussten Annahmen und Interpretationen durchsetzt. Die *Selektion und Ausbildung* von ›Kindesvertretungen‹ bietet somit nicht geringe Probleme.

Kindesvertreterinnen und Kindesvertreter müssen über eine *Bereitschaft zu Reflektion und Selbstkritik* verfügen. Um die Motive und Handlungen eines Kindes oder eines jugendlichen Menschen zu verstehen und diese ernst zu nehmen, muss sich die ›Kindesvertretung‹ dafür interessieren, was ein Kind beziehungsweise ein jugendlicher Mensch für wichtig hält. Sie stellt sich gegenüber Kindern und Jugendlichen wohlwollend ein, verhält sich offen und engagiert und pflegt die nötige Sorgfalt. Auf deren Wünsche und Lösungsvorstellungen reagiert sie einfühlsam und bleibt gleichzeitig realistisch. Eine »geeignete« ›Kindesvertretung‹ muss somit über persönliche, kommunikative und fachliche *Kompetenz* verfügen.

Ein zentrales Element der Kindesvertretung ist ihre *äußere und innere Unabhängigkeit*. Deshalb darf für diese Funktion nur eine unabhängige Fachperson eingesetzt werden, die nicht in die Gerichts- oder Behördenorganisation eingebunden ist. Sie wirkt nicht als ›Anwalt des Kindes‹ im juristischen Sinne des Terminus ›Anwalt‹, wohl aber im eigentlichsten Sinne eines ›Für-Sprechers‹.

Eine *Beistandsperson* ist nicht unabhängig, sondern gegenüber der KESB rechenschaftspflichtig und weisungsgebunden. Eine unabhängige ›Kindesvertretung‹ hingegen verfügt über die Möglichkeit, einen Entscheid der KESB bzw. des Gerichts anzufechten. Die ›Kindesvertretung‹ hat die Würde von Kindern und Jugendlichen jederzeit zu beachten, was für die innere und äußere

---

1 Vgl. BÜRGIN (2020).

Haltung und für einen sensiblen und empathischen Umgang handlungsweisend ist. Sie hat sich somit im Verfahren für die Respektierung der Würde und der Subjektstellung von Kindern und Jugendlichen durch die entscheidenden Behörden (Gerichte und KESB) sowie durch die übrigen Parteien bzw. Verfahrensbeteiligten aktiv einzusetzen. Sie überprüft aber auch, ob die Regelung der Kinderbelange im Sinne des Kindeswohls erfolgt. Dem *Vertrauensverhältnis* zwischen Kindern/Jugendlichen und der ›Kindesvertretung‹ kommt eine zentrale Bedeutung zu. Es geht also um den durchaus realistischen Versuch, unmündige Menschen im Verfahren ernst zu nehmen und sie, soweit gewünscht, aktiv daran partizipieren zu lassen. Das Einbringen der Sichtweise und des ›Willens‹ der Kinder/Jugendlichen gewährleistet ihr Grundrecht auf Partizipation (Subjektstellung/Menschenwürde), soll Ohnmachtsgefühle vermeiden sowie die Resilienz stärken.

Um die Interessen des Kindes zu ermitteln, muss die ›Kindesvertretung‹ den Sachverhalt in Berücksichtigung sämtlicher Erkenntnisquellen vollständig abklären und sich ein umfassendes, behörden- und elternunabhängiges Bild von der konkreten Situation des Kindes oder des jugendlichen Menschen machen. Es muss ihr ein *uneingeschränktes Akteneinsichtsrecht* zustehen.

Einigkeit besteht darin, dass die Forderung nach *multidisziplinärer Zusammenarbeit* allein nicht genügt, sondern dass diese Kooperation bewusst gestaltet werden muss und somit zeitliche Ressourcen eröffnet als auch Plattformen für entsprechende Diskurse geschaffen werden müssen. Die *Etablierung eines ›kooperativen Kontextes‹*[2] zwischen den verschiedenen Beteiligten – ein Ausdruck, den ich persönlich lieber verwende als nur Inter- oder gar Transdisziplinarität – bezieht sich auf formale und inhaltliche Probleme. Natürlich sind alle an einem ›Prozess‹ Beteiligten dafür verantwortlich, aber für diejenige Person, welche die Anliegen eines Kindes oder Jugendlichen bei Behörden hörbar machen möchte, stellt sich ein besonders schwieriges Problem ein, da sie gleichsam in den Zwischenräumen der anderen tätig ist.

Das Gesetz lässt zu, dass Fachpersonen mit sehr unterschiedlicher, d.h. juristischer, psychosozialer, pädagogischer oder anderer, *Grundausbildung* Kindesvertretungsmandate übernehmen. Es ist zu überlegen, ob bei der Ausbildung von ›Kindesvertretungen‹ nicht doch etwas komplexere Lehrgänge anzustreben sind. Eine rein juristische Ausbildung scheint schlicht nicht ausreichend zu sein. Viele Kinder, welche die Möglichkeit einer ›Kindesvertretung‹

2 Vgl. Bürgin (2017).

angeboten erhalten, sind bereits traumatisiert oder werden gerade traumatisiert. Der Umgang mit traumatisierten Kindern oder Jugendlichen erfordert nicht nur viele Detail-Kenntnisse und -Erfahrungen, sondern auch sehr viel Takt und Respekt.

Die Kindesvertretung muss nicht nur in Erfahrung bringen, wie das Kind seine Situation einschätzt und was es will, sondern auch, was sich vertreten lässt und wie es um die Erfolgsaussichten steht. Welche behördlichen Maßnahmen sind im Familienrecht oder im Kindesschutz erforderlich, um das Kindeswohl sicherzustellen? Wenn das Gericht bzw. die Behörde einen Entscheid gefällt hat, erklärt die ›Kindesvertretung‹ diesen dem vertretenen Kind. Ist es mit dem Ergebnis nicht einverstanden, so ist gemeinsam zu klären, ob Rechtsmittel ergriffen werden sollen oder andere Schritte möglich sind.

Es ist für eine gute Gesprächsführung wesentlich, Kinder/Jugendliche als ernst zu nehmende Persönlichkeiten anzuerkennen und zu respektieren. Die ›Kindesvertretung‹ hat im direkten Kontakt mit Kindern/Jugendlichen die Aufgabe, diese möglichst gut zu erfassen und zu verstehen. Ob hierzu allerdings die Grundlagen der Roger'schen Gesprächsführung, wie im Buch vorgeschlagen, ausreichend sind, darf eine offene Frage bleiben. Denn es gilt auch, sich mit der *nonverbalen Kommunikation* auseinanderzusetzen, die symbolreich ist und zu nicht geringen Anteilen zudem durch *nicht bewusste Persönlichkeitsanteile* mitgestaltet wird. Nonverbale Äußerungen und psychosomatische Reaktionen lassen einen viel größeren Interpretationsspielraum offen als Worte, die selber schon manchmal vieldeutig sind und nur im entsprechenden affektiven Kontext eindeutiger werden.

Die ›Kindesvertretung‹ hat den *Gesprächsrahmen* zu verantworten. Je nach Setting gestalten sich die Gespräche sehr unterschiedlich, und es ist ratsam, die Passung des Settings für jedes Gespräch zu überdenken.

Für ein professionelles Vorgehen ist *fortwährendes* Reflektieren gefordert. Die ›Kindesvertretung‹ muss sich immer wieder Rechenschaft darüber ablegen, inwieweit ihre Einschätzungen von *persönlichen Wertvorstellungen, Gefühlen und Erfahrungen* beeinflusst sind. Professionelles Handeln ist anhaltend mit der Überprüfung von ausgestalteten Hypothesen beschäftigt. Dies geschieht recht automatisch, oft ohne bewusste Steuerung. Uns erscheinen *regelmäßige Supervisionseinheiten* unerlässlich, sie dürfen nicht einfach nur gelegentlich stattfinden. In diesem Sekundärdialog (wie zwischen Assistenz- und Oberarzt am Krankenbett) finden die Reflektion und das Überprüfen von Hypothesen in einem kreativ-pädagogischen Rahmen statt, der auch *vorbewusste Inhalte* besser verstehen lässt.

Bei der bereits seit Langem eingeführten ›*Beistandschaft*‹ handelt es sich um eine zivilrechtliche Kindesschutzmaßnahme (i.e.S.), die in der Regel *auf Dauer angelegt* ist (und sich, im Unterschied zur ›Kindesvertretung‹, keineswegs auf die Dauer eines Verfahrens beschränkt) und deren Einsetzung eine Kindeswohlgefährdung voraussetzt. KESB oder Gericht können einem Beistand lediglich beratende Aufgaben zuweisen oder ihm genauer umschriebene Aufgaben übertragen. Die Beistandsperson wird dem Kind aus diesen Gründen oftmals nicht die Sicherheit geben können, dass seine Wünsche und Meinungen im laufenden Kindesschutz- oder Gerichtsverfahren mit Nachdruck eingebracht werden. Es ist von großer Wichtigkeit, dass sich die ›Kindesvertretung‹ mit der Beistandsperson (falls eine solche besteht) *austauscht* und bereits zu Beginn gegenseitig eine *Rollenklärung* vorgenommen wird. In diesem Sinne stehen diese beiden Aufgaben in einem sich ergänzenden Verhältnis zueinander.

Demgegenüber wird eine ›Kindesvertretung‹ (anders als die Beistandschaft) immer *›nur‹ für die Dauer eines Kindesschutz- oder Gerichtsverfahrens* angeordnet, um während dieser Zeit die Interessen des Kindes zu vertreten und dem Kind im Verfahren eine Stimme zu geben. Beistandschaft und ›Kindesvertretung‹ bewegen sich im Spannungsfeld zwischen Kindeswillen, Kindeswohl sowie Kinder- und Elternrechten. Sie sind *nur dann einzusetzen, wenn Eltern nicht mehr in der Lage sind, die Interessen ihrer Kinder angemessen wahrzunehmen*. Der Auftrag der Beistandschaft muss und soll jeweils für den Einzelfall möglichst maßgeschneidert konkretisiert werden. Dabei steht schwerpunktmäßig die Arbeit mit den Eltern im Vordergrund. Bei der ›Kindesvertretung‹ hingegen bildet die Arbeit mit dem Kind das Zentrum.

Natürlich muss in diesem *interdisziplinären Bereich zwischen allen beteiligten Fachpersonen* für eine konstant förderliche Zusammenarbeit gesorgt werden. Die leichte Neigung zu einer Verschmelzung bei einem ›transdisziplinären‹ Konzept dürfte nicht unbedingt zur Rollenklärung hilfreich sein. Die kreative Auseinandersetzung zwischen verschiedenen Identitäten hingegen zeigt auf, welche Schnittmengen möglich werden und wo die Aufgaben klar unterschiedlich sind. Der potenziellen Zusammenarbeit zwischen ›Kindesvertretungen‹ und psychotherapeutisch tätigen Personen ist ganz besondere Beachtung zu schenken, einerseits wegen der doch sehr unterschiedlichen Aufgaben, andererseits wegen der Frage einer vertrauensvollen Beziehung. Aus einer Psychotherapie können keine Inhalte an eine ›Kindesvertretung‹ weitergegeben werden und trotzdem kann es Absprachen geben über so etwas wie eine gemeinsame Ausrichtung der Arbeit.

Neben *vielen sehr nützlichen Ausführungen in diesem Buch*, z.B. über die Würde von Kindern und Jugendlichen, ihre Rechte, Grundbedürfnisse, den sog. Kindeswillen und das Kindeswohl, die Kinderrechtskonvention und die verschiedenen Facetten der Ausbildung von ›Kindesvertretungen‹ und deren Zusammenarbeit mit anderen Disziplinen, folgen Überlegungen zur Fall- und Gesprächsführung, zum fachlichen Reflektieren und zur Situation bei Gutachten.

In den *drei deutschsprachigen Ländern* hat eine erheblich unterschiedliche Professionalisierung der ›Kindesvertretung‹ stattgefunden. Dies hängt mit den verschiedenen Entstehungsgeschichten und Rechtskulturen zusammen. Es wird im Buch verständlich erläutert, wie sich die Situation in *Deutschland* (Verfahrensbeistände), *Österreich* (Kinderbeistände für Minderjährige in Obsorgeverfahren) und der *Schweiz* unterschiedlich entwickelt hat.

Das Buch enthält knappe, aber klare Fallgeschichten, zudem aber auch Kommentare aus verschiedenen Berufsgruppen und von unterschiedlichen Fachpersonen. Dort wird z.B. festgestellt, dass

- die ›Kindesvertretung‹ den verfassungsmäßig und völkerrechtlich verankerten Anspruch des Kindes auf Partizipation im Verfahren verwirklichen solle,
- eine standardmäßige, ja beinahe inflationäre Einsetzung einer ›Kindesvertretung‹, wie dies in gewissen Kantonen Praxis zu sein scheine, als wenig hilfreich erachtet werde,
- immer zu klären sei, ob die Einsetzung einer ›Kindesvertretung‹ für das Kind im Verfahren einen konkreten Mehrwert ergebe. An die ›Kindesvertretungen‹ seien hohe Ansprüche zu stellen, die über das Juristische hinausgingen,
- der Einsatz von kinderanwaltlichen Vertretungen bei Jugendlichen besonders lohnenswert erscheine und eine ›Kindesvertretung‹ sich in all jenen Situationen aufdränge, wo Eltern zerstritten seien,
- die Kosten einer ›Kindesvertretung‹ in der Regel subsidiär von der KESB übernommen würden, aber, als Teil der Unterhaltsverpflichtung, den Eltern weiter verrechnet würden, es sei denn, diese selbst hätten Anspruch auf unentgeltliche Rechtsvertretung (Rechtspflege).

Das hier vorliegende Buch ist sinnvoll zusammengestellt und angenehm zu lesen. Es vermittelt viele fachliche und sachliche Inhalte, regt an und zeigt die wesentlichen Probleme differenziert und facettenreich auf, wofür man dem Autorinnen- und Autorenkollektiv nur danken kann. Zweifellos trägt es zur weiteren Entwicklung der aufgeworfenen Grundfragen und ihrer Realisierungsformen wesentlich bei.

Das Hauptproblem der ›Kindesvertretung‹ liegt gewiss bei der *Realisierung* des Konzeptes. Aus diesem Grund braucht es einerseits *unbedingt kontinuierliche, wissenschaftliche Begleituntersuchungen* über die Wirksamkeit dieser Art der Unterstützung, andererseits die *Entwicklung einer ›Fehlerkultur‹*, d.h. einer Bereitschaft, *aus den erfolgreichen und/oder den partiell gescheiterten Verläufen im Sinne einer Verbesserung des Angebotes zu lernen.*

*»Als unsere Kinderanwältin in den Prozess eingeschaltet wurde, hatte ich vor lauter Gutachter*innen, Psycholog*innen und anderen Fachpersonen komplett den Überblick verloren. Aber alle versprachen, eine Lösung zu finden, und am Ende würde alles gut sein. Sie wollten uns doch helfen. Und immer wieder mussten meine Brüder und ich unsere Geschichte erzählen und hoffen, dass uns geglaubt wird und unsere Erfahrungen und Erlebnisse nicht in Frage gestellt werden. Und dann kam unsere Kinderanwältin. Eine weitere Fachperson mit einem Titel, den ich nicht verstand, die uns helfen wollte. Ich war zu Beginn sehr skeptisch. Ich hatte mittlerweile schon so oft erfahren, dass mir nicht geglaubt wurde, und ich brauchte nicht noch eine weitere Person, die mich nicht versteht. Das Einzige, was ich wollte, war, meinen Vater nicht sehen zu müssen. Doch er ist nun einmal furchtbar gut darin, Menschen für sich einzunehmen und um den Finger zu wickeln. Ich hatte das Gefühl, alle Menschen, mit denen ich sprach, hätten längst für ihn Partei ergriffen. Doch mit unserer Kinderanwältin war das anders. Obwohl ich ihr gegenüber misstrauisch war, blieb sie mit mir in Kontakt. Ihre Frage war nicht »Was ist passiert?« und »Wer hat dir gesagt, was du erzählen sollst?«. Ihre Frage war: »Was willst du?« Ich wollte keinen Kontakt zu meinem Vater mehr haben müssen und ich wollte auch nicht, dass sie Kontakt zu ihm aufnahm. Denn ich hatte Angst, dass er sie um den Finger wickeln und sie uns dann nicht mehr glauben würde. Sie akzeptierte diesen Wunsch und hat sich stark für meine Brüder und mich eingesetzt.*

Durch ihre Hilfe und das Gefühl, von ihr gehört zu werden, gewann ich Hoffnung. Ich wusste damals nicht genau, was unsere Kinderanwältin alles machte, ohne dass ich es mitbekam, und ich weiß es noch immer nicht so genau. Aber ich fühlte mich gehört und sicher, dass wir nun jemanden haben, der sich für uns einsetzt.«

Lea

1. Einführung

1.1 Zur Entstehung dieses Buchs

Mit der Forderung nach Interdisziplinarität im Bereich der Kindesvertretung[1] entwickelte sich bereits vor Jahren unsere Zusammenarbeit. Wir beschäftigen uns beruflich alle mit Kindern und ihren Lebens- und Entwicklungsbedingungen. Immer wieder haben wir konkrete Fälle aus juristischer, psychologischer, sozialarbeiterischer und sonderpädagogischer Sicht diskutiert. Wir führten auf verschiedensten Ebenen Debatten, planten Projekte, klärten Fragen der Kindesvertretung und pflegten Kooperationen. Daraus entstand der Wunsch, unsere Erfahrungen, Sichtweisen und den als wertvoll erlebten Diskurs für die praktische Arbeit in der Vertretung von Kindern und Jugendlichen nutzbar zu machen.

In mehreren intensiven Schreibretraiten, die auch durchaus geselligen Charakter hatten, entstand in inspirierender Umgebung (Wien, Moosegg/BE, Andiast/GR, Bern, Basel) im Zeitraum von zwei Jahren der vorliegende Text. Er beschreibt aus praktischer Sicht die Arbeit von Männern und Frauen, die in ihrer beruflichen Tätigkeit Kinder und Jugendliche parteilich begleiten und vertreten, wenn Gerichte oder Behörden wichtige Entscheide über sie fällen. Ausgangspunkt und Rahmen bildet dabei das Recht des Kindes auf Partizipation (Beteiligung); deshalb nehmen menschenrechtliche Überlegungen in diesem Buch breiten Raum ein. Weil sich Partizipation immer im Raum zwischen Disziplinen und Professionen oder gar außerhalb von

1 Mit *Kindesvertreter*in* bezeichnen wir in diesem Buch die anwaltschaftliche Vertretung eines Kindes in einem rechtlichen Verfahren. Es gibt andere Begriffe wie Kindesverfahrensvertretung, Rechtsvertretung, Prozessbeistand, Verfahrensbeistand, Kinderanwalt, die gleich oder ähnlich verwendet werden. *Kindesvertreter*in* wird sowohl zur Bezeichnung des Instituts als auch der Person verwendet, die Kinder und Jugendliche in rechtlichen Verfahren vertritt.

ihnen abspielt, zieht sich als roter Faden der Versuch durch das Buch, sich von einzelnen Disziplinen zu lösen und einen transdisziplinären Bezugsrahmen zu schaffen.

Kinder haben ein Recht darauf, in ihrer ganzen Persönlichkeit ernst genommen zu werden und als Subjekt an den sie betreffenden Verfahren teilzunehmen. Dazu braucht es die Bereitschaft aller Verfahrensbeteiligten, das Kind in seinem Erleben insgesamt zu erfassen und sich mit seinen Anliegen – für das Kind wahrnehmbar – auseinanderzusetzen.

Das Buch ist in fünf Teile gegliedert. Zuerst stellen wir die Entwicklung des Instituts der Kindesvertretung in Europa dar. Zur Situation in der Schweiz wird dieser Teil ergänzt durch Überlegungen der Co-Präsidentin des Vereins Kinderanwaltschaft Schweiz, weshalb es diesen Verein (immer noch) braucht. In einem zweiten Teil werden juristische, psychologische und sonderpädagogische Grundlagen der Kindesvertretung beschrieben und diskutiert. Der dritte Teil stellt das Instrumentarium der Kindesvertretung vor. Wie kann konkret gearbeitet werden, welche Abwägungen unterstützen das professionelle Handeln? Der vierte Teil schließlich dient mit Fallbeispielen der Illustration der Arbeit der Kindesvertretung. Es werden verschiedene Handlungsfelder konkretisiert, illustriert und reflektiert. Den Abschluss bildet eine Sammlung von Kommentaren von Persönlichkeiten, die das Institut der Kindesvertretung aus ihrer persönlichen praktischen oder theoretischen Auseinandersetzung beleuchten. Als Intro zu den einzelnen Kapiteln geben wir Stimmen von Kindern und Jugendlichen wieder, die darüber berichten, wie sie die Vertretung erlebt haben.

Wir hoffen, mit diesem Buch nicht nur Kindesvertreter*innen zu erreichen, sondern auch Fachpersonen aus dem Bereich Kindesschutz, aus Gerichten und weiteren Berufsfeldern, die mit dem Thema zu tun haben, sowie weitere an der Thematik interessierte Personen.

1.2 Kinderrechte sind Menschenrechte

Als richtungsweisender Meilenstein in der Entwicklung zu einer eigenständigen Vertretung von Kindern in gerichtlichen Verfahren gilt die Entscheidung des Supreme Court der USA in Sachen Gault[2] aus dem Jahr 1967. Das Gericht

2 Zitiert in: Salgo (1996), S. 59; s.a. https://en.wikipedia.org/wiki/In_re_Gault (zuletzt besucht: 25.10.2021).

hatte die Frage zu entscheiden, ob einem Jugendlichen – hier dem 15-jährigen Gerald Gault – im Ermittlungs- und Strafverfahren das Recht auf Verteidigung durch einen Rechtsanwalt zusteht. Diese Entscheidung steht am Anfang eines tiefgreifenden Wandels des amerikanischen Jugendgerichtssystems, das die Frage nach dem Anspruch eines Kindes auf eine eigenständige Rechtsvertretung in einem Verfahren erstmals bejaht. Der Entscheid bestimmt in den USA bis heute die verfassungsrechtliche Begründung der Verfahrensgarantien für Minderjährige gültig und generell, d.h. auch für andere Verfahrensarten, soweit sich vom Ausgang des Verfahrens Beeinträchtigungen der Rechtsgüter »life, liberty and property« ergeben. Seither sind über 50 Jahre vergangen, in denen sich in Sachen »kindgerechte Justiz« weltweit enorm viel getan hat. Die UN-Kinderrechtskonvention von 1989 verankert auf menschen- bzw. kindesrechtlicher Ebene erstmals das Recht des Kindes auf Partizipation (Art. 12 und weitere Bestimmungen). Gleichzeitig stellt dieser Partizipationsanspruch neben dem Recht auf Wahrung des Kindeswohls (Art. 3), dem Gleichbehandlungsgebot (Art. 2) und dem Recht auf Leben und Entwicklung (Art. 6) eines der vier Grundprinzipen der Konvention dar.

Eines der zentralen Instrumente für die Umsetzung des Partizipationsrechts ist die unabhängige (Interessen-)Vertretung des Kindes. Die Schweiz ist 1997 dieser Konvention beigetreten, welche mit Ausnahme der USA alle Staaten der Welt ratifiziert haben. 2010 erließ das Ministerkomitee des Europarates umfassende Richtlinien für eine kindgerechte Justiz[3], welche ebenfalls große Beachtung finden und in den EU-Mitgliedstaaten umgesetzt werden.

Die Kindesanhörung und die unabhängige Vertretung von Kindern und Jugendlichen in gerichtlichen und behördlichen Verfahren sind wichtige (aber nicht die einzigen) Bestandteile dieser seit den 70er-Jahren in Gang gesetzten weltweiten Entwicklung. In der schweizerischen Gesetzgebung wurden diese Partizipationsinstrumente – von einer größeren Öffentlichkeit und weiten Teilen der Fachwelt fast unbemerkt – erstmals im Jahr 2000 im Scheidungsrecht verankert.[4] Seither werden in der Rechtspraxis sowohl die Anhörung als auch die Kindesvertretung nur zögerlich und sehr unterschiedlich angewendet. Nach und nach fanden diese Instrumente aber auch Eingang in andere

3 Leitlinien des Ministerkomitees des Europarates für eine kindgerechte Justiz, verabschiedet durch das Ministerkomitee des Europarates am 17. November 2010; https://www.coe.int/en/web/children

4 Das Scheidungsrecht ist im ZGB geregelt.

Rechtsgebiete wie ins Kindesschutzrecht, ins Adoptionsrecht oder bei internationalen Kindesentführungen. Regelungen über die Partizipation von Kindern in weiteren Rechtsgebieten werden hoffentlich folgen.[5]

Die Aufnahme solcher Bestimmungen ins schweizerische Recht darf nicht zur Annahme verleiten, der Gesetzgeber habe sich in diesen Punkten besonders progressiv verhalten. Bei den Rechten von Kindern, auch den hier im Zentrum stehenden Teilnahmerechten, handelt es sich um Menschenrechte. Diese beanspruchen universelle und weltumspannende Geltung.[6] Insbesondere der für das Recht auf Mitwirkung zentrale Art. 12 UN-KRK ist direkt, d.h. auch ohne innerstaatliche konkretisierende Gesetze, anwendbar (siehe 3.1.3 Kinderrechte als Menschenrechte).

Die beschriebene weltumspannende Bedeutung der Kinderrechte und deren Geschichte, die mit der Entwicklung der Menschenrechte in der Aufklärung begann und mit der Anerkennung eines besonderen Schutzes der Kindheit als eigener und besonderer Lebensphase im 20. Jahrhundert eine Weiterführung fand, deuten darauf hin, dass es sich nicht um ein vorübergehendes Phänomen handeln kann.

1.3 Kindesvertretung: eine junge und hybride Aufgabe

In den letzten Jahren hat die Zahl der Einsetzungen von Kindesvertreter*innen insgesamt, namentlich im Rahmen von familienrechtlichen Verfahren[7], zugenommen. Für das Jahr 2020 weist die KOKES-Statistik[8] einen Bestand per 31.12.2020 von schweizweit 738 Kindesvertretungen in Kindesschutzverfahren (ohne Gerichtsverfahren) aus, wobei allein auf den Kanton Zürich 286 Vertretungen entfallen (im Vergleich dazu gab es per 31.12.2020 schweizweit total 35.376 Beistandschaften gemäß Art. 308 ZGB). Im Jahr 2015 waren es schweizweit erst total 293 Kindesvertretungen. Die Grundlagenartikel, die die Vertre-

---

5 Wie etwa im Ausländer- und Asylrecht und im Jugendstrafrecht.

6 Zur Rechtsnatur menschenrechtlicher Verpflichtungen: Kälin/Künzli (2019), S. 83ff.; Wyttenbach (2006), S. 343ff.

7 Dies mag auch auf die Vertretung von Kindern als Opfern von Straftaten (Privatkläger) zutreffen, nicht jedoch auf die Jugendstrafverteidigung, die im Zuge des Ausbaus der Angeschuldigtenrechte von Erwachsenen im Strafprozess schon früher eingeführt wurde.

8 https://www.kokes.ch/de/dokumentation/statistik/details-fruehere-jahre, zuletzt besucht am 01.11.2021.

tung von Kindern regeln, sind kurz gehalten und lassen einen großen Interpretationsspielraum offen. Sie machen nur wenige Vorgaben darüber, wie, wann und von wem Kindesvertretungen wahrgenommen werden sollen. Dem Wortlaut nach ist zunächst lediglich klar, dass die Kindesvertreter*innen in fürsorgerischen[9] und rechtlichen Fragen erfahrene Personen sein müssen. Deshalb bleibt die Tätigkeit nicht Anwältinnen und Anwälten vorbehalten. Trotzdem haben die meisten aktiven Kindesvertreter*innen einen juristischen bzw. anwaltlichen Hintergrund. Dies hat verschiedene Gründe, wohl nicht zuletzt denjenigen, dass die ersten Vertretungen in Scheidungsverfahren angeordnet wurden, wo die Anwält*innen seit jeher eine wichtige Rolle spielen. In Anbetracht der Vielfalt der Anlässe für die Einsetzung von Kindesvertretungen ist es erforderlich, den Fokus weg von der Grundprofession und hin auf die Rolle der Akteur*innen und auf die Funktion der verschiedenen Verfahren zu richten.

1.4 Fall ist, was der Fall ist!

In Praxis, Wissenschaft und Rechtsprechung wird seit Jahren eine kontroverse Diskussion über Funktion, Zielsetzung, Anforderungsprofil und Arbeitsweise der Kindesvertretung geführt. Meist läuft diese – verkürzt ausgedrückt – auf die Frage hinaus, ob sie überwiegend oder sogar ausschließlich dem Kindeswillen oder ob sie dem Kindeswohl verpflichtet sein soll. Nicht nur die Anlässe, eine Kindesvertretung einzusetzen, sind vielfältig, sondern auch die Anforderungen, die sich in den einzelnen Fällen bei der Erfüllung der Aufgaben stellen. Die Einzigartigkeit der Situationen der einzelnen zu vertretenden Kinder und Jugendlichen und ihrer Kontexte verbietet es, starren und schematischen, zum Vornherein festgelegten Vorgehensweisen zu folgen. Wer quasi in jedem Fall und Verfahren buchstabengetreu »nach Rezeptbuch« arbeitet, wird der Aufgabe nicht gerecht. Aus der Einsicht, dass jedes Kind und jede Familie einzigartig sind, folgt als Konsequenz, dass letztlich auch jedes Vertretungsmandat einzigartig geführt werden muss. Kommt hinzu, dass die Kindesvertretung in sehr unterschiedlichen Verfahren eingesetzt werden kann, die unterschiedlichen Gesetzmäßigkeiten und Dynamiken unterliegen. Als Anregung mag das dreidimensionale Handlungsmodell dienen, das die drei Handlungsebenen 1) Anwaltliche Vertretung des Kindes, 2) Aufdecken der Fallkonstella-

9 Vgl. etwa Art. 314a^{bis} ZGB oder Art. 299 ZPO.

tion und 3) Sozialgeflechtsarbeit[10] miteinander kombiniert (siehe Kapitel 4.6 sowie Anhang 8.1.). Die Vorgehensweise ist je nach Möglichkeit, Schwerpunktsetzung und Verfahrenstyp individuell zu wählen. Als zentrale Anforderung der UN-KRK stellt sich für die Kindesvertretung die Aufgabe, die Partizipation des Kindes oder Jugendlichen zu gewährleisten.

1.5 Hohe Bedeutung direkter Kommunikation und niederschwelliger Erreichbarkeit

Partizipation lässt sich ohne gelingende Interaktion zwischen Erwachsenen und Kindern nicht umsetzen. Dies trifft in besonderer Weise auf die Kindesvertretung zu, da diese das Kind per se nicht unmittelbar am Verfahren partizipieren lässt, sondern eben »nur« mittelbar. Die Tatsache, dass einem Kind eine Vertretung zur Seite gestellt wird, führt nicht automatisch dazu, dass es deswegen am Verfahren partizipiert. Hinzukommen muss das direkte Gespräch oder mindestens der Kontakt zwischen Vertreter*in und Kind und die entsprechende Antragstellung der Kindesvertretung an die Behörde oder das Gericht sowie die Weitergabe von Informationen an die entscheidende Behörde und die weiteren Verfahrensbeteiligten. Die Kindesvertreter*innen sind die einzigen Verfahrensbeteiligten, welche jederzeit und während des ganzen – stets zeitlich begrenzten – Verfahrens nicht nur mit dem Kind, sondern mit allen anderen Beteiligten direkte Kontakte haben oder jedenfalls haben können. Sie müssen in Anbetracht ihrer begrenzten Zeitressourcen sorgfältig und permanent einschätzen, wo sie das Schwergewicht ihrer Tätigkeit legen wollen. Wie viel Zeit soll beispielsweise in Aktenstudium, eigene Schriftsätze und Plädoyers investiert werden? Oder wie wichtig ist es, genügend Zeit zu haben für den direkten Kontakt mit dem vertretenen Kind und mit Personen aus seinem Umfeld sowie für Einigungsgespräche vor Gericht und Behörden? Auch wenn diese Fragen immer nur einzelfallabhängig beantwortet werden können, machen wir die Erfahrung, dass persönliche (informelle) Gespräche in der Jugend- und Familienhilfe und in Justizverfahren sehr oft zu kurz kommen und dieser Umstand von einer Mehrheit der Beteiligten beklagt wird. Hier ein Gegengewicht zu setzen, ist aus unserer Sicht sehr wichtig: Die Kindesvertretung kann sich gezielt zugunsten von kindgerechten Verfahren und Entscheidungen einset-

10 Vgl. Schulze (2007).

zen. Gleiches gilt für die persönliche Erreichbarkeit der Kindesvertreter*innen für die Kinder und für Personen aus deren Umfeld.

1.6 Bedeutung der persönlichen Handlungsverantwortung

Kindesvertreter*innen sollen sich stets bewusst sein, dass sie für die schließlich getroffene Entscheidung eines Gerichts oder einer Behörde keine direkte Verantwortung tragen. Ebenso wichtig ist aber das Bewusstsein, dass die Verantwortung für die Einhaltung der anerkannten Rollen-Standards, für die eigene Grundhaltung und für die eigenen (Nicht-)Handlungen nicht minder schwer wiegt. So erträgt etwa die sorgfältige Klärung der eigenen Unabhängigkeit, Unbefangenheit und Geeignetheit vor der Fallannahme keine Halbheiten, und es kann einen verheerenden Einfluss auf die Falldynamik haben, wenn die Kindesvertretung in diesen Fragen aus irgendwelchen Gründen Kompromisse macht. Auch wenn Kindesvertretung grundsätzlich Interessenvertretung ist, wird gleichzeitig seitens der Verfahrensbeteiligten erwartet, dass sie objektiv, unvoreingenommen und sachlich-professionell agiert. Ein hohes diesbezügliches Bewusstsein und ein darauf ausgerichtetes Handeln sind unabdingbare Elemente einer gelingenden Mandatsführung.

1.7 Anhörung und Vertretung als Partizipationsmöglichkeiten des Kindes

Die Anhörung vor Gericht oder vor der Behörde ist ein punktuelles Ereignis für das Kind. Der Zeitpunkt wird von der Verfahrensleitung bestimmt und richtet sich nicht primär nach den Bedürfnissen des Kindes. In aller Regel findet sie einmalig statt. Wenn das Kind auf die Anhörung verzichtet, zum Beispiel, weil es sich noch nicht in der Lage fühlt, sich im Konflikt der Eltern zu positionieren, kann es diese Partizipationsmöglichkeit nicht nutzen.

Die Kindesvertretung dagegen bietet dem Kind eine kontinuierliche Begleitung während der Dauer des ganzen Verfahrens. Nebst regelmäßiger Information erhält das Kind Unterstützung bei der Willensbildung und kann diese im Laufe des Verfahrens weiterentwickeln. Durch die Vertretung kann sich das Kind im Laufe des gesamten Verfahrens immer wieder einbringen und sich auch zu allfälligen Zwischenlösungen äußern. Die Kindesvertretung garantiert die Kontinuität von Information und Partizipation.

Wenn es einer Kindesvertretung gelingt, sich dem Kind als interessierte, verlässliche Drittperson[11] zur Verfügung zu stellen, stärkt sie dadurch seine Resilienz.

11 Siehe dazu ausführlich SIMONI (2007), S. 33–39.

»Guten Abend Herr Kinderanwalt
Meiner Meinung nach waren Sie ein sehr sehr guter Anwalt und Sie haben mich gut unterstützt in der ganzen Sache. Ich finde es schade, dass ich Sie nie wieder sehen werde. Ich finde auch, dass man nichts verbessern kann. Ich wünsche Ihnen noch ein schönes Wochenende und würde mich freuen, Sie noch einmal zu sehen.
Lustige Grüße«

Max

2. Geschichte der Kindesvertretung

2.1 Das Institut Vertretung des Kindes

Mit der Ratifikation der UN-Kinderrechtskonvention verpflichten sich die unterzeichnenden Länder, das Recht von Kindern auf wirkungsvolle Partizipation in rechtlichen Verfahren, durch welche sie stark berührt werden, umzusetzen. Das Kind soll aus seiner Objektrolle herausgeholt werden. Grundnorm für diese Partizipationsrechte auch in zivilrechtlichen Verfahren bildet nach wie vor Art. 12 der UN-Kinderrechtskonvention, welche dem urteilsfähigen Kind in allen es berührenden Verfahren das Recht zugesteht, sich unmittelbar oder durch einen Vertreter bzw. eine Vertreterin zu äußern. Die Entwicklung in den einzelnen Ländern wird nachfolgend skizziert. Dabei zeigen sich erhebliche konzeptionelle Unterschiede.

2.2 Einblick in die Praxis der Kindesvertretung in Europa

Um Kindern in Verfahren beizustehen, in denen es um das Sorgerecht für Kinder und ihre weitere Lebensgestaltung im Falle von Trennung oder Scheidung der Eltern oder um Interessenkonflikte zwischen Kindern und Sorgeberechtigten (z.B. bei Misshandlungen oder Vernachlässigung als Kindeswohlgefährdung) geht, wurden in vielen Ländern per Gesetz verschiedene Arten von Kindesvertretung geschaffen. Ihre Aufgaben sind ebenso wie ihre institutionelle Verankerung auf unterschiedliche Weise geregelt. Im Folgenden skizzieren wir die Umsetzung von Art. 12 in ausgewählten Ländern.

England und Wales

Das englische System der Kindesvertretung hat sich im Kontext der adversarialen, auf einem Streit zwischen zwei Parteien basierenden Verfahrensform herausgebildet. Bereits 1975 wurde in England und Wales bei öffentlich-rechtlichen Kindesschutzverfahren im Rahmen des »Children Act« die Befugnis eingeführt, separate Vertretungen für die Interessen der Kinder einzusetzen. Dabei wird in der Regel ein Tandemmodell praktiziert, d.h. die Vertretung erfolgt gemeinsam durch einen Guardian/Sozialarbeiter und einen Solicitor[1]. Ab den 90er-Jahren wurden praktisch in allen vom Staat eingeleiteten »Care Proceedings« sogenannte »Guardians« eingesetzt, weniger jedoch im Rahmen von Elternkonflikten.

Die Vertretung des Kindes beruht auf der Partnerschaft zwischen einem »Guardian ad litem« – eine Rolle, die von Sozialarbeitenden des staatlichen »Child and Family Court Advisory and Support Service (CAFCASS)« wahrgenommen wird – und einer Rechtsvertretung. Im Rahmen von staatlich initiierten Verfahren des zivilrechtlichen Kindesschutzes (so genannte public law child protection proceedings) kann die separate Kindesvertretung einfacher eingesetzt werden als in Elternkonflikte betreffenden Verfahren (private law proceedings).

Deutschland

In Deutschland wurde bereits mit der Kindschaftsrechtsreform von 1998 eine gesetzliche Grundlage geschaffen, die dem Kind in zivilrechtlichen Kindesschutzverfahren einen sogenannten »Verfahrenspfleger« (heute »Verfahrensbeistand«) zur Seite stellt. Wesentliche theoretische Grundlage für diese gesetzliche Grundlage war eine rechtsvergleichende Studie von Prof. Dr. Ludwig Salgo.[2]

Mit dem Gesetz über die freiwillige Gerichtsbarkeit (FGG) vom 1. Juli 1998 wurde die Möglichkeit geschaffen, eine Person zu beauftragen, die in unabhängiger und fachkundiger Weise die Interessen des betroffenen Kindes vertreten soll. Diese oft als »Anwalt des Kindes« verstandene Person wurde zunächst als Verfahrenspfleger bezeichnet. Mit dem an dessen Stelle tretenden Gesetz über Verfahren in Familiensachen und in den Angelegenheiten der freiwilligen Gerichtsbarkeit (FamFG), das seit 1. September 2009 in Kraft ist, wurde diese Person in Verfahrensbeistand umbenannt und ihre Aufgaben wurden

---

1 Vgl. Murch (2007), S. 3ff.

2 Salgo (1993).

präzisiert.[3] Die Bestellung und die Aufgaben des Verfahrensbeistands sind in § 158 FamFG geregelt.[4]

Ein **Verfahrensbeistand** ist demnach durch das Gericht zu bestellen[5],

(1) Das Gericht hat dem minderjährigen Kind in Kindschaftssachen, die seine Person betreffen, einen fachlich und persönlich geeigneten Verfahrensbeistand zu bestellen, soweit dies zur Wahrnehmung der Interessen des Kindes erforderlich ist. Der Verfahrensbeistand ist so früh wie möglich zu bestellen.

(2) Die Bestellung ist stets erforderlich, wenn eine der folgenden Entscheidungen in Betracht kommt:

---

3 Da wurde auch eine neue Kostenregelung eingeführt. Zuvor (1998–2009) haben die Verfahrenspfleger*innen nach zeitlichem Aufwand für einen Stundenhöchstsatz von 33,50 € (bei einschlägiger Qualifikation) abgerechnet, was jeweils zu Streit über die Aufgaben der Verfahrenspfleger*innen führte und sich in der widersprüchlichen Auslegung des geltenden, vage formulierten § 50 FGG durch die Oberlandesgerichte (OLG) zu den Aufgaben der Verfahrenspfleger*innen niederschlug; ob diese nun auch mit den Eltern reden sollten bzw. dürften oder nicht. Dabei gab es auch sehr abstruse Beschlüsse (bspw. von OLG Schleswig: Dass der Verfahrenspfleger nur den geäußerten Willen wiedergeben soll, obgleich dieser beeinflusst sein kann. Es gehe jedenfalls nicht darum, den wirklichen Willen zu erfassen. Grund war, dass dieses OLG der Auffassung war, dass der Verfahrenspfleger nicht mit Bezugspersonen reden solle, um die Äußerungen des Kindes zu verstehen und den Willensbildungsprozess nachvollziehen zu können). Andere OLG hatten eine weite Auslegung der Aufgaben (so wie sie sich dann auch vernünftigerweise in der FamFG-Reform 2009 durchgesetzt hat). Diese divergierende Rechtsprechung wurde 2009 also obsolet. Seither wurde auch in Anlehnung an die Vergütung der Berufsvormünder Fallpauschalen eingeführt: 330 € für den »kleinen Aufgabenkreis« (nur mit dem Kind reden); 550 € für den »großen Aufgabenkreis« (auch mit relevanten Personen im Umfeld reden und ggf. vermitteln). Die Pauschale gilt pro Kind. Seither gibt es nicht mehr das Problem, dass Verfahrensbeistände etwas nicht tun dürften, sondern, dass nicht ausgeschlossen werden kann, dass es »schwarze Schafe« geben könnte, die nicht alles tun, was im Interesse des Kindes nötig und möglich wäre – und es für den Verfahrenswalter (Familienrichter*in) nicht ohne Weiteres einschätzbar ist, wer eine gute Arbeit leistet.

4 Fassung aufgrund des Gesetzes zur Bekämpfung sexualisierter Gewalt gegen Kinder vom 16.06.2021 (BGBl. I S. 1810), in Kraft getreten am 01.07.2021; abweichendes Inkrafttreten am 01.01.2022.

5 Gesetz über das Verfahren in Familiensachen und in den Angelegenheiten der freiwilligen Gerichtsbarkeit (FamFG): § 158 Bestellung des Verfahrensbeistandes.

- die teilweise oder vollständige Entziehung der Personensorge nach den §§ 1666 und 1666a des Bürgerlichen Gesetzbuchs,
- der Ausschluss des Umgangsrechts nach § 1684 des Bürgerlichen Gesetzbuchs oder
- eine Verbleibensanordnung nach § 1632 Absatz 4 oder § 1682 des Bürgerlichen Gesetzbuchs.

(3) Die Bestellung ist in der Regel erforderlich, wenn

- das Interesse des Kindes zu dem seiner gesetzlichen Vertreter in erheblichem Gegensatz steht,
- eine Trennung des Kindes von der Person erfolgen soll, in deren Obhut es sich befindet,
- Verfahren die Herausgabe des Kindes zum Gegenstand haben oder
- eine wesentliche Beschränkung des Umgangsrechts in Betracht kommt.

Sieht das Gericht in den genannten Fällen von der Bestellung eines Verfahrensbeistands ab, ist dies in der Endentscheidung zu begründen.

(4) Die Bestellung endet mit der Aufhebung der Bestellung, mit Rechtskraft der das Verfahren abschließenden Entscheidung oder mit dem sonstigen Abschluss des Verfahrens. Das Gericht hebt die Bestellung auf, wenn

- der Verfahrensbeistand dies beantragt und einer Entlassung keine erheblichen Gründe entgegenstehen oder
- die Fortführung des Amtes die Interessen des Kindes gefährden würde.

(5) Die Bestellung eines Verfahrensbeistands oder deren Aufhebung sowie die Ablehnung einer derartigen Maßnahme sind nicht selbstständig anfechtbar.

Der Verfahrensbeistand hat den juristischen Status eines hinzugezogenen »Beteiligten«. Auch ist der Verfahrensbeistand anders als ein Rechtsanwalt nicht an die Weisungen seines Mandanten (das vertretene Kind) gebunden, sondern hat die Interessen des Kindes im Auftrag des Staates wahrzunehmen. Als »Beteiligter« ist der Verfahrensbeistand mit prozessualen Rechten ausgestattet und kann, im Unterschied zu Zeugen oder Sachverständigen, Anträge stellen, Einsicht in Behörden und Gerichtsakten nehmen sowie Beschwerden gegen die Entscheidung des Gerichts einlegen. Seine Aufgabe besteht im Kern darin, ein faires Verfahren für das Kind zu gewährleisten.

Allerdings wird im Gesetz nicht näher bestimmt, worin das »Interesse des Kindes« besteht, das der Verfahrensbeistand festzustellen und im gerichtlichen Verfahren zur Geltung zu bringen hat. Ebenso wenig wird ausgeführt, wie dieses Interesse ermittelt werden soll. Hingegen enthält der neu eingefügte § 158a gewisse Präzisierungen bezüglich der Qualifikation.[6]

(1) Fachlich geeignet im Sinne des § 158 Absatz 1 ist eine Person, die Grundkenntnisse auf den Gebieten des Familienrechts, insbesondere des Kindschaftsrechts, des Verfahrensrechts in Kindschaftssachen und des Kinder- und Jugendhilferechts, sowie Kenntnisse der Entwicklungspsychologie des Kindes hat und über kindgerechte Gesprächstechniken verfügt. Die nach Satz 1 erforderlichen Kenntnisse und Fähigkeiten sind auf Verlangen des Gerichts nachzuweisen. Der Nachweis kann insbesondere über eine sozialpädagogische, pädagogische, juristische oder psychologische Berufsqualifikation sowie eine für die Tätigkeit als Verfahrensbeistand spezifische Zusatzqualifikation erbracht werden. Der Verfahrensbeistand hat sich regelmäßig, mindestens alle zwei Jahre, fortzubilden und dies dem Gericht auf Verlangen nachzuweisen.

(2) Persönlich geeignet im Sinne des § 158 Absatz 1 ist eine Person, die Gewähr bietet, die Interessen des Kindes gewissenhaft, unvoreingenommen und unabhängig wahrzunehmen. Persönlich ungeeignet ist eine Person stets dann, wenn sie rechtskräftig wegen einer Straftat nach den §§ 171, 174 bis 174c, 176 bis 178, 180, 180a, 181a, 182 bis 184c, 184e bis 184g, 184i bis 184k, 201a Absatz 3, den §§ 225, 232 bis 233a, 234, 235 oder § 236 des Strafgesetzbuchs verurteilt worden ist. Zur Überprüfung der Voraussetzungen des Satzes 2 soll sich das Gericht ein erweitertes Führungszeugnis von der betreffenden Person (§ 30a des Bundeszentralregistergesetzes) vorlegen lassen oder im Einverständnis mit der betreffenden Person anderweitig Einsicht in ein bereits vorliegendes erweitertes Führungszeugnis nehmen. Ein solches darf nicht älter als drei Jahre sein. Aktenkundig zu machen sind nur die Einsichtnahme in das erweiterte Führungszeugnis des bestellten Verfahrensbeistands, das Ausstellungsdatum sowie die Feststellung, dass

6 FamFG § 158a: Eignung des Verfahrensbeistandes.

das erweiterte Führungszeugnis keine Eintragung über eine rechtskräftige Verurteilung wegen einer in Satz 2 genannten Straftat enthält.

Weitere Präzisierungen zu Aufgaben und Rechtsstellung des Verfahrensbeistandes enthält der ebenfalls neu eingefügte §158b.[7]

(1) Der Verfahrensbeistand hat das Interesse des Kindes festzustellen und im gerichtlichen Verfahren zur Geltung zu bringen. Er soll zu diesem Zweck auch eine schriftliche Stellungnahme erstatten. Der Verfahrensbeistand hat das Kind über Gegenstand, Ablauf und möglichen Ausgang des Verfahrens in geeigneter Weise zu informieren. Endet das Verfahren durch Endentscheidung, soll der Verfahrensbeistand den gerichtlichen Beschluss mit dem Kind erörtern.
(2) Soweit erforderlich kann das Gericht dem Verfahrensbeistand die Aufgabe übertragen, Gespräche mit den Eltern und weiteren Bezugspersonen des Kindes zu führen sowie am Zustandekommen einer einvernehmlichen Regelung über den Verfahrensgegenstand mitzuwirken. Das Gericht hat Art und Umfang der Beauftragung konkret festzulegen und die Beauftragung zu begründen.
(3) Der Verfahrensbeistand wird durch seine Bestellung als Beteiligter zum Verfahren hinzugezogen. Er kann im Interesse des Kindes Rechtsmittel einlegen. Der Verfahrensbeistand ist nicht gesetzlicher Vertreter des Kindes.

Pflichten des Verfahrensbeistands sind, das Interesse des Kindes festzustellen und im gerichtlichen Verfahren zur Geltung zu bringen. Er soll »den Kindeswillen in jedem Fall deutlich machen und in das Verfahren einbringen«, es stehe ihm jedoch frei, darüber hinaus »weitere Gesichtspunkte und auch etwaige Bedenken vorzutragen«[8]. Es wird ausdrücklich unterschieden zwischen dem »subjektiven Interesse des Kindes«, das mit dem »Willen des Kindes« gleichgesetzt wird, und dem »objektiven Interesse des Kindes«, das als identisch mit dem »Kindeswohl« gilt. Dem »objektiven Interesse« kommt somit das größere Gewicht zu.

Österreich

In Österreich setzte das Justizministerium im Nachgang zu einer dramatischen und medial weithin beachteten »zwangsweisen Zuführung« eines

7 FamFG § 158b: Aufgaben und Rechtsstellung des Verfahrensbeistandes.

8 Prenzlow (2013).

Kindes an den obhutsberechtigten Elternteil im Frühjahr 2004 eine interdisziplinär zusammengesetzte Expertengruppe ein, die Vorschläge zur effizienteren Wahrnehmung des Kindeswohls und zur besseren Bewältigung von Elternkonflikten ausarbeiten sollte. Deren Arbeit führte zu einem Modellversuch mit sogenannten »Kinderbeiständen« für Minderjährige in »Obsorgeverfahren« an ausgewählten Bezirksgerichten. Aufgrund der positiven Ergebnisse des Modellversuchs und der breiten Zustimmung bei Kindern, Gerichten, Anwält*innen und Behörden erarbeitete die Regierung in der Folge ein »Kinderbeistandsgesetz«. Danach können Kinder unter 14 bzw. 16 Jahren in »Obsorgeverfahren« einen Kinderbeistand erhalten, der als Sprachrohr, Informant*in, Aufklärer*in und Begleiter*in des Kindes agiert.

Mit diesem Gesetz zur Einrichtung von Kinderbeiständen[9] in streitigen und außerstreitigen Verfahren vor Gerichten, das am 1. Januar 2010 in Kraft getreten ist, wurde die bundesweite rechtliche Grundlage für sog. Kinderbeistände geschaffen. Die Aufgabe des Kinderbeistandes ist wie folgt beschrieben.[10]

> Aufgabe des Kinderbeistandes ist es, ein Vertrauensverhältnis mit dem Kind herzustellen, es über das Verfahren zu informieren und gemeinsam mit dem Kind seinen Wünschen und Interessen vor Gericht (und anderen Behörden) Gewicht und Gehör zu verschaffen. Ein Kinderbeistand ist ausschließlich parteilicher Vertreter der Interessen für das Kind und daher gegenüber dem Kind zur Verschwiegenheit verpflichtet. Das heißt, der Kinderbeistand gibt die Inhalte der Gespräche mit dem Kind nur mit dessen Einverständnis weiter, solange kein übergesetzlicher Notstand vorliegt.

Der Kinderbeistand soll als Ansprech- und Vertrauensperson dem Kind zur Seite stehen und sich ausschließlich um die Anliegen und Wünsche des Kindes in Sorgerechtsverfahren kümmern. Er soll die »Stimme des Kindes« im Gerichtsverfahren gleichsam als dessen Sprachrohr verstärken, indem er diese mit dem Einverständnis des Kindes gegenüber dem Gericht zum Ausdruck bringt. Aufgabe des Kinderbeistandes ist es, die Meinung des Kindes oder sein subjektiv geäußertes Interesse aufzugreifen. Ausdrücklich wird ihm nicht attestiert, »besser zu wissen, was für das Kind gut ist, oder eine Meinung zu äußern, die nicht vom Kind autorisiert ist«. Die Aufgabe des Kinderbeistands be-

---

9 Weitere Informationen in: Barth/Deixler-Hübner (2011).

10 Kinderbeistand (http://jba.gv.at/kinderbeistand).

steht vordringlich darin, herauszufinden, »wie es dem Kind in seiner Gesamtsituation geht«.

Für den Kinderbeistand steht die Erforschung der Sichtweisen und des Willens des Kindes im Fokus, wobei davon ausgegangen wird, dass er sich seiner fachlichen Erfahrung und dort erprobter Methoden bedient. Die Erforschung anderer Aspekte der Lebenssituation des Kindes und ein Urteil über das Kindeswohl bleiben anderen Professionen vorbehalten. Insofern zeigt das österreichische Kinderbeistandsgesetz Ähnlichkeiten mit der Idee des Tandem-Modells, ohne allerdings die Rolle der anderen Professionen im Gerichtsverfahren zu definieren. Da sich der Kinderbeistand allein auf die Sichtweisen und Willensäußerungen des Kindes konzentriert, hat er »viel mehr Zeit, um eine Beziehung zum Kind und damit eine Vertrauensbasis aufzubauen«.

Allerdings ist zu beachten, dass Kinderbeistände nicht in Verfahren wegen Kindeswohlgefährdung und Inobhutnahme bestellt werden, sondern ausschließlich auf die Vertretung der Interessen des Kindes bei Trennung, Scheidung oder anderen Konflikten zwischen den Eltern. Ein Kinderbeistand wird für Kinder etwa ab dem 5. oder 6. Lebensjahr bestellt. Dieses Alter wird zugrunde gelegt, weil das Kind in der Lage sein müsse, dem Kinderbeistand gegenüber seinen Willen zu artikulieren.

Der Kinderbeistand darf die ihm vom Kind mitgeteilten oder auf andere Weise zugänglichen Informationen über das Kind nicht ohne dessen Zustimmung nach außen tragen (Verschwiegenheitspflicht). Umgekehrt betrachtet, muss er dem Gericht auch keine Auskunft über die Lebenssituation und Befindlichkeit des Kindes, die Umstände des Familienlebens, den Pflege- und Entwicklungszustand des Kindes oder andere ihm bekannt gewordene Sachverhalte erteilen (Zeugnisverweigerungsrecht). Dies entspricht dem Grundsatz, dass dem Kind mit dem Kinderbeistand eine Person zur Verfügung stehen soll, »der es sich anvertrauen kann, ohne fürchten zu müssen, dass das Anvertraute andere erfahren«.

Die Qualifikationsanforderungen an den Kinderbeistand hat das Bundesministerium für Justiz näher umschrieben und verbindlich gemacht. Kinderbeistände müssen über eine Ausbildung an einer Akademie oder Fachhochschule für Sozialarbeit, einer Fachhochschule oder Bildungsanstalt für Sozialpädagogik, über ein abgeschlossenes Studium der Pädagogik, Bildungswissenschaften oder Psychologie, über eine abgeschlossene Ausbildung zum Psychotherapeuten, klinischen Psychologen, Gesundheitspsychologen oder psychoanalytischpädagogischen Erziehungsberater oder eine vergleichbare hochwertige Ausbildung (sog. Quellenberufe) verfügen. Darüber hinaus müssen sie eine einschlägige Berufserfahrung in einem psychosozialen Beruf aufweisen. Im Besonderen müssen sie über eine mehrjährige berufliche Erfahrung im Umgang mit Kindern unterschiedlicher Altersstufen und mit Scheidungsfamilien verfügen sowie mit dem Forschungsstand über die Belastung von Kindern durch Trennung bzw. Scheidung vertraut sein (sog. Grundqualifikationen). Die Kinderbeistände müssen sich weiter durch die Absolvierung eines einheitlichen Curriculums Zusatzqualifikationen und Spezialkenntnisse, insbesondere in den Bereichen Familien-, Jugendwohlfahrts- und Verfahrensrecht (Grundlagen), Kommunikation (insbesondere mit Kindern) und Krisenmanagement bzw. konstruktive Konfliktlösung, aneignen. Schließlich müssen sie sich angemessen, zumindest im Ausmaß von 50 Stunden innerhalb eines Zeitraums von fünf Jahren, fortbilden und dies der Justizbetreuungsagentur, der für die Vermittlung der Kinderbeistände zuständigen Stelle des Justizministeriums, nachweisen. Das Gericht kann nur Personen als Kinderbeistände bestellen, die von der Justizagentur anerkannt sind.

Schweiz

In der Schweiz war die Kindesvertretung vorerst allein für Scheidungsverfahren (in Kraft seit 1.1.2000) in Art. 146 und 147a ZGB geregelt. Diese Bestimmungen des Scheidungsrechts wurden mit einigen wenigen Änderungen in die schweizerische Zivilprozessordnung übernommen. Damit vollzog der Gesetzgeber nach, was in der Praxis zu Recht schon lange Geltung hatte: Die Bestimmungen über die Kindesvertretung konnten in allen eherechtlichen Verfahren angerufen werden.

Das Gericht ordnet die Vertretung nicht nur an, sondern bezeichnet auch die Person, welche das Vertretungsmandat übernehmen soll.

Mit der Revision des Vormundschaftsrechts trat der neue Art. 314a^{bis} ZGB in Kraft, der sich inhaltlich praktisch nicht von den Bestimmungen in der Zivilprozessordnung unterscheidet. Mit dem Inkrafttreten des Kindes- und Erwachsenenschutzrechts am 1. Januar 2013 wurden nun auch in behördlichen Kindesschutzverfahren, insbesondere bei Entzug der Obhut und bei Unterbringung des Kindes in einer Pflegefamilie oder einer stationären Einrichtung, eine Kindesvertretung bestellt. Die Bestellung wird von der Kindesschutzbehörde angeordnet.

Interessanterweise ist die anwaltliche Vertretung im Jugendstrafverfahren länger anerkannt und wurde weitaus weniger hinterfragt als im Zivilverfahren[11]. Auch in Fällen internationaler Kindesentführung kann gemäß einem speziellen Gesetz ein Rechtsbeistand für das Kind berufen werden.[12] In allen genannten Rechtsfällen kann ein als »urteilsmündig« geltendes Kind (i.d.R. ab dem 12. Lebensjahr) selbst einen Antrag auf eine Interessenvertretung stellen bzw. eine Vertretung beauftragen. Ob der Antrag auf einen sog. unentgeltlichen Rechtsbeistand bewilligt oder abgelehnt wird, entscheidet das Gericht oder die Behörde nach eigenem Ermessen. Wird ein solcher Rechtsbeistand bestellt, kann er Anträge stellen und Rechtsmittel einlegen. Als Qualifikationsanforderung wird in allen Fällen nur angeführt, dass es sich um eine »in fürsorgerischen und rechtlichen Fragen erfahrene Person« handeln muss.

Der Verein Kinderanwaltschaft Schweiz, in dem Fachpersonen zusammengeschlossen sind, die als Rechtsvertretung von Kindern tätig sind und sich als »Anwält*innen des Kindes« verstehen, setzt sich für weitergehende und präzisere Regelungen zur Kindesvertretung in gerichtlichen und behördlichen Verfahren ein.

Die Situation der Verankerung und Konkretisierung von Partizipationsrechten von Kindern in der Schweizer Rechtspraxis auf Bundes- und Kantonsebene ist nach wie vor von einer vagen Unverbindlichkeit und von mangelndem Willen hinsichtlich einer konsequenten und bereichsübergreifenden Umsetzung der UN-KRK gekennzeichnet. Es zeigt sich, dass die Ratifizierung der UN-KRK durch die Schweiz keinen wirklichen und nachhaltigen Bewusstseinswandel bewirkt und kaum zu gesellschaftlicher Diskussionsbereitschaft über Kinderrechte und über Kinder als Rechtssubjekte geführt hat. Erst das Aufkommen des Begriffes Partizipation als Grundlage gerichtlicher und behördlicher Verfahren und die begonnene Umsetzung der »Richtlinien für eine kindgerechte Justiz« hat eine ernsthafte und breite Auseinandersetzung mit Fragen der Umsetzung der UN-KRK, insbesondere von Art. 12, gefördert. Die Dringlichkeit des Themas wird zudem durch eine konstant hohe Zahl von kinderrechtsrelevanten Fällen unterstrichen. Kinderanwaltschaft Schweiz schätzt die Anzahl Fälle, bei denen die Partizipation des Kindes zwingend über eine separate Vertretung sicherzustellen ist, auf

11 Cottier (2006).

12 Art. 9 Abs. 3 des Bundesgesetzes über internationale Kindesentführung und die Haager Übereinkommen zum Schutz der Kinder und Erwachsenen (BG-KKE) sieht als einzige Bestimmung die zwingende Einsetzung der Kindesvertretung vor.

mindestens 5.000 pro Jahr[13], wobei die Tendenz aufgrund der allgemeinen gesellschaftlichen Entwicklung steigend ist.

Die Kontroversen um die Frage, wie mit den Sichtweisen und Willensäußerungen der Kinder umzugehen ist und welche Gewichtung ihnen bei der Interessenvertretung zukommen soll, sind in vollem Gange und noch lange nicht beendet; vielleicht können sie auch nie beendet werden. Es müssen vielmehr die konkrete Situation und die Lebenskontexte der Kinder beachtet werden, deren Interessen vertreten werden sollen. Dabei wird es allerdings auch notwendig sein, sich von paternalistischen Vorurteilen zu befreien, mit denen sich Erwachsene, seien es nun Laiinnen bzw. Laien oder Fachleute, grundsätzlich attestieren, letztlich das wahre Interesse eines Kindes am besten erkennen zu können. Und es müssen mehr empirische Untersuchungen durchgeführt werden, die die Sichtweisen und Urteile von Kindern, deren Interessen bei Gerichten und Behörden vertreten wurden, ähnlich wie in der wegweisenden Studie von Manuela Stötzel[14] ergründen.

2.3 Der Verein Kinderanwaltschaft Schweiz – warum es ihn braucht (Annegret Lautenbach-Koch, Co-Präsidentin Kinderanwaltschaft Schweiz)

In der Schweiz sind jedes Jahr mehr als 100.000 Kinder und Jugendliche zwischen 0 und 18 Jahren von einem rechtlichen Verfahren direkt oder indirekt betroffen: Sie stehen unter Beistandschaft oder in einem Schul- oder anderen Administrativverfahren, sie erleben die Scheidung oder Trennung ihrer Eltern oder sie sind von einer Kindeswohlgefährdung betroffen. Der Verein Kinderanwaltschaft stellt sicher, dass die Rechtsvertretung dieser Kinder und Jugendlichen jederzeit altersgerecht wahrgenommen wird. Je kleiner das Kind, desto mehr Schutz braucht es, damit es gut vertreten wird, da es seine Rechte weder selber wahrnehmen noch seine Rechtsvertretung aussuchen, beurteilen und kontrollieren kann.

Kinder und Jugendliche dürfen einem Verfahren, das sie betrifft, nicht ausgeliefert sein: Als Betroffene haben sie das Recht, angehört zu werden und ih-

13 Leider gibt es in der Schweiz – im Gegensatz zu Deutschland und Österreich – keine statistische Übersicht, in welche Verfahren wie viele Kindesvertretungen eingesetzt werden.

14 Stötzel (2005) sowie Stötzel/Wolff (o.J.).

re Meinung zu äußern. Dieses Recht basiert auf der Kinderrechtskonvention der UNO (UN-KRK). Die Anhörung von Kindern und Jugendlichen hat in der Schweiz in den letzten Jahren mit der Einführung der Kinder- und Erwachsenenschutzbehörden an Dynamik gewonnen. Aber noch ist es keine Selbstverständlichkeit, dass auch Kinder und Jugendliche etwas zu sagen haben zu den Entscheidungen der Erwachsenen, die ihr Leben beeinflussen und womöglich auf Jahre hinaus prägen. Es ist nachgewiesen, dass die Fähigkeit von Kindern, schwierige Lebenssituationen ohne größeren Schaden zu überstehen, entscheidend gestärkt wird, wenn sie einen ihrem Alter angemessenen Zugang zum Rechtssystem erhalten. Wird Kindern und Jugendlichen die gebührende Mitsprache eingeräumt, können sie aktiv an Entscheidungen mitwirken, die ihr weiteres Leben prägen. Damit lernen sie früh, Eigenverantwortung zu übernehmen.

Die Aufmerksamkeit, die der Persönlichkeit von Kindern und Jugendlichen frühzeitig geschenkt wird, kommt der Gesellschaft langfristig zugute, wenn junge Menschen schwierige Lebenssituationen besser überstehen und als Erwachsene ihr Leben leichter meistern können. Dasselbe gilt für die Kosten: Der Aufwand, der für die Anhörung von Kindern und Jugendlichen betrieben wird, lohnt sich auf lange Sicht.

Kinder und Jugendliche sind betroffen von Streitigkeiten, die in gerichtlichen oder behördlichen Verfahren entschieden werden und bei denen sich die Erwachsenen ihre Rechtsvertretung selber aussuchen, instruieren und auch überwachen können. Kinder, aber auch urteilsfähige Jugendliche brauchen nicht nur einfach eine anwaltliche Vertretung, sie brauchen eine qualifizierte Rechtsvertretung. Für diese Qualifikation steht der Verein Kinderanwaltschaft ein.

Der Verein Kinderanwaltschaft Schweiz konzentriert sich seit dem Gründungsjahr 2006 auf die Zertifizierung, Fort- und Weiterbildung. Im Zentrum steht dabei stets, die Qualität der Arbeit von Kinderanwält*innen zu fördern und zu unterstützen und dadurch das Wohl der betroffenen Kinder zu schützen.

Der Verein Kinderanwaltschaft Schweiz stellt sicher, dass Rechtsvertreterinnen und Rechtsvertreter, die online auf www.kinderanwaltschaft.ch aufgelistet sind, diese Vertretung in jeder Hinsicht gut wahrnehmen. Qualität heißt für den Verein Kinderanwaltschaft, dass wir unsere Mitglieder verpflichten, unsere Standards einzuhalten, von ihnen interdisziplinäre Kenntnisse in Entwicklungspsychologie und adäquater Gesprächsführung verlangen und von ihnen fordern, Einfühlungsvermögen und Sensibilität gegenüber Kindern und Jugendlichen aufzubringen und sie unabhängig und engagiert zu vertreten.

Das Recht beginnt bereits bei einem noch nicht geborenen Kind. Der Nasciturus wird bereits geprägt im Mutterleib und hat ein Recht darauf, dass bereits bei dieser pränatalen Prägung das Kindeswohl gewahrt wird. So ist es möglich, dass bereits ein Nasciturus anwaltliche Vertretung braucht (z.B. wenn die Mutter drogenabhängig ist), die sein übergeordnetes Kindesinteresse wahrnimmt.

2.4 Child friendly justice[15]. Leitlinien des Ministerkomitees des Europarates für eine kindergerechte Justiz

Die Richtlinien wurden in Zusammenarbeit mit Fachleuten aus den Bereichen Justiz (Richter*innen, Staatsanwält*innen, Anwält*innen), Polizei, Psychologie, verschiedene Wissenschaften und Sozialwesen aus den einzelnen Vertragsstaaten erstellt. In eigenen Konsultationsveranstaltungen wurden zudem Kinder aus ganz Europa nach ihren Meinungen befragt.[16] Die Leitlinien für eine kindgerechte Justiz bestehen aus zwei Teilen: den am 17. November 2010 verabschiedeten Leitlinien sowie einem erklärenden Memorandum dazu.

Die Leitlinien beinhalten eine Präambel, welche Bezug zu den bereits bestehenden universalen und europäischen Standards nimmt; ihre sechs Kapitel äußern sich zu folgenden Aspekten:

I. Anwendungsbereich und Ziel
II. Definitionen
III. Grundlegende Prinzipien
IV. Kindgerechte Justiz vor, während und nach Gerichtsverhandlungen
V. Förderung von weiteren kindgerechten Aktivitäten
VI. Monitoring und Bewertung

---

15 2010 wurden die »Leitlinien« auf Englisch und Französisch verabschiedet. Inzwischen sind sie in alle Sprachen der EU-Länder übersetzt. Im deutschsprachigen Raum hat sich der Begriff der »kindgerechten Justiz« durchgesetzt, der im Folgenden auch für diesen Text verwendet wird.

16 3.721 Kinder und Jugendliche aus 25 Mitgliedstaaten nahmen an dieser Befragung teil. Ganzer Bericht siehe https://www.coe.int/en/web/children/child-friendly-justice

Im Folgenden wird kurz auf einzelne Kapitel eingegangen.

II. Definitionen

Ein Kind ist als eine Person unter 18 Jahren definiert. Unter »kindgerechter Justiz« wird ein Justizsystem verstanden, das nicht nur Kinderrechte respektiert und würdigt, sondern auch deren Umsetzung und Implementierung höchste Priorität einräumt.

III. Grundlegende Prinzipien

Die grundlegenden Prinzipien einer kindgerechten Justiz sind

- Partizipation
- Wohl des Kindes
- Würde des Kindes
- Schutz vor Diskriminierung
- Rechtsstaatlichkeit

Partizipation bedeutet, dass Kinder als Rechtssubjekte nicht nur über ihre Rechte informiert werden müssen. Sie sollen vielmehr ihre Meinung in allen sie berührenden Angelegenheiten – unter Berücksichtigung ihrer individuellen Reife und Kommunikationsfähigkeit – äußern können. Ihre Meinung ist bei Entscheidungen, die sie betreffen, zu berücksichtigen.

Das *Wohl des Kindes* hat erste Priorität in allen das Kind berührenden Angelegenheiten. Dabei sollten nicht nur die Meinungen des Kindes angemessen berücksichtigt, sondern auch multidisziplinäre Ansätze zu deren Begutachtung angewendet werden.

Die *Würde des Kindes* bedeutet, dass Kinder mit Achtsamkeit, Respekt und Fairness behandelt werden.

Der *Schutz vor Diskriminierung* beinhaltet die Sicherstellung der Kinderrechte ohne jegliche Diskriminierung hinsichtlich Geschlecht, Herkunft, Alter, Religion, Sprache, Behinderung oder sonstiger politischer und sozialer Hintergründe.

Rechtsstaatliche Prinzipien gelten für ein Kind im selben Maß wie bei einem Erwachsenen.

IV. Kindgerechte Justiz vor, während und nach Gerichtsverhandlungen

In diesem Kapitel werden die zentralen Punkte einer kindgerechten Justiz vor, während und nach dem Gerichts- oder Administrativverfahren sowohl für Kinder als auch für die Polizei aufgeführt.

Grundsätzliche Elemente einer kindgerechten Justiz

- *Information und Beratung*: In dem Moment, in dem Kinder und Eltern mit dem Justizsystem oder anderen beteiligten Institutionen (z.B. Polizei, Immigrationsbehörden, Kindesschutzbehörden, Bildung und Erziehung etc.) in Kontakt kommen, sollen sie über ihre jeweiligen Rechte und den Verlauf des Verfahrens sowie über mögliche Unterstützungs- und Sicherungsmaßnahmen umfassend informiert werden.
- *Schutz der Privatsphäre und Familie*: Die Privatsphäre des Kindes und der Schutz seiner persönlichen Daten sollen bei allen juristischen und nicht-juristischen Verfahren stets gewährleistet sein.
- *Sicherheit und spezialpräventive Maßnahmen:* Kinder sollen in allen juristischen und nicht-juristischen Verfahren vor jeglichem Schaden, einschließlich sekundärer Traumatisierung, geschützt sein. Die Personen, welche mit diesen Kindern arbeiten, sollen entsprechend geeignet und geschult sein.
- *Aus- und Weiterbildung von Fachpersonen:* Alle Verantwortlichen in Verfahren, bei denen Kinder und Jugendliche betroffen sind, sollen entsprechende interdisziplinäre Aus- und Weiterbildung besuchen.
- *Multidisziplinärer Ansatz:* Um die Reife des Kindes auf juristischer, psychologischer, sozialer, emotionaler, physiologischer und kognitiver Ebene zu ermitteln, sollen Fachpersonen aus unterschiedlichen Disziplinen kooperieren. Dabei sollen sie geeignete Rahmenbedingungen für eine umfassende Begutachtung schaffen, welche die Rechte des Kindes vollumfänglich wahren.
- *Freiheitsentzug:* Jeglicher Freiheitsentzug bei Kindern soll nur als letzter Ausweg und für möglichst kurze Zeit Anwendung finden.

Kindgerechte Justiz vor dem Gerichtsverfahren

Das gesetzlich festgelegte Mindestalter für die Strafmündigkeit des Kindes sollte von den einzelnen Vertragsstaaten nicht zu tief angelegt werden. Alle Alternativen zu einem Gerichtsverfahren (z.B. Mediation) dürfen nicht dazu missbraucht werden, das Recht des Kindes auf Zugang zum Justizsystem zu erschweren oder gar zu verhindern.

Kinder und die Polizei

Die Polizei sollte dem Kind mit Respekt und Würde in vollem Bewusstsein seiner persönlichen Rechte und Würde begegnen. Sie sollte das Kind seinem Alter entsprechend informieren und ihm den Zugang zu einer rechtlichen Vertretung ermöglichen. Während der gesamten Abklärung und Strafuntersuchung sollte ein kindgerechter Ansatz nach den Leitlinien angewendet werden.

Kindgerechte Justiz während des Gerichtsverfahrens

Zu den Elementen einer kindgerechten Justiz während des Gerichtsverfahrens zählen:

- *Zugang zum Gericht und Gerichtsverfahren:* Damit Kinder ihre Rechte effektiv ausüben können, sollen sie vollumfänglich Zugang zum Rechtsweg und dessen Mitteln haben. Alle Hindernisse, wie das Fehlen finanzieller Ressourcen oder einer rechtlichen Vertretung, sollen durch die Vertragsstaaten vollständig abgebaut werden.
- *Rechtsbeistand und Vertretung:* Bei allen Verfahren, in denen ein Interessenkonflikt zwischen Kindern und Eltern möglich oder tatsächlich vorhanden ist, sollen Kinder das Recht auf eine persönliche und kostenlose Vertretung haben. Fachpersonen, die Kinder vertreten, sollten zudem über die entsprechende Aus- und Weiterbildung verfügen, Kinder als vollwertige Klienten behandeln und die Unabhängigkeit gegenüber den Eltern gewährleisten. Die Etablierung eines Netzwerkes von spezialisierten Kindesvertreter*innen wird empfohlen.
- *Das Recht, gehört zu werden, und zur Meinungsäußerung:* Das rechtliche Gehör des Kindes ist ein Recht und keine Pflicht. Richter*innen sollten in jeder das Kind berührenden Angelegenheit darauf achten, dass das Kind seine Rechte auch ausüben kann, entsprechend seiner jeweiligen Reife und Kommunikationsfähigkeit. Das Alter des Kindes soll dabei nicht das ausschlaggebende Kriterium sein.
- *Vermeidung von unangemessener Verzögerung:* In allen Verfahren, welche Kinder betreffen, soll das Prinzip der Dringlichkeit zur Anwendung kommen, um das Kindeswohl nicht durch unnötige Verzögerungen zu gefährden.

- *Ablauf des Verfahrens, kindgerechte Umgebung und Sprache:* Besonderes Augenmerk ist darauf zu legen, dass die juristischen Verfahren kindgerecht gestaltet werden und entsprechend ablaufen. Dabei sind das Alter des Kindes, seine jeweilige Kommunikationsfähigkeit und Aufmerksamkeitsspanne von entscheidender Bedeutung. Bei allen Aussagen von Kindern ist mit der gebotenen Sensibilität sowie mit Respekt und Achtsamkeit vorzugehen.
- *Aussagen von Kindern:* Wenn immer möglich, sollen Aussagen und Erklärungen von Kindern durch geschultes Personal bzw. durch Fachpersonen und in kindgerechter Weise erfragt werden, wobei eine Kontinuität der Interviewer*innen von großem Vorteil ist. Jeglicher Kontakt zu mutmaßlichen Täter*innen ist in jedem Fall zu vermeiden. Das Alter des Kindes soll unter keinen Umständen zur Ungültigkeit oder Nichtbeachtung seiner Aussage führen.

Kindgerechte Justiz nach dem Gerichtsverfahren

Das Kind soll über den Ausgang des Verfahrens umfassend und in kindgerechter Weise durch seine gesetzliche Vertretung informiert werden. Von einer Zwangsvollstreckung, vor allem in Familienangelegenheiten mit Kinderbeteiligung, ist abzusehen.

Alle Gerichtsakten sollen auch über die Erreichung der Volljährigkeit des Kindes hinaus nicht öffentlich zugänglich sein, vor allem hinsichtlich einer möglichen Verbreitung durch die Medien.

V. Förderung von weiteren kindgerechten Aktivitäten

Kinderrechte sollen durch internationale Förderung von multidisziplinären Forschungs- und Weiterbildungsaktivitäten sowie durch professionellen Erfahrungsaustausch und Kooperation auf- und ausgebaut werden.

VI. Monitoring und Bewertung

Die Vertragsstaaten sollen Maßnahmen zur Umsetzung der Leitlinien ergreifen, ihre nationale Gesetzgebung überprüfen und gegebenenfalls anpassen sowie Monitoringverfahren einführen.

Die Agentur der Europäischen Union für Grundrechte (FRA) hat unter Mitwirkung der Europäischen Kommission Daten erhoben und ausgewertet, um zu untersuchen, inwieweit diese Rechte in der Praxis eingehalten werden. Hierzu hat sie Fachpersonen und Kinder befragt, die an Gerichtsverfahren beteiligt waren. Schwerpunkt des ersten Berichts der FRA über ihre Untersuchung im Jahr 2015 war die Sichtweise der Fachpersonen. Ein zweiter Bericht, in dessen Mittelpunkt die Sichtweisen der Kinder stehen, entstand 2017. Er beschreibt die Ansichten der Kinder zu Faktoren, die ihre uneingeschränkte Beteiligung an Gerichtsverfahren behindern, und zu Bestrebungen, die zur Überwindung solcher Schranken beitragen können. Wie der erste Bericht hebt auch dieser hervor, dass noch viel zu tun ist, damit die Justiz in der EU wirklich kindgerecht wird. Eine Zusammenfassung des ersten und zweiten Berichtes präsentiert die wichtigsten Ergebnisse.[17]

Umsetzung der Leitlinien für eine kindgerechte Justiz in der Schweiz

Im Jahr 2012 setzte sich der Verein »Kinderanwaltschaft Schweiz« ein ambitioniertes Ziel: Die Leitlinien für eine kindgerechte Justiz des Europarates sollen vollständig in der Schweiz umgesetzt werden. Um dies zu erreichen, wurde die Strategie »Child-friendly Justice 2020« entwickelt und in Kantonen der deutschen Schweiz ab 2013 schwerpunktmäßig umgesetzt.

Wichtige Institutionen sprachen sich für eine direkte Umsetzung aus: die Konferenz der Kantonalen Justiz- und Polizeidirektorinnen und -direktoren, die Sozialdirektorenkonferenz (2015), die Konferenz für Kindes- und Erwachsenenschutz sowie die Eidgenössische Kommission für Kinder- und Jugendfragen (2014). Ein Ziel war, dass möglichst viele Fachpersonen bei Behörden, Gerichten, Ämtern, Jugendstrafrechtspflege, Staatsanwaltschaft und der Polizei die *Leitlinien einer kindgerechten Justiz* kennen, damit sie diese umsetzen können. Dazu stellte die Kinderanwaltschaft Schweiz praxisnahe und kindgerechte Arbeitsinstrumente zur Verfügung. Fort- und Weiterbildungsangebote für Fachpersonen aus den Bereichen der Justiz dienten dazu als Unterstützung, die Umsetzung zu wagen. Die entsprechende Zusammenarbeit mit den involvierten Stellen wurde von Jahr zu Jahr erweitert und vertieft. Bereits Ende 2015 beteiligte sich ein Drittel der Deutschschweizer Kantone finanziell am Programm »Child-friendly Justice 2020«. Damit hatten alle Institutionen der Kantone Baselland, Solothurn, Schaffhausen, St. Gallen, Zürich und Zug Zugang zum geschützten Onlineverzeichnis qualifizierter und zertifizierter Kindesvertretungen sowie zu einen ständig aktualisierten Wissensportal[18].

---

17 https://fra.europa.eu/sites/default/files/fra_uploads/fra-2017-child-friendly_justice-summary_de.pdf

18 Quelle: Jahresberichte von Kinderanwaltschaft Schweiz, abrufbar unter https://www.kinderanwaltschaft.ch/page/wissenswertes

Einen vertieften Einblick in die Umsetzung der Leitlinien in den Kantonen gibt der Ende 2020 publizierte »Schlussbericht des Projekts Child-friendly Justice im Kanton Graubünden«[19]: Fachpersonen aus verschiedenen regionalen und kommunalen Behörden, Diensten, Gerichten und dem medizinisch-therapeutischen Bereich haben sich mit der Frage auseinandergesetzt, ob die Verfahren im Kanton kindgerecht ausgestaltet sind. Als Ziel wurde definiert, dass sämtliche Verfahren, in denen Kinder betroffen sind, kindgerecht werden sollen. Aus der Gesamtheit der Verfahrensanalysen, den Gesprächen und Treffen lassen sich verallgemeinerbare Folgerungen ableiten, die im Schlussbericht ausgeführt werden. Dieser formuliert zudem Handlungsempfehlungen zur verbesserten Wahrung der Kinderrechte im Kanton Graubünden.

Umsetzung der Leitlinien für eine kindgerechte Justiz in Deutschland

In Deutschland bemühen sich vor allem drei Institutionen für die Umsetzung der Leitlinien:

Das Deutsche Institut für Menschenrechte als Monitoring-Stelle Die Monitoring-Stelle befasst sich seit Aufnahme ihrer Arbeit 2015 intensiv mit dem Thema. Auf Basis der Studie »Kindgerechte Justiz – Wie der Zugang zum Recht für Kinder und Jugendliche verbessert werden kann« informiert und berät die Monitoring-Stelle staatliche Stellen und die Zivilgesellschaft über die Grundsätze einer kindgerechten Justiz. Derzeit erarbeitet die Monitoring-Stelle gemeinsam mit dem Deutschen Kinderhilfswerk im Rahmen eines Pilotprojektes »Kinderrechtbasierte Kriterien für das familiengerichtliche Verfahren«. Ziel des Projektes, das im November 2021 abgeschlossen wurde, ist, die zahlreichen Vorgaben für ein kindgerechtes familiengerichtliches Verfahren, die in der UN-KRK, den Leitlinien des Europarates für eine kindgerechte Justiz und den Checklisten der EU-Grundrechteagentur für Fachkräfte enthalten sind, praxisnah umzusetzen. Auf dieser Grundlage haben Richter*innen und Expert*innen aus der Gerichtspraxis 2019 Kriterien für ein kindgerechtes familiengerichtliches

19 https://www.gr.ch/DE/institutionen/verwaltung/dvs/soa/familie/Documents/Kinder_Jugendpolitik_GR_Schlussbericht_Ch-f-J_V1-0.pdf

Verfahren erarbeitet, die in der familiengerichtlichen Praxis erprobt und evaluiert wurden[20].

Deutsches Institut für Menschenrechte Das Policy Paper von Annemarie Graf-van Kesteren aus dem Jahr 2015 mit dem Titel »*Kindgerechte Justiz – Wie der Zugang zum Recht für Kinder und Jugendliche verbessert werden kann*« zeigt auf der Basis von qualitativen Interviews mit Kindern und Jugendlichen, die in Deutschland in ein Gerichtsverfahren involviert waren, auf, wo genau die Schwierigkeiten aus Sicht von Kindern und Jugendlichen liegen. Das Augenmerk liegt dabei auf straf- und familienrechtlichen Verfahren. Das Policy Paper gibt darüber hinaus einen Überblick über die menschenrechtlichen Bestimmungen betreffend den Zugang zum Recht für Kinder und Jugendliche. Es skizziert internationale und europäische Vorgaben zu kindgerechter Justiz und erläutert die aktuelle Situation in deutschen Gerichtsverfahren. Die Publikation endet mit Empfehlungen an Politik und Justiz, wie der Zugang zum Recht für Kinder und Jugendliche verbessert werden kann[21].

Deutsches Kinderhilfswerk Das Deutsche Kinderhilfswerk fordert eine bessere Umsetzung der Kinderrechte im Justizsystem und damit einen besseren Zugang zum Recht für Kinder und veranstaltete daher zahlreiche Fachtagungen, Workshops und Fachgespräche:

- Fachtagung »Kindgerechte Justiz – Zugang zum Recht für Kinder« (September 2018)[22]

20 Anwendung kinderrechtsbasierter Kriterien für das familiengerichtliche Verfahren: https://www.dkhw.de/fileadmin/Redaktion/1_Unsere_Arbeit/1_Schwerpunkte/2_Kinderrechte/2.19_Kindgerechte_Justiz/DIMR_DKHW_Kinderrechtsbasierte_Kriterien_im_familiengerichtlichen_Verfahren.pdf

21 Policy Paper »Kindgerechte Justiz – Wie der Zugang zum Recht für Kinder und Jugendliche verbessert werden kann«: https://www.institut-fuer-menschenrechte.de/fileadmin/Redaktion/Publikationen/Policy_Paper_34_Kindgerechte_Justiz.pdf

22 Veranstaltungsdokumentation: https://www.dkhw.de/fileadmin/Redaktion/1_Unsere_Arbeit/1_Schwerpunkte/2_Kinderrechte/2.19_Kindgerechte_Justiz/Dokumentation_Fachtagung_Kindgerechte_Justiz.pdf

- Fachgespräch »Kindgerechte Justiz – Fortbildung und Qualifikation von Richterinnen und Richtern (Juli 2019)[23]
- Workshop »Kinderrechtsbasierte Kriterien im familiengerichtlichen Verfahren« in Kooperation mit der Monitoring-Stelle der UN-KRK (November 2019)[24]
- Pilotprojekt 2021 »Kinderrechtsbasierte Kriterien für das familiengerichtliche Verfahren«[25] (gemeinsam mit dem »Deutschen Institut für Menschenrechte«)

Projektziel: Die UN-Kinderrechtskonvention, die Leitlinien des Europarates für eine kindgerechte Justiz und Checklisten der EU-Grundrechteagentur für Fachkräfte enthalten zahlreiche Vorgaben für ein kindgerechtes familiengerichtliches Verfahren. Auf dieser Grundlage haben Richter*innen und Expert*innen aus der Gerichtspraxis 2019 Kriterien für ein kindgerechtes familiengerichtliches Verfahren erarbeitet, die nun in der familiengerichtlichen Praxis erprobt und evaluiert werden sollen.

Wissenschaftliche Begleitung: Das Projekt wird von einem Beirat begleitet, der die Konzeption und Evaluation unterstützt und die Kriterien an weitere Expert*innen und Justizverwaltungen verbreitet. Die Evaluation erfolgt durch die Katholische Hochschule Münster.

Methode: In Fragebögen dokumentieren 15 Familienrichter*innen der Amtsgerichte Lübeck, Münster und Dortmund die Umsetzung der Kriterien bei jedem Verfahren und bei jeder Anhörung, an der Kinder beteiligt sind. Evaluiert werden die Kriterien mithilfe qualitativer Interviews der teilnehmenden Richter*innen.

---

23 Veranstaltungsdokumentation: https://www.dkhw.de/fileadmin/Redaktion/1_Unsere_Arbeit/1_Schwerpunkte/2_Kinderrechte/2.19_Kindgerechte_Justiz/Kindgerechte_Justiz-Fortbildung_Richterinnen.pdf

24 Veranstaltungsdokumentation: https://www.dkhw.de/fileadmin/Redaktion/1_Unsere_Arbeit/1_Schwerpunkte/2_Kinderrechte/2.19_Kindgerechte_Justiz/Doku_Workshop_29.11.2019.pdf

25 Monitoring-Stelle UN-Kinderrechtskonvention/Deutsches Kinderhilfswerk: Kinderrechtsbasierte Kriterien für das familiengerichtliche Verfahren (https://www.dkhw.de/schwerpunkte/kinderrechte/koordinierungsstelle-kinderrechte/kindgerechte-justiz/kinderrechtsbasierte-kriterien-fuer-familiengerichtliche-verfahren/).

Forschungsfragen: Welche Erfahrungen machen die Richter*innen bei der Umsetzung von kinderrechtsbasierten Kriterien im familiengerichtlichen Verfahren? Wie bewerten sie die Wirksamkeit dieser Kriterien für ein kindgerechtes familiengerichtliches Verfahren?

Projektdauer: Das Projekt dauerte von Februar bis Ende 2021, der Abschlussbericht ist Ende Juni 2022[26] veröffentlicht worden. Die Forschungsergebnisse sollen in eine Anpassung der »Kriterien für ein kindgerechtes familiengerichtliches Verfahren« münden. Perspektivisch soll das Projekt ausgeweitet werden, beispielsweise mit Erprobungen und Evaluationen an mehreren Gerichten in einem Bundesland.

Sowie die **Publikationen:**

- Kindgerechte Justiz (2019)[27]: Über die Beiträge von Expert*innen aus Wissenschaft und Praxis (Dr. Rainer Balloff, Dr. Philipp B. Donath, Nerea Gonzalez Mendez de Vigo, Robert Grain, Prof. Dr. Stefan Heilmann, Helena Hoffmann, Anja Reisdorf, Uta Rieger) werden verschiedene Perspektiven zu der Frage in den Blick genommen, wie die Justiz in Deutschland im Familien-, Straf- und Öffentlichen Recht kindgerechter gestaltet werden kann. Der Sammelband liefert dazu konkrete Handlungsschritte und Empfehlungen für Entscheidungsträger*innen.
- Helena Hoffmann, Kubilay Yalcin (2019): Kindgerechte Justiz – Rechtliche Anforderungen und deutsche Rechtswirklichkeit im Vergleich. Schriftenreihe des Deutschen Kinderhilfswerkes e.V. – Heft 5[28]. In dieser Publikation wird untersucht, was eine kindgerechte Justiz ausmacht und wie die aktuelle Rechtswirklichkeit in Deutschland aussieht. Es werden Handlungsempfehlungen an Politik und Justiz gegeben.

---

26 https://www.dkhw.de/schwerpunkte/kinderrechte/koordinierungsstelle-kinderrechte/kindgerechte-justiz/kinderrechtsbasierte-kriterien-fuer-familiengerichtliche-verfahren/

27 Sammelband: https://www.dkhw.de/fileadmin/Redaktion/1_Unsere_Arbeit/1_Schwerpunkte/2_Kinderrechte/2.19_Kindgerechte_Justiz/Sammelband_Kindgerechte_Justiz.pdf

28 Schriftenreihe. Heft 5: https://www.dkhw.de/fileadmin/Redaktion/I Unsere Arbeit/I Schwerpunkte/2 Kinderrechte/2.19 Kindgerechte Justiz/Schriftenreihe Nr. 5 Kindgerechte Justiz.pdf

Deutsche Kinderhilfe – Die Kindervertreter Das Forschungs- und Fortbildungszentrum KindgeRECHT der Deutschen Kinderhilfe forscht interdisziplinär und anwendungsorientiert zu kinderrechtlichen Fragen. Schwerpunkte sind dabei die kindgerechte Justiz und Kinderrechtsfragen in der Kinder- und Jugendhilfe.

- Fachtagung Kindgerechte Justiz (September 2016)[29]

Das Recht auf Zugang zum Recht ist ein Menschenrecht. Kinder und Jugendliche stoßen immer wieder an schier unüberwindbare Hürden, wollen sie sich in sie betreffenden Verfahren Gehör und Berücksichtigung verschaffen. »Recht(e) haben und Recht bekommen« scheint für Kinder und Jugendliche oft zweierlei zu sein. Obwohl das Kindeswohl und der Kindeswille Grundpfeiler des materiellen und prozessualen Rechts sind, spielen die kindliche Autonomie und die Verwirklichung der Rechte der Kinder nach der UN-Kinderrechtskonvention noch immer eine viel zu geringe Rolle im Rechtssystem. Auf der Fachtagung »Kindgerechte Justiz« tauschte sich eine Vielzahl von Expert*innen aus und diskutierte über neue Ansätze und Ideen einer kindgerechten Justiz.

29 Deutsche Kinderhilfe (Hg.)(2016). Tagungsdokumentation Fachtagung Kindgerechte Justiz, 13. September 2016.

»Als ein Junge mit vielen eigenen Interessen und Bedürfnissen hasste ich es, nicht ernst genommen zu werden, nicht gehört zu werden und nicht verstanden zu werden. Ich hasse es noch heute. Unterdessen kann ich mich vielleicht etwas besser durchsetzen und kann besser selbst für mich einstehen, doch als ca. 10-jähriger Junge gelang mir das nicht. Meine Geschwister und ich waren an vielen Gesprächen und Sitzungen, um immer wieder unsere Geschichte zu erzählen. Unsere Geschichten wurden gehört, allerdings nicht unsere Bedürfnisse. So war es sowohl für uns Kinder als auch für die ganze Familie ein riesiger Schritt, als unsere Kinderanwältin eingeschaltet wurde. Es war das erste Mal, wo in erster Linie auf unsere Bedürfnisse gehört wurde. Sie stärkte uns sehr und gab uns unglaublich viel Hoffnung und Sicherheit. Ihre Bemühungen waren es letztendlich, welche bewirkt haben, dass man unseren Bedürfnissen gerecht wurde.«

Nick

3. Grundlagen

3.1 Rechtliche Einbettung

3.1.1 Menschenwürde

Art. 7 der Bundesverfassung (BV) schreibt vor, dass die Würde des Menschen zu achten und zu schützen ist. Die Menschenwürde ist das grundlegende Konstitutionsprinzip und Leitgrundsatz für jegliche Staatstätigkeit. Art. 7 BV ist demzufolge die »materielle Grundnorm« des Rechtsstaates und der Demokratie und als Ausdruck der elementaren Forderung zu verstehen, dass jeder Mensch ein Recht darauf hat, als rechtsfähige Person anerkannt zu werden.[1]

Bereits der Philosoph Immanuel Kant (1724–1804) postulierte, dass der Mensch niemals nur als Mittel (Objekt), sondern stets auch als Zweck (Subjekt) behandelt wird[2] – und dies hat auch für Kinder und Jugendliche zu gelten.

Da die Menschenwürde reiner Selbstzweck sei, verbiete sich gemäß Kant jede rechnerische Wertung: »Im Reiche der Zwecke hat alles entweder einen Preis oder eine Würde. Was einen Preis hat, an dessen Stelle kann auch etwas Anderes, als Äquivalent, gesetzt werden; was dagegen über allen Preis erhaben ist, mithin kein Äquivalent verstattet, das hat eine Würde.«[3] Jeder Mensch besitze Würde. Dieser absolute innere Wert jedes Subjekts verbiete jede Instrumentalisierung. Die von Kant maßgeblich geprägte aufklärerische Idee der gleichen Würde aller Menschen führte später zur Forderung nach gleichen Rechten für alle Menschen.[4] Mit Kant wird die Würde als moralischer Anspruch verstanden, als Anspruch, den seine Trägerinnen und Träger anderen gegenüber geltend machen können: »Auf diese Weise darf man mit mir

1 Vgl. OFK-Biaggini zu Art. 7 BV, N 4; vgl. ferner auch BGE 132 I 49, E. 5.1.

2 Vgl. OFK-Biaggini zu Art. 7 BV, N 5.

3 Zitat BSK BV-Belser/Molinari, Art. 7 BV, N 19 entnommen.

4 Vgl. BSK BV-Belser/Molinari, Art. 7 BV, N 19.

nicht umgehen.« Würde als moralischer Anspruch entspricht der Konzeption von Würde, die unter dem Begriff der »inhärenten Würde« nach dem Zweiten Weltkrieg bzw. als Reaktion auf das nationalsozialistische Unrechtsregime Eingang in die Allgemeine Menschenrechtserklärung (1948) sowie in verschiedene Verfassungen gefunden hat. Die Würde wird dabei allen Mitgliedern der menschlichen Gattung zugesprochen.[5]

Gemäß Bundesgericht ist ein zentrales Anliegen der Menschenwürde die »Anerkennung des Einzelnen in seiner eigenen Werthaftigkeit und individuellen Einzig- und allfälligen Andersartigkeit«.[6]

Es ist vorstellbar, dass das, was als Würdeverletzungen gesehen wird, für alle Menschen eine grundlegende Bedeutung besitzt, weil es sie in ihrem Innersten trifft: Würdeverletzungen stellen eine Herabsetzung dar, die die Menschen in dem verletzen, was sie als Menschen sein wollen, nämlich Wesen, die man achtet, Wesen, über die man nicht verfügt, sondern in ihrer Eigenheit anerkennt, Wesen, welche ein möglichst eigenständiges, ihren Bedürfnissen entsprechendes Leben führen wollen.[7]

Dass die Menschenwürde auch für Kinder und Jugendliche gilt, sollte eine Selbstverständlichkeit sein, da diese bedingungslos allen Menschen zukommt.[8] So ist denn auch der Präambel der UN-KRK u.a. zu entnehmen, dass dieses Übereinkommen in der Erwägung abgeschlossen wurde, dass nach den in der Charta der Vereinten Nationen verkündeten Grundsätzen die Anerkennung der allen Mitgliedern der menschlichen Gesellschaft innewohnenden Würde und der Gleichheit und Unveräußerlichkeit ihrer Rechte die Grundlage von Freiheit, Gerechtigkeit und Frieden in der Welt bildet.

Zusammenfassend ist demnach festzuhalten, dass die Würde des Menschen bzw. hier die Kindeswürde verlangt, dass Kinder und Jugendliche in den sie betreffenden Verfahren nicht als Objekte – über welche Gerichte, KESB und Eltern frei »verfügen« können –, sondern vielmehr als Subjekte kinds- und altersgerecht behandelt und ihrer eigenen Werthaftigkeit und individuellen Einzig- und allfälligen Andersartigkeit entsprechend anerkannt werden. Mithin gebietet die Würde des Kindes, dass ein Kind am Verfahren alters- und kindgerecht partizipieren kann. Dem betroffenen Kind ist u.a. die Möglichkeit einzuräumen, zur geplanten Regelung seiner Kinderbelange zustimmend

5 Vgl. Schaber (2012), S. 27 und 29.

6 BGE 132 I 49, E. 5.1.

7 Vgl. Schaber (2012), S. 18.

8 Vgl. BSK BV-Belser/Molinari, Art. 7 BV, N 46.

oder ablehnend Stellung zu nehmen. Die Kindeswürde verbietet infolgedessen jegliche Instrumentalisierung des Kindes im Verfahren durch die übrigen Verfahrensbeteiligten (namentlich durch die Eltern und ihre Anwälte) sowie durch das Gericht bzw. die Behörde.

Vignette:
In einem Schulhaus wird eine Wand verspraytt, worauf die Schulleiterin Strafanzeige einreicht. Vier Polizeibeamte erscheinen im Schulhaus und befragen alle Schüler*innen einzeln, ohne Einladung und Protokollierung der Aussagen. Die 13-jährige Clara, welche mit den Sprayereien nichts zu tun hat, wird von der Beamtin Huber in ein längeres Kreuzverhör genommen. Frau Huber gibt ihr mehrfach zu verstehen, dass sie ihr nicht glaubt und dass die Auswertung der gesicherten DNA-Spuren die Täterschaft ohnehin an den Tag bringen werde. Zweimal erwähnt sie, dass die Polizei Clara auch morgens um 4 Uhr zuhause abholen und dann auf der Polizeiwache befragen könne. Frau Huber fragt wiederholt nach, ob Clara »es« gewesen sei, und fordert sie mehrere Male auf, zu sagen, wer gesprayt habe, wobei Clara stets sagt, sie wisse es nicht. Schließlich weiß sich Clara nicht mehr anders zu helfen, als wider besseres Wissen den Namen eines Mitschülers als möglichen Täter anzugeben, nur damit die Befragung aufhört. Der ganze Vorfall hinterlässt Clara völlig fassungslos und sie macht sich große Vorwürfe, dass sie den Mitschüler genannt hat.

Kommentar:
Abgesehen von allfälligen – polizeirechtlichen und strafprozessualen – Pflichtverletzungen und Kompetenzüberschreitungen durch die befragende Polizeibeamtin, fühlt sich Clara durch deren Behandlung zutiefst verletzt. Die informelle Erst-Befragung, bei welcher die Beamtin in der geschilderten Art und Weise ausschließlich von der Unwahrheit der gemachten Aussagen ausgeht und diesen Aspekt – begleitet von implizitem und explizitem Androhen von für das Kind nachteiligen Folgen – über längere Zeit wiederholt thematisiert, ist geeignet, die menschliche Würde der befragten Jugendlichen zu verletzen. Weil es im Rahmen von justiziellen Verfahren regelmäßig schwierig ist, Aspekte der Würdeverletzung zu thematisieren, müssen sich die beteiligten Erwachsenen Gedanken dazu machen, wie dieser Aspekt der Würdeverletzung auf geeignete Weise vermieden werden kann.

3.1.2 Menschenrechtliche Aspekte sowie Anspruch auf Partizipation

Bereits die Allgemeine Erklärung der Menschenrechte hält in ihrer Präambel fest, dass die Anerkennung der angeborenen Würde und der gleichen und unveräußerlichen Rechte aller Mitglieder der Gemeinschaft der Menschen die Grundlage von Freiheit, Gerechtigkeit und Frieden in der Welt bildet.

Der Europäische Gerichtshof für Menschenrechte (EGMR) hat in seiner Rechtsprechung zu den Menschenrechten ausdrücklich festgehalten, dass der Schutz der Würde und Freiheit des Einzelnen zu den Grundprinzipien der Europäische Menschenrechtskonvention (EMRK) gehört.[9] Überdies garantiert die BV auf Verfassungsstufe – letztlich als Ausfluss der Menschenwürde und -rechte – die grundlegenden Verfahrensgrundrechte für alle Menschen und damit auch für Kinder und Jugendliche. Jede Person hat in Verfahren vor Gerichts- und Verwaltungsinstanzen (z.B. KESB) Anspruch auf gleiche und gerechte Behandlung sowie auf Beurteilung innert angemessener Frist (Art. 29 Abs. 1 BV; vgl. auch Art. 6 EMRK und Art. 14 UNO-Pakt II). Zudem haben Parteien Anspruch auf rechtliches Gehör (Art. 29 Abs. 2 BV).[10]

Die historischen Wurzeln des Anspruchs auf ein faires Verfahren gehen u.a. auf die Magna Charta (1215) und die Bill of Rights (1689) zurück und fanden ihre Fortsetzung in den Menschenrechtserklärungen der USA (1776, 1791) und Frankreich (1789) sowie in der Folge im Völkerrecht (Allgemeine Menschenrechtserklärung [1948], UNO-Pakt II [1966], EMRK [1950]). Im Völkerrecht wurden insbesondere durch die Art. 12 und 40 der UNO-Kinderrechtskonvention (UN-KRK) elementare Verfahrens- und Partizipationsrechte von Kindern und Jugendlichen explizit verbrieft.[11]

Die Subjektstellung von Kindern und Jugendlichen in den sie betreffenden Gerichts- und Verwaltungsverfahren – welche sich letztlich aus der Menschenbzw. Kindeswürde ableitet – wird namentlich durch die verfassungsmäßigen Verfahrensgrundrechte sowie die UN-KRK garantiert. Demzufolge haben Kinder und Jugendliche einen völker- und verfassungsrechtlich garantierten Anspruch auf Partizipation in den sie betreffenden Verfahren.

---

9 Vgl. z.B. EGMR, 8.11.2011, No. 18968/07, V.C./Slowakei, Ziff. 105.

10 Vgl. Herzig (2017), S. 464f.

11 Vgl. Herzig (2017), S. 464f.

3.1.3 Kinderrechte als Menschenrechte

Die Völkergemeinschaft anerkennt spätestens seit dem Erlass der Kinderrechtskonvention, dass Kindheit und Adoleszenz besondere Lebensabschnitte des Menschen sind, in denen durch eine gedeihliche Entwicklung und Bildung der Grundstein für das gesamte Leben gelegt wird. Mit dieser Erkenntnis geht die Einsicht einher, dass zum Schutz und zur partizipatorischen Befähigung von Kindern und Jugendlichen rechtlich verbindliche Regelungen erforderlich sind.

In diesem Zusammenhang ergänzt, präzisiert und erweitert die UNO-Kinderrechtskonvention[12] (UN-KRK) – welche u.a. entsprechende rechtlich verbindliche Regelungen für die Völkergemeinschaft kodifiziert – die sogenannte Internationale Charta der Menschenrechte, bestehend aus der Allgemeinen Erklärung der Menschenrechte (AEMR) und den beiden UNO-Pakten I + II[13]. Die UN-KRK, die für die Schweiz am 26.03.1997 in Kraft getreten ist, hält in ihrer Präambel namentlich die grundlegenden Gedanken zum Schutz der Menschenrechte von Kindern fest. Die Völkergemeinschaft hat der UN-KRK folgende Präambel[14] vorangestellt (Auszug):

- in der Erkenntnis, dass die Vereinten Nationen in der AEMR und in den Internationalen Menschenrechtspakten verkündet haben und übereingekommen sind, dass jeder Mensch Anspruch hat auf alle darin verkündeten Rechte und Freiheiten ohne Unterscheidung, etwa nach der Rasse, der Hautfarbe, dem Geschlecht, der Sprache, der Religion, der politischen oder sonstigen Anschauung, der nationalen oder sozialen Herkunft, dem Vermögen, der Geburt oder dem sonstigen Status,
- unter Hinweis darauf, dass die Vereinten Nationen in der AEMR verkündet haben, dass Kinder Anspruch auf besondere Fürsorge und Unterstützung haben,
- überzeugt, dass der Familie als Grundeinheit der Gesellschaft und natürlicher Umgebung für das Wachsen und Gedeihen aller ihrer Mitglieder, insbesondere der Kinder, der erforderliche Schutz und Beistand gewährt werden sollte, damit sie ihre Aufgaben innerhalb der Gemeinschaft voll erfüllen kann,

---

12 SR 0.107.

13 SR 0.103.1 und 0.103.2.

14 SR 0.107; https://www.fedlex.admin.ch/eli/cc/1998/2055_2055_2055/de

- in der Erkenntnis, dass das Kind zur vollen und harmonischen Entfaltung seiner Persönlichkeit in einer Familie und umgeben von Glück, Liebe und Verständnis aufwachsen sollte,
- in der Erwägung, dass das Kind umfassend auf ein individuelles Leben in der Gesellschaft vorbereitet und im Geist der in der Charta der Vereinten Nationen verkündeten Ideale und insbesondere im Geist des Friedens, der Würde, der Toleranz, der Freiheit, der Gleichheit und der Solidarität erzogen werden sollte,
- eingedenk dessen, dass die Notwendigkeit, dem Kind besonderen Schutz zu gewähren, in der Genfer Erklärung von 1924 über die Rechte des Kindes und in der von der Generalversammlung am 20.11.1959 angenommenen Erklärung der Rechte des Kindes ausgesprochen und in der AEMR, im UNO-Pakt I (insb. in den Art. 23 und 24), im UNO-Pakt II (insb. Art. 10) sowie in den Satzungen und den in Betracht kommenden Dokumenten der Sonderorganisationen und anderen internationalen Organisationen, die sich mit dem Wohl des Kindes befassen, anerkannt worden ist,
- eingedenk dessen, dass, wie in der Erklärung der Rechte des Kindes ausgeführt ist, »das Kind wegen seiner mangelnden körperlichen und geistigen Reife besonderen Schutzes und besonderer Fürsorge, insb. eines angemessenen rechtlichen Schutzes vor und nach der Geburt, bedarf«,
- unter Hinweis auf die Bestimmungen der Erklärung über die sozialen und rechtlichen Grundsätze für den Schutz und das Wohl von Kindern unter besonderer Berücksichtigung der Aufnahme in eine Pflegefamilie und der Adoption auf nationaler und internationaler Ebene, der Regeln der Vereinten Nationen über die Mindestnormen für die Jugendgerichtsbarkeit (Beijing-Regeln) und der Erklärung über den Schutz von Frauen und Kindern im Ausnahmezustand und bei bewaffneten Konflikten.

Diese grundlegenden Gedanken zum Schutz der Menschenrechte bei Kindern machen somit deutlich, dass die Völkergemeinschaft bzw. die Vertragsstaaten dafür besorgt sein müssen, dass Staat und Private die Würde des Kindes respektieren und den Schutz, die Fürsorge sowie die Partizipation des Kindes gewährleisten.

Die UN-KRK schreibt im sog. »Kindeswohlartikel« (Art. 3) den Vertragsstaaten vor, dass bei »allen Maßnahmen, die Kinder betreffen, gleichviel ob sie von öffentlichen oder privaten Einrichtungen der sozialen Fürsorge (z.B. Kinder- und Jugendheime, Pflegefamilien, Erziehungs- bzw. Mütter- und Väterberatung, KITAs), Gerichten, Verwaltungsbehörden oder Gesetzgebungsorgangen getroffen werden, das Wohl des Kindes vorrangig zu berücksichtigen ist« (Abs. 1). Zudem verpflichten sich die Vertragsstaaten nach Abs. 2 derselben Bestimmung,

> dem Kind unter Berücksichtigung der Rechte und Pflichten seiner Eltern, seines Vormunds oder anderer für das Kind gesetzlich verantwortlicher Personen den Schutz und die Fürsorge zu gewährleisten, die zu seinem Wohlergehen notwendig sind; zu diesem Zweck treffen sie alle geeigneten Gesetzgebungs- und Verwaltungsmaßnahmen (z.B. mittels Kindesschutzmaßnahmen nach Art. 307ff. ZGB).

Schließlich haben die Vertragsstaaten sicherzustellen,

> dass die für die Fürsorge für das Kind oder dessen Schutz verantwortlichen Institutionen, Dienste und Einrichtungen (z.B. KESB, Gericht, Kinder- und Jugendmedizin, KITAs) den an sie gestellten rechtlichen Anforderungen genügen, insbesondere im Bereich der Sicherheit und der Gesundheit sowie hinsichtlich der Zahl und der fachlichen Eignung des Personals und des Bestehens einer ausreichenden Aufsicht (z.B. Pflegekinderaufsicht) (Abs. 3).

Jedes am Wohl des Kindes ausgerichtete Handeln muss sich an den Grundrechten und Grundbedürfnissen von Kindern orientieren und die für das Kind jeweils günstigste Handlungsalternative wählen.[15] Mit anderen Worten sind die Kinderrechte fester Bestandteil des Kindeswohls und das Kindeswohl wiederum ist ein elementares Grundrecht des Kindes.

Gemäß Art. 4 UN-KRK müssen die Vertragsstaaten alle geeigneten Gesetzgebungs-, Verwaltungs- und sonstigen Maßnahmen zur Verwirklichung der in diesem Übereinkommen anerkannten Rechte treffen. Der schweizerische Gesetzgeber hat infolgedessen im Rahmen der Scheidungsrechtsrevision im Jahr 2000 – also kurz nach der Ratifikation des Übereinkommens durch die Schweiz (1997) – erstmals die explizite gesetzliche Grundlage für die Kindesvertretung geschaffen.[16] Der Botschaft zur Scheidungsrechtsrevision ist hierzu zu entnehmen:

> [...] Fachleute sind sich deshalb einig, [...] dass das Kind in bestimmten Fällen einer eigenständigen Interessenvertretung (Kindesvertretung) bedarf.

15 Vgl. KOKES-Praxisanleitung (2017), Rz. 1.14.

16 Sie wurde später in die Eidgenössische Zivilprozessordnung übernommen (vgl. Art. 299f. ZPO).

> [...] Es versteht sich von selbst, dass der Anwalt oder die Anwältin einer Partei (eines Elternteils) nicht gleichzeitig auch das Kind vertreten kann. [...] Im Übrigen entspricht die (Kindes-)Vertretungsmöglichkeit [...] Art. 12 Abs. 2 der UN-Kinderkonvention.[17]

Ähnliche und identische gesetzgeberische Erläuterungen können auch den Botschaften zur Kindesunterhalts- (2017) und Adoptionsrechtsrevision (2018) entnommen werden (siehe 3.4.4 Rolle und Aufgaben).[18]

Komplementär zum Kindeswohl-Artikel schreibt Art. 12 UN-KRK im sog. »Partizipationsartikel« den Vertragsstaaten und damit auch der Schweiz vor, dass sie dem Kind, das fähig ist, sich eine eigene Meinung zu bilden, das Recht zusichern, diese Meinung in allen das Kind berührenden Angelegenheiten frei zu äußern: Überdies haben die Vertragsstaaten die Meinung des Kindes angemessen und entsprechend seinem Alter und seiner Reife zu berücksichtigen (Abs. 1). Zu diesem Zweck wird Kindern und Jugendlichen insbesondere Gelegenheit gegeben, in allen sie berührenden Gerichts- oder Verwaltungsverfahren entweder unmittelbar oder durch eine (Kindes-)Vertretung oder eine geeignete Stelle im Einklang mit den innerstaatlichen Verfahrensvorschriften gehört zu werden (Abs. 2). Dabei geht es um ein Recht und nicht um eine Pflicht der Kinder bzw. Jugendlichen, sich zu äußern.

Die zahlreichen in der UN-KRK verbrieften Partizipationsrechte, insb. Art. 12, machen die Rolle des Kindes als Subjekt eigener Rechte deutlich. Damit wird es nicht mehr lediglich als reines Schutzobjekt rechtlicher Normierungen angesehen, was als großer Fortschritt zu werten ist. Das Bundesgericht hat zu Recht klargestellt, dass Art. 12 der UN-KRK unmittelbar anwendbar ist,[19] weshalb sich namentlich von einem Verfahren unmittelbar betroffene Kinder und Jugendliche sowie ihre Kindesvertreter*innen darauf berufen und die Partizipation entsprechend einfordern können.

Wird das Kind in einem es betreffenden Verfahren nicht als Subjekt mit eigenen Rechten behandelt und demzufolge Art. 12 UN-KRK, der die Partizipation des Kindes garantiert, verletzt, wird letztlich auch die Würde des Kindes missachtet.

---

17 BBl 1996 I 146–148; Hervorhebungen und Klammerbemerkungen durch uns.

18 BBl 2014 586f. (betr. Revision des Kindesunterhaltsrechts), BBl 2015 912 (und 931) (betr. Revision des Adoptionsrechts), vgl. Herzig, 2020.

19 BGE 124 III 90.

Hinzu kommen die sog. »General Comments«[20] des Kinderrechtsausschusses, die einzelne Artikel und deren Bedeutung erläutern und den partizipatorischen Impetus der in der Konvention verbürgten Garantien zusätzlich betonen. Es gibt auch ein Individualbeschwerdeverfahren, d.h. die Möglichkeit, die Verletzung von Kinderrechten beim UN-Kinderrechtsausschuss zu rügen, nach Ausschöpfung des innerstaatlichen (hier: schweizerischen) Rechtsmittelzuges.[21] Diese Möglichkeit dürfte zu einer weiteren Stärkung der Kinderrechte führen und ist Ausdruck der Subjektstellung von Kindern und Jugendlichen.

Abbildung 1: Gebäude der Kinderrechte[22]

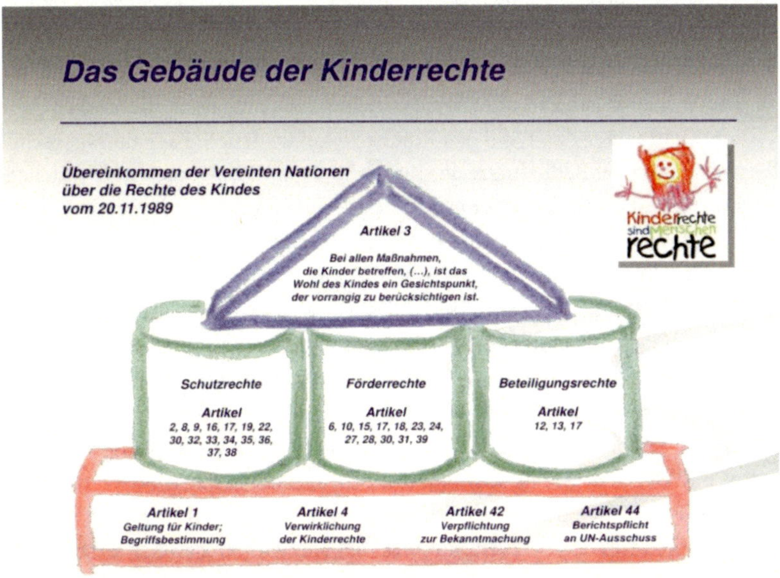

20 https://tbinternet.ohchr.org/_layouts/15/treatybodyexternal/TBSearch.aspx?Lang=en&TreatyID=5&DocTypeID=11 (zuletzt besucht 28.10.2021).

21 Die Generalversammlung der Vereinten Nationen hat am 19. Dezember 2011 das 3. Fakultativprotokoll zur Kinderrechtskonvention verabschiedet. Es trat am 14. April 2014 in Kraft. Die Schweiz ist dem 3. Fakultativprotokoll am 24. April 2017 beigetreten. Weitere Hinweise: https://www.humanrights.ch/de/ipf/archiv/international/nachrichten/3-fakultativprotokoll-kinderrechtskonvention.

22 Aus Maywald (2014), S. 11.

Der Europarat – in dem die Schweiz ebenfalls Mitglied ist – hat im Jahr 2010 Leitlinien für eine kindgerechte Justiz verabschiedet, um – nach seinen eigenen Worten – zu gewährleisten, dass die Justiz Kindern gegenüber stets freundlich sei, egal wer sie seien oder was sie getan hätten. Kinder seien mit Würde, Achtung, Sorgfalt und Fairness zu behandeln. Eine kindgerechte Justiz sei zugänglich, verständlich und zuverlässig. Sie höre Kindern zu, nehme ihre Ansichten ernst und stelle sicher, dass auch die Interessen derjenigen geschützt seien, die sich nicht äußern könnten (wie Kleinkinder oder Kinder mit Behinderung). Sie passe ihr Verfahrenstempo den Kindern an, sei weder zu schnell noch zu langsam, sondern so zügig wie möglich. Mit den Leitlinien für eine kindgerechte Justiz solle dies alles sichergestellt werden. Sie sollten garantieren, dass Kinder einen angemessenen Zugang zur Justiz erhalten und dass diese auf respektvolle Weise auf sie eingeht. Eine kindgerechte Justiz bewahre Kinder und Jugendliche vor Bedrängnis, sie stelle sicher, dass sie den ihnen gebührenden Platz einnehmen und beteiligt werden; sie berücksichtige ihre Worte in gebührender Weise und lege sie aus, ohne die Verlässlichkeit der Justiz oder das Wohl des Kindes zu gefährden. Sie sei altersgerecht, berücksichtige die Bedürfnisse der Kinder und garantiere einen individuellen Ansatz, ohne dass Kinder stigmatisiert oder mit einem Etikett versehen würden. Kindgerechte Justiz bedeute Förderung eines verantwortungsbewussten, durch und durch professionellen Systems, das die gute Rechtspflege sicherstelle und damit bei den Parteien und sonstigen Verfahrensbeteiligten Vertrauen wecke. Ein kindgerechtes Justizsystem sei auf der Seite der Kinder und biete Hilfe durch kompetente Fachkräfte. Die europäischen Justizsysteme verfügten durchweg über kompetente, verantwortungsbewusste Entscheidungsträger und Angehörige der Rechtsberufe – Richter, Vollzugsbeamte, Sozialarbeiter und Beschäftigte im Gesundheitswesen, Anwälte für Kinderrechte, Eltern und Betreuungspersonen –, die bereitwillig Orientierungshilfen annehmen und weitergeben würden, um ihre tägliche Vorgehensweise zum Wohle des Kindes zu verbessern.[23] Demzufolge gebieten auch die Leitlinien des Europarats, die Würde des Kindes zu respektieren mittels Sicherstellung einer kindgerechten Partizipation.

---

23 Vgl. S. 7ff. der Leitlinien für eine kindgerechte Justiz, https://www.coe.int/en/web/children

3.1.4 Grundrechtliche Einbettung der Kinderrechte

Auf grundrechtlicher Ebene statuiert Art. 11 der Bundesverfassung (BV) den Schutz von Kindern und Jugendlichen. Abs. 1 hält fest, dass Kinder und Jugendliche Anspruch auf besonderen Schutz ihrer (physischen und psychischen) Unversehrtheit und auf Förderung ihrer (physischen und psychischen) Entwicklung haben. In Abs. 2 wird im Sinne der Subjektstellung und des Partizipationsgedankens klargestellt, dass Kinder und Jugendliche ihre Rechte im Rahmen ihrer Urteilsfähigkeit (selbstständig) ausüben (können).

Grundrechte, und damit auch die in der Bundesverfassung normierten Verfahrensgrundrechte (vgl. insb. Art. 29 BV), stehen grundsätzlich allen Menschen – und zwar unabhängig ihres Alters – zu, weshalb sie auch auf Kinder und Jugendliche Anwendung finden, wenn diese durch ein Verwaltungs- oder Gerichtsverfahren unmittelbar betroffen sind. Demzufolge ist es im Verfahren unzulässig, über Kinder und Jugendliche wie über Objekte zu »verfügen«. Vielmehr sind sie in den sie betreffenden Entscheidprozess einzubeziehen mit der Möglichkeit, ihre Sicht, Argumente und Ambivalenzen frühzeitig geltend zu machen.[24] Mithin sind die rechtsanwendenden Behörden und Gerichte verpflichtet, die Vorbringen der betroffenen Kinder und Jugendlichen – sei dies unmittelbar, z.B. im Rahmen der Kindesanhörung, sei dies mittelbar durch den Kinderanwalt bzw. die Kinderanwältin – zu hören, sorgfältig und ernsthaft zu prüfen und in der Entscheidfindung zu berücksichtigen. In diesem Sinne hat das Bundesgericht entschieden, dass es im Rahmen der Kindesanhörung nicht genügt, es lediglich zu beobachten; vielmehr muss sich das Kind verbal (und allenfalls auch non-verbal) äußern können.

Grundvoraussetzung dafür, dass Kinder und Jugendliche ihre Subjektstellung bzw. Partizipationsrechte tatsächlich wahrnehmen können, ist die ausreichende sowie kind- und altersgerechte Information und Aufklärung (u.a. über Gegenstand und Ablauf des Verfahrens, anstehende Entscheide und Auswirkungen, über ihre Rechte auf Partizipation, auf einen Kinderanwalt/eine Kinderanwältin, auf Entscheideröffnung sowie über das Recht, ein Rechtsmittel einzulegen). Insoweit steht von einem Verfahren unmittelbar betroffenen Kindern und Jugendlichen ein völker- und grundrechtlich verbriefter Informationsanspruch zu.

---

24 Vgl. für die familienrechtlichen Verfahren etwa die einschlägigen Kindesanhörungs- und -vertretungsbestimmungen.

In diesem Sinne ist zu fordern, dass das von einem Verfahren betroffene Kind durch geeignete Personen (z.B. durch eine eingesetzte Kindesvertretung) kind- und altersgerecht über das Verfahren selbst (Abläufe, Zwischenentscheide, Entscheide etc.) und seine Partizipationsrechte (u.a. Recht auf Kindesanhörung und u.U. Recht auf eine Kindesvertretung) mündlich (und allenfalls auch schriftlich) informiert wird. Entsprechendes kind- und altersgerechtes Informationsmaterial – wie etwa die von UNICEF in Zusammenarbeit mit dem Marie Meierhofer Institut für das Kind (MMI) entwickelten Kindesanhörungsbroschüren[25] – können dabei helfen, dem Informationsanspruch des Kindes gerecht zu werden.

3.1.5 Partizipation als Grundprinzip

Kindesvertretung ist im Kern ein Partizipationsinstrument. Es tut deshalb not, sich eingehend damit zu beschäftigen, was mit (dem Recht auf) Partizipation gemeint ist. Das Konzept der Partizipation (Beteiligung) von Kindern – aber natürlich auch von Erwachsenen – an sie betreffenden Entscheidungen ist menschenrechtlicher Natur und eine Errungenschaft der Staatengemeinschaft, die die Menschenrechte entwickelt und formuliert hat. Diese Errungenschaft ist also nicht einer einzelnen Disziplin – z.B. der Psychologie – und einem einzelnen individuellen Umstand geschuldet – z.B. dem innerstaatlichen Gesetz eines einzelnen Landes –, sondern sie ist spätestens seit dem Inkrafttreten der UN-KRK (1989) als universelles, umfassendes und integrales (Menschen-)Recht zu betrachten, auf das sich jeder Mensch ab dem Zeitpunkt seiner Geburt berufen kann. Es handelt sich um ein junges Recht. So enthielten die Vorläufer-Erklärungen der UN-KRK (1924, 1959) noch nichts über den Einbezug des Kindes in es betreffende Entscheidungen. Erst der revidierte – polnische – Entwurf von 1979 enthielt eine Formulierung, die das Thema, Kindern ein Recht auf Gehör zu verschaffen, in die Debatte einbrachte. Das Partizipationsrecht (»Recht auf Gehör«) ist in Art. 12 der UN-KRK formuliert und seine Bedeutung wurde vom ersten UN-Kinderrechteausschuss noch erhöht, indem er es zu einem von insgesamt vier Prinzipien der UN-KRK erklärt hat[26]. Im Folgenden zitieren wir Art. 12 und kommentieren ihn anschließend:

---

25 Brunner/Trost (2014).

26 Zusammen mit dem Prinzip der Nicht-Diskriminierung (Art. 2), dem Prinzip der vorrangigen Erwägung des Kindeswohls (Art. 3) und demjenigen der Sicherung des Überlebens und der Entwicklung (Art. 6). Eine umfassende Kom-

Artikel 12
(1) Die Vertragsstaaten sichern dem Kind, das fähig ist, sich eine eigene Meinung zu bilden, das Recht zu, diese Meinung in allen das Kind berührenden Angelegenheiten frei zu äußern, und berücksichtigen die Meinung des Kindes angemessen und entsprechend seinem Alter und seiner Reife.
(2) Zu diesem Zweck wird dem Kind insbesondere Gelegenheit gegeben, in allen das Kind berührenden Gerichts- oder Verwaltungsverfahren entweder unmittelbar oder durch einen Vertreter oder eine geeignete Stelle im Einklang mit den innerstaatlichen Verfahrensvorschriften gehört zu werden.

»dem Kind, das fähig ist, sich eine eigene Meinung zu bilden«

Der UN-Kinderrechteausschuss betont[27], dass Art. 12 keine Altersgrenze für das Recht des Kindes auf Meinungsäußerung setzt, und rät Vertragsstaaten davon ab, in Gesetzen oder in der Praxis Altersgrenzen einzuführen, die das Recht des Kindes auf Gehör in das Kind berührenden Angelegenheiten einschränken. In diesem Sinne unterstreicht der Ausschuss Folgendes:

- Der Begriff des Kindes als Rechtsträger ist im täglichen Leben des Kindes von der frühesten Phase an verankert. Untersuchungen zeigen, dass Kinder fähig sind, sich von früher Kindheit an eine Meinung zu bilden, auch wenn sie noch nicht imstande sind, diese verbal auszudrücken. Konsequenterweise verlangt die volle Umsetzung von Art. 12 die Anerkennung und Achtung non-verbaler Kommunikationsformen wie Spiel, Körpersprache, Gesichtsausdruck und Verhalten, mit denen junge Kinder Wünsche und Vorlieben zum Ausdruck bringen.
- Es ist nicht erforderlich, dass das Kind alle Aspekte der es betreffenden Angelegenheit vollständig kennt; es muss lediglich ein ausreichendes Verständnis haben, um sich eine angemessene Meinung zu der Sache bilden zu können.

---

mentierung des Art. 12 UN-KRK findet sich im General Comment (»Allgemeine Bemerkung«) Nr. 12 des UN-Ausschusses für die Rechte des Kindes von 2009: https://www.institut-fuer-menschenrechte.de/fileadmin/user_upload/Publikationen/Information/Information_GC12_barrierefrei_geschuetzt.pdf (zuletzt besucht 28.10.2021).

27 Vgl. General Comment Nr. 12 (vgl., FN 33, Ziffer 21).

- Die Vertragsstaaten sind auch verpflichtet, die Umsetzung dieses Rechts für jene Kinder sicherzustellen, die Schwierigkeiten haben, ihrer Meinung Gehör zu verschaffen.
- Die Vertragsstaaten müssen sich der möglichen negativen Folgen einer unüberlegten Ausübung dieses Rechts bewusst sein. Die Vertragsstaaten müssen alle erforderlichen Maßnahmen ergreifen, um sicherzustellen, dass das Recht auf Gehör unter vollem Schutz des Kindes ausgeübt wird.

»in allen Angelegenheiten, die das Kind berühren«

Die UN-KRK hat bewusst darauf verzichtet, diese Angelegenheiten in einer Liste zu definieren, die eingrenzt, welche Meinungen eines Kindes oder von Kindern zu berücksichtigen sind. Stattdessen wurde entschieden, das Recht auf Gehör auf »alle das Kind berührenden Angelegenheiten« zu beziehen. Der UN-Kinderrechtsausschuss unterstützt eine breite Auslegung des Begriffs »Angelegenheiten«, der auch nicht ausdrücklich im Übereinkommen genannte Themen einschließt, achtet jedoch auf den Zusatz »das Kind berührend«, um deutlich zu machen, dass kein allgemeines politisches Mandat beabsichtigt war. Die Praxis zeige, dass eine weite Interpretation des Begriffs »das Kind (bzw. Kinder) berührende Angelegenheiten« dazu beiträgt, Kinder in die sozialen Prozesse ihrer Gemeinde und Gesellschaft einzubeziehen. Deshalb sollten die Vertragsstaaten überall dort sorgfältig auf die Meinungen der Kinder hören, wo ihre Sichtweise die Qualität von Lösungen verbessert.

Das Recht auf Partizipation ist weder rein psychologisch oder sozial noch rein rechtlich geprägt, sondern vielmehr ein universelles Recht, welches transdisziplinär behandelt und mit Bedeutung versehen werden muss. Partizipation ist insbesondere innerhalb der Familie umzusetzen, aber natürlich auch in allen anderen Lebenswelten von Kindern und Jugendlichen und auch im Zusammenhang mit allen wichtigen Entscheidungen. Bis zum Ende des 20. Jahrhunderts spielte die Partizipation von Kindern üblicherweise keine Rolle mehr, sobald der Staat im familiären Kontext als wichtiger oder entscheidender Akteur auftrat (Scheidung, Kindesschutz etc.). Seit dem durch die UN-KRK markierten Paradigmenwechsel wird das Partizipationsrecht von Kindern im Dreieck Eltern-Kind-Staat zunehmend weniger in Frage gestellt und die Aufmerksamkeit verlagert sich auf die Frage, *wie* diese Beteiligung, stets im Dienst des Kindeswohls, geschehen soll. Aus praktischer Sicht lässt sich etwa fragen, wie sich Kinder, die in ihren Familien wenig Gelegenheit zur Partizipation erhalten haben, in Rechtsverfahren einbezogen werden. Inwiefern nützt das Partizipieren dem Kind im Rechtsverfahren, wenn es zuhause doktrinären Situationen gegenübersteht oder alleingelassen wird? Auch wenn Familien heutzutage relativ demokratisch organisiert sind und Kinder von Eltern und Sorgeberechtigten auf gute Art einbezogen werden, ändert sich dies oft in schwierigen Situationen. Wenn Eltern Konflikte und Probleme haben oder wenn sie untereinander uneinig sind, die Familie gleichsam unter Spannung steht, wird es plötzlich schwierig, die Kinder angemessen einzubeziehen. Wie können Kinder dann partizipieren, ohne gleichzeitig beispielsweise mit Entscheidungen, die die Eltern aus Überforderung nicht treffen, alleingelassen und überfordert zu werden? Nicht selten führen familiale Schwierigkeiten zu rechtlichen Verfahren. In diesen Phasen liegt es in der Verantwortung des Staates bzw. der staatlichen Repräsentant*innen (Richter*innen, Behördenmitglieder etc.), an die Beteiligung der Kinder zu denken und diese auf geeignete Weise sicherzustellen.

»das Kind berührende Gerichts- und Verwaltungsverfahren«

Die UN-KRK verlangt, dass die Staaten dem Kind insbesondere Gelegenheit geben, »*in allen das Kind berührenden Gerichts- oder Verwaltungsverfahren entweder unmittelbar oder durch einen Vertreter oder eine geeignete Stelle im Einklang mit den innerstaatlichen Verfahrensvorschriften gehört zu werden*« (Art. 12 Abs. 2). Darunter fallen familienrechtliche, insbesondere kindesschutzrechtliche, aber auch migrationsrechtliche und andere verwaltungsrechtliche Verfahren, die das Kind betreffen. Ein alltäglicher und bedeutsamer Bereich ist beispielsweise auch derjenige der medizinischen Behandlung von Minderjährigen. Da es sich bei solchen Entscheiden um die Ausübung von höchstpersönlichen Rechten handelt, können auch urteilsfähige Minderjährige einen solchen grundsätzlich selbstständig, das heißt ohne die Einwilligung der Eltern, treffen, gleichzeitig sind nicht nur Kinder, sondern auch Jugendliche oft auf die Begleitung, die Beratung und Unterstützung ihrer Eltern in diesem Bereich angewiesen.

Zwei Vignetten:

Leo (13) leidet an einer seltenen Krankheit, welche zu zunehmenden Gehbehinderungen führt. Die Mutter lehnt eine Operation gegen den Rat der Ärzte ab, weil sie kein Vertrauen mehr in diese hat. Leo selber möchte die Operation machen lassen. Leo wird von der KESB als grundsätzlich urteilsfähig eingestuft bezüglich der Frage, ob er sich operieren lassen möchte oder nicht. Das Spital weigert sich, die Operation ohne Zustimmung der Mutter vorzunehmen. Die KESB ernennt für Leo einen Kindesvertreter, der seine Interessen im laufenden Kindesschutzverfahren vertreten soll.

Der vierjährige Bruno verbringt im Rahmen des Besuchsrechts nach der Scheidung der Eltern regelmäßig Wochenenden bei seinem Vater. Eines Abends berichtet er seiner Mutter auf deren Frage, während dem letzten Besuchstag habe der Vater ein paarmal seinen Penis berührt, obwohl Bruno ihm gesagt habe, dass er das nicht wolle. In der Folge geht die Mutter zum nächsten Polizeiposten und erstattet Strafanzeige. Die Polizeistelle stellt bei der zuständigen KESB den Antrag, es sei für Bruno zur Begleitung im polizeilichen Ermittlungs- und in einem allfälligen Strafverfahren ein Kollisionsbeistand einzusetzen, den die KESB umgehend gutheißt. Der eingesetzte Kindesvertreter hat zunächst die Aufgabe, sich aus der Perspektive von Bruno ein Bild von der Ausgangslage zu machen und unter anderem darüber zu entscheiden, ob Bruno überhaupt von der Polizei befragt wird bzw. ob er von seinem Zeugnisverweigerungsrecht Gebrauch machen soll. Der Prozessbeistand handelt in diesem Fall als »Beteiligungsinstrument« des Kindes. Dabei ist Bruno aufgrund seines Alters bezüglich des Ermittlungs-/Strafverfahrens als nicht urteilsfähig einzustufen, weshalb der Kindesvertreter bezüglich der Aussageverweigerung auch gegen eine Instruktion von Bruno handeln kann.

Kommentar:

Es ist wichtig, dass Kinder nicht nur unmittelbar während laufender Verfahren, sondern auch hinsichtlich verfahrenseinleitender oder vorbereitender Schritte Partizipationsmöglichkeiten haben. Es geht dabei nicht in erster Linie darum, Kindern den passenden Freiraum für Eigenentscheidungen zu geben, sondern ihnen eine gute Begleitung zu gewährleisten in einem Lebensbereich, der nicht nur für sie, sondern sehr oft auch für die Erwachsenen in ihrem Umfeld ungewohnt oder fremd ist. Sie sollen darin unterstützt werden, ihre Situation besser zu verstehen und Konsequenzen eines bestimmten Handelns besser überblicken zu können. Sie sollen bestärkt werden, zu erkennen, wann ihre Grenzen erreicht und ihre Möglichkeiten erschöpft sind, sowohl im Mitwirken als auch im Verstehen der behandelten Thematik. Manchmal wird im Verlauf eines Verfahrens klar, dass ein Kind gewisse Dinge nicht selbst entscheiden möchte oder nicht entscheiden kann. Andere Male äußert es einen klaren Wunsch oder eine klare Abneigung oder Belastung. Oft ist es der Fall, dass Kinder in Ambivalenzen stecken. Sie können weder eindeutig »Ja« noch klar »Nein« sagen, möchten »sowohl als auch« oder noch etwas ganz anderes. Partizipation von Kindern heißt, dass diese sich auch mit derartigen Ambivalenzen ins Verfahren einbringen können, darin ernst genommen werden und die Entscheidung und Haltung als Kindesvertreter*in dem gerecht wird. Partizipation heißt nicht, von Kindern geäußerte Ambivalenzen und Nuancen zugunsten vermeintlich verfahrensdienlicher Resultate vorschnell als Klarheiten – als Schwarz und Weiss – zu interpretieren.

Partizipation muss dem Wohl des Kindes dienen

Die oberste Handlungsmaxime lautet: Orientierung am Wohl des Kindes. Die partizipativen Prozesse tragen wesentlich dazu bei, das Kindeswohl zu gewährleisten (siehe 3.2.2 Das Kindeswohl). Man gerät leicht in Versuchung, die Beteiligung des Kindes zu umgehen und sich direkt an – vermeintlich generell und allezeit gültigen – Idealvorstellungen über das Aufwachsen von Kindern zu orientieren: eine regelmäßige Tagesstruktur, Kontakt zu beiden Elternteilen, Einbindung in soziale Gruppen etc. Jedoch verwandelt sich jedes noch so wohlmeinende Argument zum Kindeswohl zu einem normativen Druck, wenn ein Kind seine Stimme verliert oder wenn es sich in seiner individuellen Situation solchen Idealvorstellungen nicht unterordnen kann. In der Praxis wird immer wieder mit folgenden Begründungen vom Einbezug eines Kindes abgesehen oder seine Belastung und Ambivalenz zeigende Äußerung unberücksichtigt gelassen: »Es versteht das nicht…«, »es kann nicht einschätzen, was das bedeutet…«, »sein Wille ist instrumentalisiert und beeinflusst…«, »es darf mit diesen Dingen nicht belastet werden«. Ein solcher Umgang mit kindlichen Äußerungen bedeutet jedoch vor allem eines: eine Entwertung und ein Nichtwahrnehmen des Kindes in seiner Einzigartigkeit und seiner einzigartigen Situation. Das kann kaum zu seiner Stärkung und zur Sicherung seines Wohls beitragen.

Konzept der Partizipation oder: Es geht nicht um Vernunft

Partizipationsrechte und ihre Umsetzung erlauben einen bedürfnisgerechten begleiteten Übergang von fürsorglicher Fremdbestimmung zu Selbstbestimmung. Partizipation wird allgemein als Teilhabe an Entscheidungen verstanden. Die Idee der Kinderpartizipation hat sich zum Ziel gesetzt, Kindern hinsichtlich sie betreffender Entscheide eine Stimme zu geben. Jedoch wird die einseitige Fokussierung auf die Entscheidung dem Anliegen der Partizipation von Kindern nicht vollumfänglich gerecht, weil bei einem solchen Verständnis der Blick sich einengt auf Fragen wie: »Ist das Kind überhaupt fähig, einen Willen zu bilden?« oder »Ab welchem Alter ist es richtig, das Kind entscheiden zu lassen?«. Dadurch wird die – mindestens gleich wichtige – Frage nach der Bedeutung der Ausgestaltung des Prozesses hin zur Entscheidfindung an den Rand gedrängt. Die Haltung, dass dem Entscheidfindungsprozess ebenfalls großes Gewicht beigemessen werden soll, ist auch der Theorie der prozeduralen Gerechtigkeit eigen. Diese besagt, dass entscheidendes Fairnesskriterium bei Entscheidungen die Möglichkeit ist, die eigene Meinung in einen Entscheidungsprozess einzubringen. Bereits jüngere Kinder haben ein Gefühl für faire Prozeduren und empfinden es beispielsweise als ungerecht, wenn sie ihre eigene Meinung in einem Konflikt nicht äußern können beziehungsweise wenn sie das Gefühl erhalten, sie seien mit ihren Äußerungen nicht wahr- oder ernst genommen worden.

Stufen der Partizipation

Um das Wesen von Partizipation von Kindern besser zu erfassen und wegen der in der Praxis immer wieder vorzufindenden Begrenzung der Partizipation von Kindern, wurde immer wieder versucht, Grade oder Stufen der Partizipation zu unterscheiden und Kriterien dafür zu formulieren. In der Regel geschieht dies in Form von Typologien, die auf das (Macht-)Verhältnis zwischen Kindern auf der einen Seite und Erwachsenen auf der anderen Seite Bezug nehmen. Eine bekannte Typologie stammt vom US-amerikanischen Psychologen Roger Hart[28]. Er unterteilt die Partizipation von Kindern in acht Stufen: 1. Manipulation, 2. Dekoration, 3. Symbolische Partizipation, 4. Kinder werden informiert, 5. Kinder werden informiert und konsultiert, 6. Von den Erwachsenen initiiert, Entscheidungen von den Kindern mitgetragen, 7. Von den Kindern initiiert und dirigiert, 8. Von den Kindern initiiert, von den Erwachsenen mitgetragen. Die ersten drei Stufen wertet Hart als Scheinparti-

28 Hart (1992).

zipation, während sich aber der vierten Stufe die wirkliche Partizipation hin zur authentischen Partizipation entwickelt. Einen Fall von Manipulation sieht Hart etwa gegeben, wenn Vorschulkindern Schilder umgehängt werden, auf denen gegen eine bestimmte Politik protestiert wird, ohne dass die Kinder wissen, worum es sich handelt. Eine symbolische Partizipationsform sieht Hart verwirklicht, wenn Kinder eingeladen werden, sich an einer Podiumsdiskussion im Namen anderer Kinder zu äußern, ohne dass sie sich vorgängig sachkundig machen und eine eigene Meinung bilden können und ohne dass die angeblich vertretenen Kinder die Möglichkeit erhalten, an der Auswahl ihrer »Sprecher« und ihrer Meinungsbildung mitzuwirken. Harts Partizipationsleiter wurde vom deutschen Pädagogen Richard Schröder auf neun Stufen erweitert und wie folgt modifiziert: 1. Fremdbestimmung, 2. Dekoration, 3. Alibi-Teilhabe, 4. Teilhabe, 5. Zugewiesen, aber informiert, 6. Mitwirkung, 7. Mitbestimmung, 8. Selbstbestimmung, 9. Selbstverwaltung.[29] Bei Mitbestimmung geht die Initiative zwar auch von Erwachsenen aus, aber die Entscheidungen werden gemeinsam mit den Kindern getroffen. Bei Selbstbestimmung handelt es sich um ein Projekt, das die Kinder selbst initiieren, dessen Gestaltung aber von Erwachsenen mitgetragen wird. Bei Selbstverwaltung haben die Kinder als Gruppe völlige Entscheidungsfreiheit und es liegt in ihrem Belieben, Erwachsene, z.B. zur Beratung, hinzuzuziehen oder nicht. Der wichtigste Unterschied zwischen den beiden Typologien besteht darin, wie die höchsten Stufen konzipiert sind: Die höchste Stufe ist bei Hart erreicht, wenn Erwachsene die Ziele der Kinder teilen und unterstützen, bei Schröder, wenn Kinder selbst entscheiden können.

Andere Partizipationsmodelle unterscheiden zwischen direkter und indirekter bzw. unmittelbarer und mittelbarer Partizipation. Als Beispiel sei hier das Modell des Marie Meierhofer Instituts für das Kind[30] angeführt, welches vier Partizipationsebenen unterscheidet:

---

29 Schröder (1995).

30 Dreifuss (2016), S. 27ff.; s.a. Simoni (2017), S. 52ff.

Abbildung 2a: Vier Ebenen der Partizipation (Modell des Marie Meierhofer Instituts für das Kind MMI, Teil 1)[31]

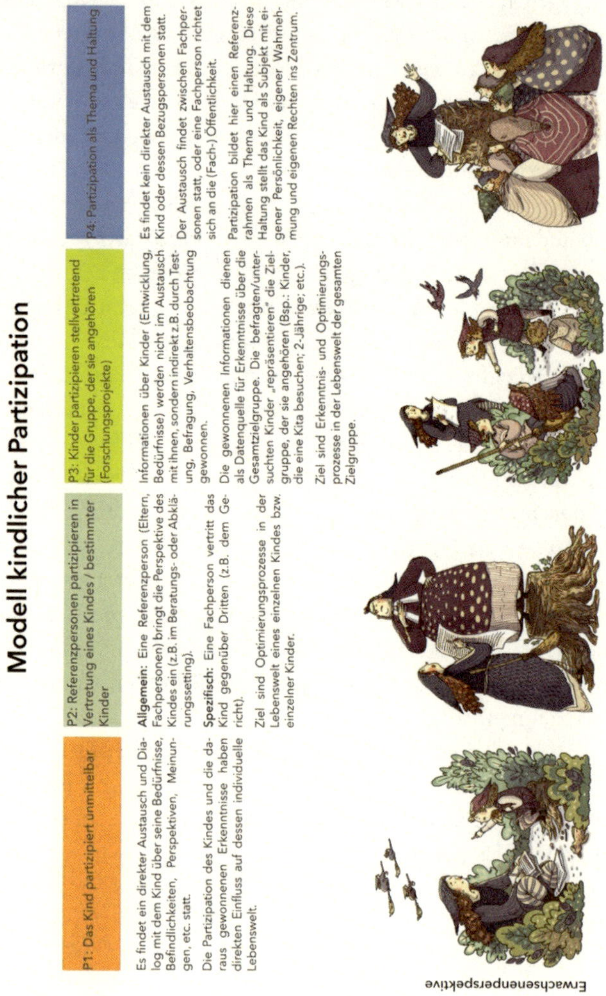

31 Beilage zu *und*Kinder Nr. 98.

Abbildung 2b: Vier Ebenen der Partizipation (Modell des Marie Meierhofer Instituts für das Kind MMI, Teil 2)

P1: Das Kind partizipiert unmittelbar	P2: Referenzpersonen partizipieren in Vertretung eines Kindes / bestimmter Kinder	P3: Kinder partizipieren stellvertretend für die Gruppe, der sie angehören (Forschungsprojekte)	P4: Partizipation als Thema und Haltung
„Ich erhalte vielfältige Möglichkeiten, mich in Alltagssituationen aktiv einzubringen und den Tagesablauf mitzugestalten. Die Erwachsenen unterstützen mich in meiner Selbststeuerung. Ich erhalte Raum, mich mitzuteilen und Fragen zu stellen. Meine Bedürfnisse, Anliegen und Meinungen werden gehört und ernst genommen. Die Erwachsenen tragen dem, was ich ausdrücke und äussere, gebührend Rechnung. In Entscheidungen, die mein Leben betreffen, werde ich einbezogen. Sind meine Familie und ich beispielsweise in einer Beratung, darf ich der Fachperson vertraulich erzählen, was mich beschäftigt, was mir wichtig ist und welche Ansichten und Wünsche ich habe."	**Bei einer Beratung, Abklärung, oder allgemein einem Gespräch von Erwachsenen über mich und meine Lebenssituation:** „Eine/mehrere Referenzpersonen bringen meine Perspektive ein. Dies können je nach Setting die Fachperson, die mit mir gesprochen hat, und/oder meine Eltern/Bezugspersonen sein." **Spezifisch:** „Eine Fachperson vertritt mich gegenüber Dritten wie z.B. dem Gericht." „Was ich äussere, wird so weit wie möglich umgesetzt; es wird versucht, meine Lebenssituation so zu gestalten, dass es mir gut geht und ich mich bestmöglich entwickeln kann."	„Durch Befragungen oder Untersuchungen gewinnen die ForscherInnen Informationen über mein Befinden, meine Lebenswelt und darüber, wie ich mich entwickle. Die Forschenden führen diese Befragung oder Untersuchung mit vielen weiteren Kindern durch. Die gewonnenen Erkenntnisse helfen dabei, die Lebensumstände von Kindern, die in einer ähnlichen Situation sind wie ich, zu verstehen und zu verbessern."	„Die Fachpersonen, die sich mit dem Thema der Partizipation von jungen Kindern auseinandersetzen, möchten, dass Kinder ihren Alltag aktiv mitgestalten können und in verschiedenen Kontexten in die sie betreffenden Angelegenheiten miteinbezogen werden. Die Fachpersonen vermitteln Wissen dazu bei weiteren Fachpersonen und in der Öffentlichkeit und tauschen sich dazu aus. Grundlage dafür, dass sich junge Kinder wie ich einbringen können, ist eine Haltung, die den Kindern Rechte zugesteht und das einzelne Kind als individuelle Persönlichkeit anerkennt."

Kinderperspektive

Beilage zum *und*Kinder Heft Nummer 98. © mmi 2016

Illustrationen Anna-Lea Guarisco

Dieses Modell soll die Verständigung über die Art und den Grad der kindlichen Beteiligung erleichtern und die Diskussion darüber anregen.

Die in der Abbildung beschriebenen vier Partizipationsebenen[32] vermitteln lediglich, aber immerhin eine grobe Orientierung. Sie sagen kaum etwas aus über die subtilen Machtbeziehungen in Beteiligungsverfahren oder darüber, welche Ziele von wem mit der Partizipation von Kindern und Jugendlichen verfolgt und wie sie erreicht werden sollen. Zu verhindern ist in jedem Fall, dass Partizipationsvorhaben seitens der Erwachsenen instrumentell oder gegen den Willen des Kindes bzw. Jugendlichen eingesetzt werden.

Partizipation im erwähnten menschenrechtlichen Sinn ist als Recht zu verstehen, das einem Menschen zusteht, egal ob es jemandem nützt oder nicht. Dem Verständnis von Partizipation als Recht liegt ein Menschenbild zugrunde, das davon ausgeht, dass jeder Mensch daran interessiert und prinzipiell dazu fähig ist, von diesem Recht Gebrauch zu machen. Um beurteilen zu können, ob dieses Verständnis Kindern und ihrem Wohl, ihrer Emanzipation und Gleichberechtigung tatsächlich dient, ist stets nach den dahinterstehenden Interessen und den Realisierungsbedingungen zu fragen. Nur so kann ermittelt werden, ob Kinder ihr Recht auf Partizipation in Anspruch nehmen können und die Partizipation für sie einen Sinn ergibt.[33]

Zusammenfassend lässt sich feststellen, dass Kinder einen grundrechtlichen Anspruch darauf haben, in Verfahren, welche sie betreffen, als Subjekt wahrgenommen und einbezogen zu werden. Auch der Schutz und die Förderung des Kindeswohls sind grundrechtlich geschützt. Partizipationsrechte können direkt (z.B. durch Anhörung) oder indirekt (durch eine Kindesvertretung) ausgeübt werden. Voraussetzung für eine gelingende Partizipation sind Information und Begleitung des Kindes, allenfalls auch Unterstützung bei der Willensbildung. Stets ist darauf zu achten, dass Kinder dabei nicht instrumentalisiert werden oder Partizipation gegen den Willen des Kindes eingesetzt wird.

---

32 Andere wurden aufgestellt von Lansdown (2001), Thomas (2007), Alderson, (2008).

33 Liebel (2009), S. 29ff.

3.2 Grundbedürfnisse und die Begriffe Kindeswohl und Kindeswille

3.2.1 Orientierung an den Grundbedürfnissen von Kindern

Auch wenn die Kindesvertretung sich vornehmlich mit dem Willen eines Kindes beschäftigt, muss sie sich zumindest mit ihrer eigenen Einschätzung des Kindeswohls bei jeder Vertretung auseinandersetzen. Für die Einschätzung des Kindeswohls ist der Blick auf die Grundbedürfnisse von Kindern zentral.

Es gibt verschiedene Ansätze, die Grundbedürfnisse von Kindern zu umschreiben. Sehr griffig ist das »Zürcher Modell der sozialen Motivation« von Doris Bischof-Köhler[34]. Es unterscheidet drei für das Kind und die Entwicklung seines sozialen Verhaltens grundlegende Systeme:

Abbildung 3: Zürcher Modell der sozialen Motivation

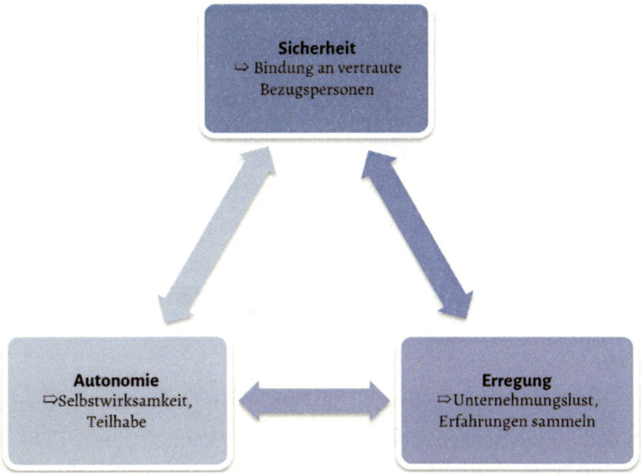

Diese drei ›Systeme‹ müssen, damit das Kind sich wohlfühlt, in einem passenden Ausmaß aktiviert sein und sich auch in einem bestimmten Gleichgewicht befinden. Je nach Alter und Persönlichkeit eines Kindes und je nach Si-

---

34 Bischof-Köhler (2011), S. 101ff.

tuation ist der konkrete Bedarf an Sicherheit, Erregung und Autonomie unterschiedlich.

Zwei Vignetten:
Die vierjährige Luisa ist sehr unternehmungslustig. Sie spielt gerne den ganzen Tag im Garten und möchte nicht, dass sich bei ihren Spielen und Entdeckungen die Erwachsenen einmischen. Allerdings reagiert sie verzweifelt, wenn nicht eine vertraute Person (Eltern-, Großelternteil, großer Halbbruder) in der angrenzenden Wohnung für sie jederzeit erreichbar ist.

Ihr gleichaltriger Kindergartenfreund Tobias hingegen bleibt meist in der Nähe der ihm vertrauten Erwachsenen und lässt sich bei Problemen gerne von ihnen helfen. Er freut sich über das Spiel mit seiner Freundin Luisa, möchte sich aber dazwischen regelmäßig zu einer vertrauten erwachsenen Person zurückziehen können.

Eine etwas ausführlichere Definition der Grundbedürfnisse von Kindern ist diejenige der »7 Grundbedürfnisse« nach Brazelton und Greenspan:

1. Das Bedürfnis nach beständigen liebevollen Beziehungen
2. Das Bedürfnis nach körperlicher Unversehrtheit und Sicherheit
3. Das Bedürfnis nach individuellen Erfahrungen
4. Das Bedürfnis nach entwicklungsgerechten Erfahrungen
5. Das Bedürfnis nach Grenzen und Strukturen
6. Das Bedürfnis nach stabilen und unterstützenden Gemeinschaften
7. Das Bedürfnis nach einer sicheren Zukunft für die Menschheit[35]

Das Zürcher Modell und die von Brazelton und Greenspan formulierten Grundbedürfnisse bewegen sich nicht auf der gleichen Ebene: Die Systeme Sicherheit, Autonomie und Erregung des Zürcher Modells sind jeweils innerhalb der Grundbedürfnisse nach Brazelton und Greenspan durchzuspielen. So kann man sich etwa bei Punkt 1 fragen, wie viel Sicherheit, Anregung beziehungsweise Gewähren von Autonomie ein bestimmtes Kind benötigt, um sich in seinen beständigen, engen Beziehungen geliebt und wohlzufühlen.

35 Brazelton/Greenspan (2002, dt. Übers.).

Zur kindlichen Entwicklung

Kinder befinden sich in ständiger Entwicklung und der Stand dieser Entwicklung prägt die Arbeit der Kindesvertretung stark. Die Vorgehensweise der Kindesvertretung wie auch die das Kind beschäftigenden Themen sind unterschiedlich, je nachdem ob ein Kleinkind, ein Schulkind oder ein*e Jugendliche*r vertreten werden soll. Als Grundthema der Entwicklung kann neben der körperlichen Reifung die kontinuierliche Verschiebung des Ausmaßes von Abhängigkeit von der Fürsorge Erwachsener in Richtung Autonomie formuliert werden. So sind junge Kinder vorerst darauf angewiesen, überhaupt erste verbindliche Beziehungen zu erwachsenen Personen aufbauen zu können. Das junge Kind stellt sich mit vielen seiner Handlungen in den Dienst dieses Beziehungsaufbaus und dessen Sicherung. Dabei ist das junge Kind zu unterstützen. Je älter Kinder werden, desto mehr ist ihr Verhalten durch die Ablösung von den ersten Bezugspersonen hin zu gleichaltrigen Bezugspersonen bestimmt. Diese Bewegung ist im Sinne seiner Entwicklung wichtig und ebenfalls zu unterstützen. Gleichzeitig differenziert das Kind seine Persönlichkeit aus, gewinnt Fertigkeiten und Fähigkeiten in den verschiedensten Bereichen, kann immer mehr überblicken und immer besser Zusammenhänge erkennen und reflektieren. All diese Entwicklungen verlaufen rasant, sodass Personen, die sich mit dem Wohlergehen eines Kindes befassen, oft hinter den sich ständig verändernden Bedürfnissen, Anliegen, Kompetenzen und Fähigkeiten »hinterherhinken«.

Je nach Entwicklungsphase stehen spezifische, kulturell mitdefinierte Aufgaben an. Diese verlaufen nicht unbedingt analog zum biologischen Alter, sondern von Kind zu Kind etwas unterschiedlich, beeinflusst durch Veranlagung, Umweltbedingungen, kulturell definierte Anforderungen und Erziehungsweisen oder Schwierigkeiten, die sich dem Kind entgegenstellen. Manchmal sind bei einem Kind gleichzeitig auch verschiedene Reifezustände zu beobachten, so kann sich beispielsweise ein Unterschied zwischen dem kognitiven und dem sozialen Entwicklungsstand zeigen. Probleme, Schwierigkeiten und Traumata können die Entwicklung eines Kindes hemmen bis hin zu einem Entwicklungsstopp.

Die Entwicklungsprozesse im Kindes- und im Jugendalter weisen einen entscheidenden Unterschied auf: Während im Kindesalter Persönlichkeit, emotionale Regulation, erste Beziehungen, Fähigkeiten und Wissen sozusagen ein erstes Mal aufgebaut werden, beinhaltet die Jugendzeit mit den Umbauprozessen der Pubertät auch eine Reorganisation und Integration der zuvor aufgebauten Strukturen. Es wird hierbei von einer »zweiten Chance«

gesprochen, denn Entwicklungsprozesse, die im Kindesalter aus irgendeinem Grund blockiert worden sind, können im Jugendalter noch einmal aufgenommen werden.

Ein Grundwissen in Entwicklungspsychologie ist für die Kindesvertretung wichtig und hilfreich, damit sie erkennen kann, was sich dem Kind aufgrund seiner Entwicklung in der zu vertretenden Sache als Thema stellt, wo das Kind aufgrund seines Entwicklungsalters Stärkung und Unterstützung benötigt und wo es überfordert werden würde. Kinder geraten durch Überforderung, durch übermäßige Verantwortung und unangemessene Entscheidungsmacht ebenso in Not wie durch die Erfahrung von Ohnmacht und durch die Schwierigkeit, einen eigenen Standpunkt zu finden oder einnehmen zu dürfen. Außerdem muss sich der/die Kindesvertreter*in damit auseinandersetzen, auf welchem emotionalen, kognitiven und sprachlichen Stand sich das zu vertretende Kind befindet, um mit ihm auf einer passenden Ebene kommunizieren zu können.

Folgende Tabelle von Resch und Parzer liefern eine grobe Übersicht über wichtige Entwicklungsaufgaben und Entwicklungsthemen.[36]

Tabelle 1: Entwicklungsaufgaben und -themen

Alter	**Fertigkeiten und Verhaltensweisen (nach Havighurst, 1972)**	**Psychodynamik (nach Rudolf, 1993)**
0–1	Essen, Schlafen, Verdauung, Bewegung, sensomotorische Organisation, soziale Responsivität, Bindung	Intentionalität, Differenzierung von Ich und Nicht-Ich, positive und negative Affekte, Objektpermanenz und -Konstanz
1–2	Sprache, sprachliche Kommunikation	Selbst-Konstituierung, Selbstachtung, Selbstwert
2–3	Sauberkeit, Selbstversorgung im Alltag, Sicherheitsregeln	Identifikation mit Eltern und sozialen Rollen, sprachlich-logische Ordnung der Welt, Konfrontation mit Normen und Regeln

36 Resch/Parzer (1999).

3–4	Selbstkontrolle, Selbststeuerung	Selbstbewusstheit
4–5	Beziehungen zu Gleichaltrigen	Beginnende Realitätsprüfung
5–6	Soziale Kooperation	Rücksichten, Loyalitäten, Standpunktwechsel
6–11	Schulfertigkeiten, Schulregeln, Regelspiele, Hobbys, Geldgebrauch, einfache Verpflichtungen	Selbstwertstabilisierung, Selbstaktualisierung, Entwicklung eines Wertesystems und der Moral
12–20	Beziehungen zum anderen Geschlecht, Übernahme von Verantwortung, Ablösung von der Familie	Auseinandersetzung mit der körperlichen Reifung, psychosoziale und psychosexuelle Identität, Identifikation, Intimität, existenzielle Autonomie, Entwicklung einer Ideologie

3.2.2 Das Kindeswohl

Rechtliche Definition des Kindeswohls

Das Kindeswohl ist ein unbestimmter Rechtsbegriff. Der Bundesrat hatte kürzlich Gelegenheit, sich zum Begriff des Kindeswohls zu äußern (Stellungnahme vom 15.5.2019 auf die Interpellation Vogler zum »Begriff des Kindeswohls«, 19.8184[37]). Dabei hat er die dreifache Bedeutung des Kindeswohls ausgeführt: erstens als subjektives Recht jedes Kindes (sein Wohl muss bewertet und berücksichtigt werden, bei einander widersprechenden Interessen muss die für das Kind beste Lösung gefunden werden), zweitens als Verfahrensregel (jeder Entscheidungsträger muss die Auswirkungen seines Entscheides auf das Kind beurteilen sowie anschließend Rechenschaft darüber ablegen, wie er das Kindeswohl berücksichtigt hat) und drittens schließlich als Auslegungsgrundsatz (im Rahmen der Gesetzesauslegung ist stets die für das Kind beste Lösung zu wählen). Bezüglich der Bedeutung des Kindeswohls verweist das Bundesgericht in seiner Rechtsprechung auf den »*Leitgedanken* von Artikel 3 UN-KRK beziehungsweise Artikel 11 Absatz 1 der Bundesverfassung, wonach das Kindesinteresse bei allen Entscheiden

37 https://www.parlament.ch/de/ratsbetrieb/suche-curia-vista/geschaeft?AffairId=20193184 (zuletzt besucht 28.10.2021).

vorrangig berücksichtigt werden soll« (BGE 143 I 21 E. 5.5.2). »*Das Kindeswohl [gilt] als oberste Maxime des Kindesrechts [...]; es ist für die Regelung des Eltern-Kind-Verhältnisses demnach immer der entscheidende Faktor, während die Interessen und Wünsche der Eltern in den Hintergrund zu treten haben*« (BGE 142 III 612 E. 4.2). Ergänzend ist hier zu bemerken, dass die Begriffe »Kindeswohl« und »Kindesinteresse« vom Bundesgericht in seiner Rechtsprechung als Synonyme verwendet werden.

Der Leitgedanke des Kindeswohls ist somit bei jeder Entscheidung zu berücksichtigen, und zwar bezogen auf den einzelnen Fall und damit konkret auf das von der Entscheidung betroffene Kind. Zur Verdeutlichung dieser individuellen Perspektive halten wir den von Michael Coester geprägten Begriff des »subjektiven Kindeswohls« für hilfreich. In seiner Habilitationsschrift beschrieb Coester (1983)[38], dass die »Konkretisierung des subjektiven Kindeswohls« die Aufgabe des Familienrichters sei, da das Kindeswohl im Sinne der Individualgerechtigkeit immer auf das individuelle Kind bezogen und damit eben kein »objektives« (allgemein gültiges), sondern ein »subjektives Kindeswohl« sei. Coester konzeptualisiert ihn als übergeordneten Begriff, der neben den objektiven Entwicklungsbedürfnissen von Kindern (sogenannte objektive Kriterien des Kindeswohls) auch den »subjektiven Kindeswillen« beinhaltet. Heinz Peter Moritz (1989)[39] verwendet für diesen übergeordneten Begriff des »subjektiven Kindeswohls« den Begriff der »Kindesinteressen«, was dem englischsprachigen »best interests of child« sehr nahe kommt.

Zusammenfassend lässt sich feststellen, dass das Kindeswohl die drei Aspekte subjektives Recht, Verfahrensregel und Auslegungsgrundsatz umfasst und mit dem Begriff »subjektives Kindeswohl« die individuelle Perspektive verdeutlicht werden kann.

Ermittlung des Kindeswohls

Das Bundesgericht verwendet regelmäßig die Formel, dass für die Beurteilung des Kindeswohls jeweils die konkreten Umstände des Einzelfalls maßgeblich sind. Anzufügen ist im Weiteren, dass es zur Ermittlung des Kindeswohls der Anhörung und Berücksichtigung der Meinung des Kindes bedarf.

Die Ermittlung des Kindeswohls muss transdisziplinär angegangen werden. Der Begriff ist relativ beziehungsweise mehrdimensional zu verstehen.

---

38 Coester (1983).

39 Moritz (1989).

Es existieren verschiedene (nicht-rechtliche) Definitionen, die unterschiedliche Dimensionen des Begriffs in den Vordergrund stellen.[40]

Sehr oft wird im deutschen Sprachraum die vom Soziologen Jörg Maywald formulierte handlungsorientierte Arbeitsdefinition verwendet:

> Ein am Wohl des Kindes ausgerichtetes Handeln ist dasjenige, welches die an den Grundrechten und Grundbedürfnissen von Kindern orientierte, für das Kind jeweils günstigste Handlungsalternative wählt.[41]

Im englischen Sprachraum (und im internationalen Diskurs) wird der Begriff »the best interests of the child« (übergeordnetes Kindesinteresse) verwendet, der durch die drei Dimensionen Kindeswille, Überlegungen zu Fürsorge und Schutz sowie kinderrechtliche Überlegungen bestimmt wird. Die Begriffe Kindeswohl und Kindesinteresse entsprechen sich nicht vollständig, werden aber oft synonym verwendet.

Um sich im Dickicht von Definitionen und Übersetzungen nicht zu verirren, erscheint es sinnvoll, weniger an einer bestimmten Definition festzuhalten, als vielmehr Leitlinien festzulegen, welche die professionelle Haltung unterstützen im Versuch, bei einem Kind in seiner Situation das Wohl zu eruieren:[42]

a) Inhaltliche Leitplanken

- Orientierung an den Menschen- bzw. Kinderrechten
- Orientierung an den entwicklungspsychologisch bestimmten Grundbedürfnissen von Kindern
- Einbezug des Kindeswillens

b) Anspruchsniveau des Kindeswohls

- Kindeswohl als Ideal dessen, was für ein Kind in seiner Situation wünschenswert ist
- Kindeswohl als Gut-Genug-Variante
- Kindeswohl als Festlegung des Schwellenwerts zur Gefährdung des Kindes

---

40 KOKES-Praxisanleitung Kindesschutzrecht (2017).

41 Maywald (2009).

42 Orientiert an der KOKES-Praxisanleitung Kindesschutzrecht sowie an Maywald (2009).

c) Handlungshilfen

- Reflexion der Situation des Kindes unter Berücksichtigung von kulturellen und sozialen Aspekten
- Abwägen der verschiedenen Handlungsmöglichkeiten im Wissen, dass Handeln im sozialen Raum per se einen subjektiven Charakter hat
- Prozessorientierung: nicht Zustände, sondern Prozesse anstreben (im Sinne von wünschenswerten Zielen), die überprüft und gesteuert werden können
- Anerkennen der Veränderlichkeit von Situationen, Bedürfnissen und Wünschen
- Respektieren der Einzigartigkeit jedes Menschen

Es ist grundlegend anzuerkennen, dass das Kindeswohl – also das, was als anzustrebendes oder zu erhaltendes Wohl gilt – lediglich in Bezug auf ein bestimmtes Kind zu einem festgelegten Zeitpunkt in einem bestimmten Kontext eruiert werden kann. Verallgemeinernde Aussagen können zur Einordnung zwar hilfreich sein, jedoch lassen sich konkrete Fragen rund um ein Kind damit nicht genügend beantworten. Es werden wohl alle mit Kindesvertretungen beschäftigten Fachpersonen mit uns einig gehen, dass bei Kindeswohleinschätzungen immer Unsicherheit besteht. Letztlich kann wohl nur das Kind selbst – und auch es erst retrospektiv – beantworten, was seinem Wohl zuträglich war.

Gefährdung des Kindeswohls

Die Kindesvertretung ist in der Praxis regelmäßig mit den Fragen konfrontiert, wie dem Kindeswohl am besten Rechnung getragen werden kann und ob das Kindeswohl gefährdet ist. Die Gründe dafür können vielfältig sein. Hinweise können vom Verhalten des Kindes ausgehen (selbstgefährdend), vom Verhalten von Personen aus seinem Umfeld (z.B. hochstrittige Eltern, Gewalt gegen das Kind etc.) oder auch von der äußeren Erscheinung des Kindes (Zeichen von Verwahrlosung), um nur einige Beispiele zu nennen. Im Kontext von Trennung und Scheidung nehmen die Besuchsrechte und die Loyalitätskonflikte eine besondere Stellung ein. Oft beansprucht dabei jeder Elternteil, nur seine Vorstellungen würden dem Kind gerecht, während dem anderen Kindeswohlgefährdung vorgeworfen wird. Oft wirkt sich jedoch weniger das Verhalten eines Elternteils auf das Kind gefährdend aus als eine andauernde Hochstrittigkeit der Eltern.

3.2.3 Der Kindeswille[43]

Der Kindeswille wird vom Familienrechtspsychologen Harry Dettenborn definiert als *die »altersgemäß stabile und autonome Ausrichtung des Kindes auf erstrebte, persönlich bedeutsame Zielzustände«*[44]. Das Wort »Ausrichtung« weist darauf hin, dass mit der Begrifflichkeit ›Kindeswille‹ mehr als nur verbale Äußerungen des Kindes gemeint sind. Es geht um die vom Kind mit seiner gesamten Persönlichkeit gezeigten Willenstendenzen, seien diese verbal, nonverbal oder eventuell auch im Verhalten oder somatisch ausgedrückt. Für die Anerkennung des Willens spielt es keine Rolle, ob dieser dem direkten Bewusstsein des Kindes zugänglich ist oder nicht.

Wir verstehen unter dem Begriff Kindeswille also sowohl konkrete Wünsche, Anliegen und Einschätzungen, die ein Kind verbal äußert, als auch starke Gefühlsregungen des Kindes (z.B. Heimweh), mimische und nonverbale Äußerungen im Hinblick auf eine einzuschätzende Situation (z.B. Lachen oder Weinen), somatische Reaktionen auf eine Situation (z.B. Bauch- oder Kopfschmerzen) und konkretes Verhalten in einer Situation (z.B. Wegrennen).

Willensbildung

Ein Wille ist nicht einfach da, sondern er ist, wenn man so will, als das Produkt einer Vielzahl von inneren und äußeren Prozessen zu sehen, die ständig in Bewegung sind. Einmal erscheint etwas klarer und es kristallisiert sich ein umrissener Wunsch, ein klarer Wille heraus, dann wird die Situation aufgrund neuer Erkenntnisse oder Entwicklungsbedürfnisse plötzlich wieder unklar. Dabei treffen Erfahrungen, Bedürfnisse, Wünsche, Fantasien und Schwierigkeiten beim Kind auf solche der Umgebung und müssen miteinander abgeglichen und zu einem Resultat geführt werden. Der zu einem bestimmten Zeitpunkt gezeigte/geäußerte Wille kann als eine Art »Standbild« gesehen werden. Kinder sind aufgrund ihrer rasanten Entwicklung eher größeren diesbezüglichen Veränderungsprozessen unterworfen als Erwachsene. Je abhängiger ein Kind noch von den Personen seiner Umgebung ist, desto mehr ist es darauf angewiesen, dass seine eigenen Willensäußerungen genügend im Einklang mit den Wünschen der ihm wichtigen Personen sind, will es sich die notwendige Unterstützung nicht verscherzen. Je älter bzw. autonomer Kinder werden, desto

43 Siehe auch Anhang 8.3 Vom »Kindeswillen« zu »Willensäußerungen des Kindes«.

44 Dettenborn (2021), S. 64.

eher können sie sich einen Willen erlauben, der eventuell auch in großer Dissonanz zu demjenigen der ihm wichtigen Personen steht.

Dettenborn unterscheidet bei der Willensbildung eine präintentionale und eine intentionale Phase. In Ersterer ist gemäß Dettenborn ein ungerichteter Leidensdruck vorherrschend, d.h. das Kind ist mit seiner Situation nicht zufrieden, ist sich aber noch nicht im Klaren, was es möchte, und hat noch kein intendiertes Ziel. In dieser Phase, so die Theorie, ist ein Kind besonders beeinflussbar und profitiert auch speziell gut von der unabhängigen Unterstützung der Kindesvertretung. Diese Unterteilung ist theoretisch gut nachvollziehbar, hat jedoch – so unsere Einschätzung – der Praxis bisher wenig gedient. Wir haben die Erfahrung gemacht, dass insbesondere die Versuche, zu definieren, wie oder wann ein Kind speziell empfänglich für äußere Einflüsse sei, schnell genutzt werden, um dem Kind eine eigene Position, wie klar oder unklar sie auch immer sein mag, abzusprechen. Kinder sind in jeder Phase, ob sie schon einen »klaren« Willen haben oder noch nicht, angewiesen auf ein reales Gegenüber, das den Dialog sucht. Die Kindesvertretung ist zu jeder Zeit aufgefordert, sowohl dem Kind möglichst viel Raum für seine eigenen Schlüsse zu belassen als auch die eigene Position zur Verfügung zu stellen.

Eruieren des Kindeswillens

Je intensiver, stabiler und zielgerichteter Willensäußerungen ausgedrückt werden, desto klarer erkennbar werden sie für das Gegenüber. Die drei Merkmale Zielgerichtetheit, Stabilität und Intensität in Dettenborns Modell zur Einschätzung des Kindeswillens erscheinen uns sehr nützlich, um zu prüfen, als wie konkret und dringlich der geäußerte Wille eines Kindes zu verstehen ist. Dem vierten Merkmal, das Dettenborn nennt, der »Autonomie«, stehen wir jedoch kritisch gegenüber. Autonomie wird beschrieben *als »Ausdruck der individuellen, selbst initiierten Strebungen, quasi ein Baustein zur Selbstwerdung des Kindes, Bestätigung des Subjektseins und Beweis für Selbstwirksamkeitsüberzeugungen des Kindes«*[45]. Dazu erläutert Dettenborn, dass das nicht ausschließe, dass Fremdeinflüsse an der Formierung des Willens beteiligt gewesen seien. Wenn trotz Fremdeinflüssen von autonomer Willensbildung gesprochen wird, verliert der Begriff »Autonomie« an Deutlichkeit und Schärfe, läuft Gefahr, falsch verstanden oder bewertet zu werden. Überlegungen zur Autonomie in diesem Kontext führen dazu, dass man versucht ist, jede Willensäußerung eines Kindes daraufhin zu überprüfen, ob sie nicht-autonom erfolgt sei. Und

---

45 Dettenborn (2021), S. 69.

sobald etwa Kinder etwas Ähnliches wie eine Bezugsperson äußern, entsteht der Verdacht, dass das Kind seinen Willen nicht autonom gebildet habe, ergo die Äußerung des Kindes nicht mehr ernst genommen wird. Dabei weist, wie oben erwähnt, auch Dettenborn darauf hin, dass Fremdeinflüsse an der Willensbildung beteiligt sein können. Wir möchten, wie andere bei Dettenborn zitierte Autoren, darauf hinweisen, dass sich der menschliche Wille immer im Kontext von menschlichen Beziehungen und sozialen Möglichkeiten formt[46] und dass bei Kindern außerdem die entwicklungsbedingten Bindungen und Abhängigkeiten zusätzlich auf die Willensbildung einwirken. Dies alles trägt zur Formung eines Willens bei. Einen »reinen« oder »wahren« Willen, der ohne Beeinflussung von außen gebildet worden ist, gibt es nicht. Zudem ist es für ein Kind bei in Konflikten verstrickten Eltern oft unumgänglich, die Position eines Elternteils einzunehmen, was dann postwendend vom anderen Elternteil als »nicht-autonom« gewertet und kritisiert wird. Kinder machen in solchen Situationen die Erfahrung, dass sie äußern können, was sie wollen: Sie werden nicht ernst genommen.

Aus unserer Sicht sollte deshalb als vierter Punkt bei der Einschätzung des Kindeswohls statt der Autonomie die Frage gestellt werden, ob das Kind »überzeugt« ist von seinem geäußerten Willen. Meint es das, was es sagt? Dies kann mit dem Kind im Gespräch erkundet werden. Die Überzeugung des Kindes bezüglich dessen, was es möchte oder nicht möchte, kann selbstverständlich auch dann vorhanden sein, wenn jemand zuvor mit aller Kraft versucht hat, das Kind in dieselbe Richtung zu beeinflussen. Erst wenn ein Kind selbst unsicher ist, ob sein geäußerter Wille seinen eigenen Gefühlen entspricht, ist er als nicht mehr stimmig für das Kind zu bewerten. Ist es hingegen überzeugt, dass der geäußerte Wille Ausdruck seiner individuellen eigenen Bestrebungen und seiner Selbstwirksamkeitsüberzeugungen ist, liegt dem Begriff der »Überzeugtheit« das gleiche Fundament wie dem Begriff »Autonomie« von Dettenborn zugrunde.

Gerade junge Kinder, Kinder in situativen Schwierigkeiten oder auch Kinder mit einer Behinderung, die sich verbal nicht gut ausdrücken können, benötigen in verstärktem Maße, dass die Erwachsenen sich vertieft damit auseinandersetzen, was für das betreffende Kind akzeptabel und wünschenswert ist oder was ihm unerträglich erscheint. Dabei ist es unumgänglich, nicht nur auf verbale Äußerungen des Kindes zu achten, sondern auch die Emotionali-

46 Dettenborn (2021), S. 93–94.

tät, mit der es sich verbal, paraverbal und nonverbal äußert, zu berücksichtigen.

Zwei Vignetten:
Die sechs Monate alte Anna erschrickt, als ihre Großmutter, die sie nicht sehr gut kennt, sie aus dem Kinderwagen nehmen will. Sie windet ihren Körper von den Händen der Großmutter weg. Als diese sie dennoch aus dem Wagen nimmt, beginnt Anna zu weinen und kann sich erst wieder beruhigen, als ihr Vater sie lange wiegt und tröstet. Ein nächstes Mal achtet die Großmutter auf Annas nonverbale Signale und nimmt sie nur hoch, wenn Anna sich bereit zeigt.

Der fünfjährige Jonas übernachtet nicht gerne beim getrennt lebenden Vater. Wenn ein Wochenende ansteht und der Vater Jonas abholen will, rennt Jonas weg und versteckt sich. Als die Mutter Jonas aufspürt und ihn zwingt, mit dem Vater zu gehen, reagiert er mit Bauchschmerzen und Erbrechen. Später, als Jonas darüber reden kann, erzählt er, dass er den Vater in der Vergangenheit als unzuverlässig erlebt und deshalb große Ängste bei ihm ausgestanden habe. Er liebe seinen Vater aber auch und habe ihn nicht enttäuschen wollen. Das habe verhindert, dass er sich bereits früher verbal geäußert habe.

Der Horizont des kindlichen Willens ist entwicklungsabhängig. Jüngere Kinder überblicken ihre Lebenssituation weniger umfassend als ältere Kinder. Sie können auf weniger Lebenserfahrungen zurückgreifen und haben kognitiv noch nicht dieselben Möglichkeiten zur Verfügung zum Abwägen von Interessen. Das bedeutet jedoch nicht, dass der Wille eines jüngeren Kindes weniger bedeutsam ist als derjenige eines älteren. Gerade auch junge Kinder sind darauf angewiesen, dass die Erwachsenen ihre Anliegen und Bedürfnisse im Hier und Jetzt ernst nehmen und ihnen helfen, eine Brücke zu schlagen zu anderen Lebenssituationen und Möglichkeiten, die sie selbst noch nicht überblicken können.

Stolpersteine im Umgang mit dem Kindeswillen

Für Kinder (wie auch für Erwachsene) ist es nicht in jeder Situation möglich, sich einen klaren Willen zu bilden. Vielleicht hatte das Kind noch nicht genügend Gelegenheit, sich mit seiner Situation auseinanderzusetzen, weil diese sehr komplex ist, oder es hatte noch nicht genügend Möglichkeiten zur Partizipation erhalten. Bisweilen ist das Kind bezüglich einer fraglichen

Situation ambivalent, die Ambivalenzen lösen sich nicht auf und das Kind findet keinen passenden Umgang mit widersprüchlichen Gefühlen, Gedanken und Wünschen. Manchmal sind Kinder inhaltlich oder emotional mit einer Lebenssituation überfordert und können deshalb keinen eigenen Willen bilden. Möglich ist auch, dass ein Kind schon lange gelernt hat, sich anzupassen, und es eine Ausprägung seines Charakters ist, kaum eigene Wünsche zu bilden. Bei der Ermittlung des Kindeswillens können auch Schwierigkeiten in der Verständigung auftreten, etwa dann, wenn die Äußerung des Kindes zwar inhaltlich eine klare Willensbekundung darstellt, jedoch in einer Form vorgebracht wird, die das erwachsene Gegenüber nicht versteht (siehe auch Kap. 3.3.3 Verständigung).

Manchmal äußern Kinder einen Willen, dessen Umsetzung ihr Wohl gefährden würde. Vielleicht erklärt die 13-jährige Jugendliche, die in einem Heim aufgewachsen ist und bereits mit Drogen in Kontakt kam, fortan bei der drogenabhängigen Mutter leben zu wollen. Man tut dem Begriff »Kindeswillen« keinen Dienst, wenn man ihn in solchen Fällen als »selbstgefährdend« bezeichnet. Der Wille des Kindes ist, was er ist (siehe 3.4.4 Rolle und Aufgaben). Eine mögliche Selbstgefährdung ist im Bereich der Kindeswohlüberlegungen zu prüfen, die dann eventuell den Schluss zulässt, dass ein Handeln nach dem Kindeswillen eine Gefährdung des Kindes nach sich ziehen würde. Selbstverständlich darf das Wohl eines Kindes nicht durch eine unbesehene Übernahme seines Willens gefährdet werden und es braucht eine intensive, sorgfältige Auseinandersetzung damit, was ein Kind möchte und welche Auswirkungen bei der Umsetzung zu befürchten sind.

Desgleichen wird in der Praxis das Konzept des induzierten Kindeswillens nach Dettenborn oft dazu verwendet, einen Kindeswillen zu relativieren und im Ergebnis nicht zu berücksichtigen. Von induziertem Kindeswillen wird gesprochen, wenn man annimmt, dass dieser durch Beeinflussung oder als Ergebnis einer Manipulation entstanden ist, sodass dies die Selbstbestimmung verhindert. Wie schon beim Begriff »selbstgefährdender Wille« ist auch hier einzuwenden, dass der ausgedrückte Wille ein eigenes, subjektives Produkt ist. Das bedeutet nicht, dass ein Kind ohne Fremdbeeinflussung zu einem subjektiven Willen finden kann oder soll. Es ist ja eingebunden in soziale Bezüge und außerdem als Kind auch existenziell abhängig von seinen Bezugspersonen. Die Willensbildung ist, wie bereits oben beschrieben, bei Erwachsenen wie bei Kindern eine Kombination, ein Abwägen aus den emotional und körperlich verspürten eigenen Anliegen, den sich bietenden Möglichkeiten, den gemachten Erfahrungen sowie den Abhängigkeiten und Loyalitäten, in denen eine Person sich befindet. Es spielt für das Erkennen des Kindeswillens keine Rolle, ob etwa die Mutter oder der Vater eines Kindes dasselbe wollen wie das Kind, ob die Worte des Kindes denjenigen seiner Bezugspersonen gleichen und so weiter. Einzig entscheidend ist, dass das Kind selbst an seinen Wunsch, seine Willensäußerung »glaubt«. Dabei ist es als das Recht jeder Persönlichkeit, auch der ganz jungen, anzusehen, dass ihr geäußerter Wille nicht unbedingt dem entspricht, was man als Gegenüber wünschen würde, und dass er vielleicht gar irrig, sperrig und beeinflusst erscheint.

Um der kindlichen Sicht gerecht zu werden, ist es also unbedingt nötig, sich in einem ersten Schritt in die Perspektive des Kindes zu versetzen. Erst wenn diese Sicht klar ist, sollen allfällig relativierende Überlegungen zum Kindeswohl angestellt werden.

3.3 Kinder mit Behinderungen

3.3.1 Allgemeine Bemerkungen zu Kindern mit Behinderungen

Kinder mit Behinderungen sind in erster Linie Kinder. Ihre »Besonderheit« ist es, dass sie sich unter den Bedingungen einer Behinderung entwickeln und ihr Leben führen (müssen).

Die UN-KRK bezieht sich auf Kinder, will deren Lebensqualität sichern, indem sie ihnen verschiedene Rechte zugesteht. Zu nennen ist in unserem Zusammenhang insbesondere das in Art. 12 festgehaltenen Recht, dass ein Kind sich zu den es berührenden Angelegenheiten äußern kann und diese Äußerungen auch gehört werden.

Dieses Recht hat selbstverständlich auch Gültigkeit für Kinder mit Behinderungen.

Interessant ist daher, dass in der UN-KRK Kinder mit Behinderungen (behinderte Kinder genannt) in Art. 23 eigens erwähnt werden.

Art. 23 UN-KRK

(1) Die Vertragsstaaten erkennen an, dass ein geistig oder körperlich behindertes Kind ein erfülltes und menschenwürdiges Leben unter Bedingungen führen soll, welche die Würde des Kindes wahren, seine Selbstständigkeit fördern und seine aktive Teilnahme am Leben der Gemeinschaft erleichtern.

(2) Die Vertragsstaaten erkennen das Recht des behinderten Kindes auf besondere Betreuung an und treten dafür ein und stellen sicher, dass dem be-

hinderten Kind und den für seine Betreuung Verantwortlichen im Rahmen der verfügbaren Mittel auf Antrag die Unterstützung zuteil wird, die dem Zustand des Kindes sowie den Lebensumständen der Eltern oder anderer Personen, die das Kind betreuen, angemessen ist.

(3) In Anerkennung der besonderen Bedürfnisse eines behinderten Kindes ist die nach Absatz 2 gewährte Unterstützung soweit irgend möglich und unter Berücksichtigung der finanziellen Mittel der Eltern oder anderer Personen, die das Kind betreuen, unentgeltlich zu leisten und so zu gestalten, dass sichergestellt ist, dass Erziehung, Ausbildung, Gesundheitsdienste, Rehabilitationsdienste, Vorbereitung auf das Berufsleben und Erholungsmöglichkeiten dem behinderten Kind tatsächlich in einer Weise zugänglich sind, die der möglichst vollständigen sozialen Integration und individuellen Entfaltung des Kindes einschließlich seiner kulturellen und geistigen Entwicklung förderlich ist.

(4) Die Vertragsstaaten fördern im Geist der internationalen Zusammenarbeit den Austausch sachdienlicher Informationen im Bereich der Gesundheitsvorsorge und der medizinischen, psychologischen und funktionellen Behandlung behinderter Kinder einschließlich der Verbreitung von Informationen über Methoden der Rehabilitation, der Erziehung und der Berufsausbildung und des Zugangs zu solchen Informationen, um es den Vertragsstaaten zu ermöglichen, in diesen Bereichen ihre Fähigkeiten und ihr Fachwissen zu verbessern und weitere Erfahrungen zu sammeln. Dabei sind die Bedürfnisse der Entwicklungsländer besonders zu berücksichtigen.

Offensichtlich gibt es Unterschiede zwischen Kindern mit und Kindern ohne Behinderung. Daher ist es angezeigt, zunächst den Begriff Behinderung etwas auszuleuchten.

3.3.2 Konzepte von Behinderung

In keiner einzelnen Disziplin, die sich mit Menschen mit Behinderungen befasst – dazu gehören Sonderpädagogik, Medizin, Psychologie u.a.m. – lässt sich eine Definition finden, die umfassende Gültigkeit beanspruchen kann. Eine Konzeptualisierung, die auf einem internationalen Konsens beruht, findet sich einzig in der Internationalen Klassifikation der Funktionsfähigkeit, Behinderung und Gesundheit (ICF) der WHO.

Abbildung 4: Wechselwirkungen zwischen den Komponenten der ICF[47]

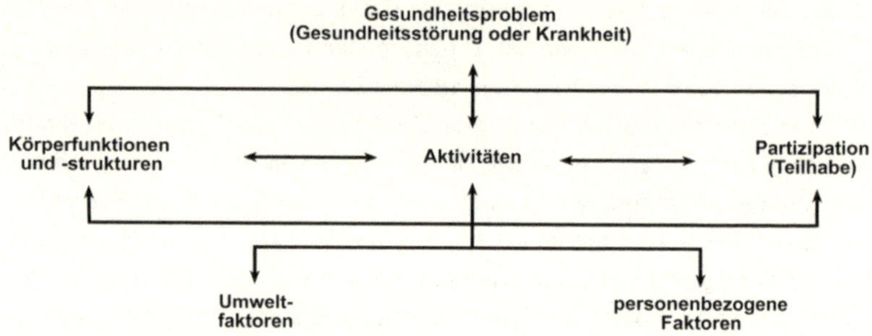

Aus dieser Grafik lässt sich herauslesen, dass Behinderung als ein Gefüge sich gegenseitig beeinflussender Dimensionen zu verstehen ist. Die visuelle Wahrnehmung, welche simultan die verschiedenen Dimensionen der Grafik erfasst, umzusetzen in einen verbalen Kommentar, welcher nur sequenziell formulierbar ist, setzt eine Lesart voraus. Je nachdem, bei welcher Dimension begonnen wird, beispielsweise bei Partizipation oder bei Körperstrukturen und -Funktionen, lassen sich verschiedene Verständnisse von Behinderung herausschälen. Diese legen die Behinderungsmodelle[48] frei, die bei der Erarbeitung der ICF eingeflossen sind.

Das individuelle Modell versteht Behinderung als Folge einer medizinisch-biologischen Schädigung, was bedeutet, dass Behinderung gewissermaßen als Eigenschaft eines Menschen verstanden wird; Körperstrukturen und -funktionen bilden folglich den Anfang der Lesart.

Das soziale Modell dagegen setzt an bei den Möglichkeiten eines Menschen, an gesellschaftlichen Angeboten zu partizipieren, und versteht Behinderung als ein »Behindertwerden« durch Hürden, durch mangelnde

47 Aus: DIMDI (Version 2005), https://www.dimdi.de/static/de/klassifikationen/icf/icfhtml2005/zusatz-02-vor-einfuehrung.htm

48 In der Sonderpädagogik wird seit jeher um das Verständnis des Phänomens Behinderung gerungen. Ob dieses Phänomen in seiner Komplexität zu fassen sei oder überhaupt abgeschafft werden soll, wird kontrovers diskutiert. Im Zusammenhang dieses Handbuches ist es aus verschiedenen Gründen sinnvoll, Behinderung als Kategorie zu verwenden und mehrperspektivisch zu verstehen. Siehe dazu Jeltsch-Schudel/Schindler (2020).

Zugänglichkeiten oder durch inadäquate Formen der Angebote. Diese grundlegende Erweiterung in der Konzeptualisierung der ICF ist Menschen mit Behinderungen zu verdanken, die ihre Betroffenheit als Expertise in die Diskussion einbrachten.

Insbesondere in den Diskursen der Disability Studies und der Sonderpädagogik finden sich weitere Modelle, welche verschiedene Aspekte von Diskriminierungen und Benachteiligungen von Menschen mit Behinderungen in den Blick nehmen.[49]

Erwähnt sei hier das menschenrechtliche Modell, das im Zusammenhang mit der UN-Behindertenrechtskonvention (UN-BRK) steht und von dem später die Rede sein wird.

Partizipation – in der Grafik der ICF der WHO auf Deutsch mit den Begriffen Partizipation/Teilhabe festgehalten – ist also wie in der UN-KRK ein zentraler Begriff. Im Zusammenhang mit Behinderung sind weitere Facetten des Begriffs Partizipation relevant, die im Folgenden kurz dargestellt und in Zusammenhang mit der Behindertenrechtskonvention gebracht werden.

3.3.3 Partizipation von Kindern mit Behinderung

Die relevanten Aspekte zum zentralen Thema der Partizipation in der Kindesvertretung haben wir bereits dargestellt. In diesem Kapitel werden Aspekte erörtert, die zusätzlich berücksichtigt werden sollen in der Vertretung von Kindern mit Behinderungen. Denn deren Situation erfordert es, das Verständnis von Partizipation zu erweitern und dabei insbesondere das soziale und das menschenrechtliche Modell einzubeziehen.

Geht es um Kinder mit Behinderungen, so stehen einander zwei sich überschneidende Aspekte der Partizipation gegenüber: die Frage, ob ein Kind überhaupt in der Lage ist, seine Interessen und seinen Willen so zu formen und mitzuteilen (siehe 3.2.3 Der Kindeswille, 4.5 Kommunikation mit Kindern), und die Frage, ob ein Mensch mit einer Behinderung (im Blick ist dabei insbesondere eine geistige Behinderung) über die erforderlichen Fähigkeiten verfügt, sich an Lebensentscheidungen zu beteiligen. Beide Aspekte können dazu führen, dass für ein Kind mit einer (geistigen) Behinderung eine Beteiligung schon gar nicht erst in Erwägung gezogen wird. »Kindheit« und »geistige Behinderung« sind zwei sich kumulierende Elemente, die zu einer intersektio-

---

49 Vgl. etwa das kulturelle Modell von WALDSCHMIDT (2005), die in ihrem Aufsatz drei Modelle darstellt.

nalen Benachteiligung[50] und damit zum Ausschluss von Partizipation führen. Dies lässt sich nicht zuletzt auch daran erkennen, dass weder Kinder noch Erwachsene mit einer geistigen Behinderung sich selber rechtlich vertreten können.

Partizipation in Bezug auf Kinder mit Behinderung ist dabei einerseits in einem allgemeineren Sinne, nämlich in der Inanspruchnahme zustehender Rechte in unserer Gesellschaft, zu verstehen, und andererseits in der individuellen Situation im Zusammenhang mit der Kindesvertretung zur Erreichung oder Sicherung der zustehenden Rechte.

Die Inanspruchnahme von Rechten, die allen Menschen[51] zustehen, basiert auf der in der Bundesverfassung festgehaltenen Rechtsgleichheit:

> **Art. 8 BV, Rechtsgleichheit**
> 1 Alle Menschen sind vor dem Gesetz gleich.

Diesem allgemeinen Recht folgt im nächsten Absatz das Diskriminierungsverbot, das explizit Menschen mit Behinderungen schützt.

> 2 Niemand darf diskriminiert werden, namentlich nicht wegen der Herkunft, der Rasse, des Geschlechts, des Alters, der Sprache, der sozialen Stellung, der Lebensform, der religiösen, weltanschaulichen oder politischen Überzeugung oder wegen einer körperlichen, geistigen oder psychischen Behinderung.

Teilsein

In Bezug auf Partizipation impliziert das in Art. 8 Abs. 2 BV genannte spezifizierte Recht eine Zugehörigkeit aller Menschen zur Gesellschaft. Diese Zugehörigkeit basiert ihrerseits auf der Menschenwürde, die jedem Menschen qua Menschsein zusteht. Auch sie ist in der schweizerischen Bundesverfassung, in Art. 7, verankert.[52]

---

50 Crenshaw (1989).

51 Mit »allen Menschen« ist gemeint, dass kein Mensch ausgeschlossen werden darf, wie auch immer er sich von anderen unterscheiden mag. Im Zusammenhang mit der Vertretung von Kindern mit Behinderung sind damit vor allem die sozialen Kategorien »Alter« und »Behinderung« gemeint. Rechtsgleichheit gilt folglich unabhängig von Alter und Behinderung.

52 Art. 7 Menschenwürde: Die Würde des Menschen ist zu achten und zu schützen. (Siehe auch Kap 3.1.1 Menschenwürde).

Die Zugehörigkeit aller Menschen zur Gesellschaft wird also nicht mit Kriterien verbunden, sondern ist voraussetzungslos. In diesem Sinne ist jeder Mensch Teil unserer Gesellschaft, eine Form der Partizipation, die als Teilsein bezeichnet werden kann.[53]

Teilhabe

Die allen Kindern, also auch Kindern mit Behinderungen, offenstehenden Möglichkeiten des Einbezugs in die Angebote unserer Gesellschaft lässt sich mit Teilhabe umschreiben. Wesentliche Voraussetzung, um in gesellschaftliche Aktivitäten einbezogen zu werden, ist dafür die rechtliche Verankerung von Teilhabe allgemein und wo nötig spezifiziert für Kinder mit Behinderungen.[54]

Für die Teilhabe ist sicherzustellen, dass diese Angebote nicht nur allen Kindern zustehen, sondern auch für alle Kinder verfügbar und zugänglich sind. Dies setzt voraus, dass sie gesellschaftlich akzeptiert werden und dass allfällig erforderliche Anpassungen vorgenommen werden.[55]

Teilnahme

Teilsein und Teilhaben sind Elemente der Partizipation, die passiv sind. Zugehörigkeit und offenstehende Möglichkeiten sind die gesellschaftlichen Rahmenbedingungen für die eigene Aktivität von Kindern mit Behinderungen. Die Teilnahme bedeutet die Nutzung der Angebote oder auch den Verzicht auf sie. Aktivität bedeutet also nicht nur die Inanspruchnahme eines gesellschaftlichen Angebotes, sondern auch die Entscheidung, an einem Angebot nicht teilnehmen zu wollen. Vorhandene Möglichkeiten zu nutzen oder abzulehnen, steht jedem Mitglied unserer Gesellschaft offen, im Sinne der Selbstbestimmung.[56]

---

53 Die vier Aspekte, die hier unterschieden werden, wurden von Ernst von KARDOFF (2014) vorgeschlagen, bezugnehmend auf Klaus Dörner.

54 Vgl. Bundesverfassung. Art. 62 Abs. 2: Sie (die Kantone) sorgen für einen ausreichenden Grundschulunterricht, der allen Kindern offen steht. Der Grundschulunterricht ist obligatorisch und untersteht staatlicher Leitung oder Aufsicht. An öffentlichen Schulen ist er unentgeltlich; sowie Abs. 3: Die Kantone sorgen für eine ausreichende Sonderschulung aller behinderten Kinder und Jugendlichen bis längstens zum vollendeten 20. Altersjahr.

55 Zu beachten sind für die Spezifizierung die vier A (availability – accessibility – acceptability – adaptility), UNESCO (2011).

56 Dies verweist auf die Berücksichtigung des Kindeswillens.

In Bezug auf Kinder mit Behinderungen sind verschiedene Aspekte zu beachten: Eine Auswahl bedeutet, sich für etwas zu entscheiden, das einen interessiert. Das eigene Interesse wahrzunehmen und auszudrücken, wird hier also gefordert, was eine Passung von Fähigkeiten und Befähigungen voraussetzt. Damit ist das Zusammenspiel von Fähigkeiten (über Fähigkeiten verfügt jeder Mensch!) und einer Umgebung gemeint, welche in der Lage ist, den Menschen zu befähigen, seine Fähigkeiten zum Ausdruck zu bringen.[57]

Teil-Gabe

Als weitere Dimension von Partizipation, die wie Teilnahme als eine Aktivität zu verstehen ist, wird die Teil-Gabe gesehen. Insbesondere im Kontext sonderpädagogischer Überlegungen wird die Zugehörigkeit aller Menschen zu unserer Gesellschaft angestrebt und mit dem etwas schillernden Begriff Inklusion umschrieben. Ausgehend davon, dass unsere Gesellschaft auf Reziprozität angelegt ist, bedeutet dies, dass nicht nur Leistungen empfangen werden, sondern jedes Gesellschaftsmitglied aktiv (s)einen eigenen Beitrag leistet.[58] Inklusive Bildung thematisiert das Einbringen eigener Fähigkeiten und Kompetenzen;[59] dies basiert darauf, »dass Menschen mit Behinderungen aktiv an der Inklusion beteiligt sein müssen und selbst etwas geben wollen«, was der Begriff der Teil-Gabe ausdrückt.[60]

Zusammenfassend kann festgehalten werden, dass die in der ICF und auch andernorts häufig verwendete deutsche Übersetzung des Begriffs Partizipation (im englischen Originaltext der ICF »participation«) mit »Teilhabe« den zu differenzierenden Facetten zu wenig Rechnung trägt. Insbesondere ist hervorzuheben, dass Partizipation beide Aspekte, jenen der Aktivität und jenen der Passivität, umfasst.

Partizipation in der individuellen Situation der Kindesvertretung

Die Einforderung und Sicherung von Rechten, die einem Kind zu seinem Wohle zustehen, also seine Interessen und seinen Willen einzubeziehen in einem Kontext, in dem dies nicht selbstverständlich ist, gehört zu den Aufgaben der Kindesvertretung.

---

57 Dies basiert auf dem Capability-Ansatz des Ökonomen Amartya Sen (2009), der von Martha Nussbaum (2010) philosophisch ausgearbeitet wurde.

58 Siehe hierzu von Kardoff (2014), Klauss (2017).

59 Wocken (o.J.).

60 Dörner, zitiert nach Wocken (o.J.).

Die in diesem Buch beschriebenen verschiedenen Aspekte und Facetten beanspruchen Gültigkeit für Kindesvertretungen aller Kinder. Über diese allgemeinen Überlegungen hinaus sollen hier bestimmte Aspekte hervorgehoben werden, die es im Umgang mit Kindern mit Behinderungen zu beachten gilt.

Verständigung

Der direkte Kontakt mit dem Kind ist zentral in der Erhebung des Kindeswillens und der Einordnung in das Kindeswohl. Dies zu realisieren bei Kindern mit Behinderungen, kann erschwert sein durch die Kommunikationswege des Kindes und durch die Annahme, dass die Willensbildung vor allem eine Angelegenheit der Kognition sei. Diese beiden Aspekte werden oft miteinander vermischt; sie können unabhängig voneinander oder auch zusammen vorkommen.

Ein Gespräch, also ein verbaler Informationsaustausch, ist eine in unserer Gesellschaft übliche und daher die am besten verständliche Kommunikationsform. Andere Ausdrucksformen, mimische, gestische, körpersprachliche, erfordern mehr Aufmerksamkeit und Kenntnis im »Lesen« dieser Botschaften, besonders dann, wenn keine verbalen Äußerungen vorkommen. Noch schwieriger wird es, wenn die Mitteilungen auf eine Art und Weise gemacht werden, die nur durch genaue Beobachtung des Kindes in verschiedenen Situationen überhaupt erst wahrgenommen werden können. Ihre Entschlüsselung stellt sich dann als nächste Herausforderung. Dass es Menschen gibt, die über eine hohe Intelligenz verfügen, jedoch nicht die Möglichkeiten haben, übliche Ausdrucksmittel zu verwenden, ist hinlänglich untersucht. Methoden der »Augmentative and Alternative Communication« (AAC), der Unterstützten Kommunikation, welche körpereigene Ausdrucksformen ebenso wie technische und andere Hilfsmittel einbeziehen, vermögen zu einer erheblichen Verbesserung der Verständigung beizutragen.

Vignette:
Die 12-jährige Nina hat noch einen 8-jährigen Bruder und eine 10-jährige Schwester. Alle drei sind schwer belastet, nachdem sich die Eltern nach heftigen Auseinandersetzungen getrennt haben und auch häusliche Gewalt seitens des Vaters gegenüber der Mutter ausgeübt und von Nina wahrgenommen wurde. Nina spricht seit diesen Vorfällen nur noch mit ausgewählten Personen (Mutter, Großmutter mütterlicherseits, wenig mit ihrer Patin), ansonsten ist sie verstummt, insbesondere auch in der Schule gegenüber Lehrer-

schaft und Mitschüler*innen (sog. selektiver Mutismus). Im KESB-Verfahren geht es vor allem um die Frage, ob und wie Nina Kontakt mit ihrem nicht obhutsberechtigten Vater haben soll. Die KESB setzt einen Kindesvertreter ein, welcher umgehend den Antrag stellt, eine Heilpädagogin im Sinn einer Tandempartnerin für die Gespräche mit Nina beiziehen zu dürfen, was bewilligt wird. Nach zwei Sitzungen zu dritt, in welchen der Kindesvertreter und die Heilpädagogin versuchen, mit Nina zu kommunizieren, gelingt in der dritten Sitzung die Kommunikation und der Kindesvertreter kann der KESB Anträge stellen, die mit Nina gut »besprochen« sind bzw. ihrem Willen entsprechen.

Besondere Herausforderungen stellen sich bei Kindern mit schweren Mehrfachbehinderungen, deren Ausdrucksweise von kognitiver Beeinträchtigung und von Sprachbehinderung geprägt ist.[61]

Ihnen zum Vornherein die Fähigkeit eines eigenen Willens abzusprechen, verbietet nicht nur die Respektierung der menschlichen Würde. Vielmehr geht es darum, ihren Willen aufgrund von Informationen aus verschiedenen Perspektiven aus ihren Lebensbereichen zu erschließen. Anregungen zum Umgang mit dieser Schwierigkeit finden sich im Diskurs zum mutmaßlichen Willen.[62]

Wesentlich ist, zu beachten, dass Verständigung immer mindestens zwei Beteiligte voraussetzt. Ob Mitteilungen eines Gegenübers verstanden werden oder eben nicht, liegt auch an den Wahrnehmungs- und Verstehensmöglichkeiten und -fähigkeiten der anderen an der Verständigung beteiligten Personen. Mit anderen Worten: Die Reichweite dessen, was wir als Mitteilung verstehen, wird von unserer eigenen Beschränktheit gesetzt. Ein Kind mit einer Behinderung kann nur so viel von seinem Willen und seinen Interessen mitteilen, wie wir wahrzunehmen imstande sind.

Berücksichtigung verschiedener Lebenskontexte

Um die Möglichkeiten der Verständigung zu verbessern, empfiehlt es sich, verschiedene Perspektiven zu berücksichtigen. In erster Linie ist dies die Perspektive des Kindes mit Behinderung, von der man sich nur im Direktkontakt einen

61 Siehe hierzu die Forschungsarbeiten von Susanna Niehaus (2017) zur Anhörung von Personen mit geistiger Behinderung.

62 Siehe hierzu die Empfehlungen der Schweizerischen Medizinischen Wissenschaften SAMW.

Eindruck machen kann. Erforderlich ist dabei, das Kind in verschiedenen, ihm vertrauten Lebensbereichen zu beobachten, unabhängig davon, ob eine verbale Kommunikation möglich ist oder nicht. Damit in Zusammenhang muss das Gespräch mit Bezugs- und Betreuungspersonen gesucht werden. Diese verschiedenen Eindrücke ermöglichen es, einzelne Bausteine zu erhalten, die in einem ersten Schritt ein Abbild des kindlichen Willens ergeben können. Einen Zusammenhang mit dem Kindeswohl herzustellen, ist erst als zweiter Schritt zu sehen.

Weitere Besonderheiten im Zusammenhang mit Behinderungen

Besondere Beachtung verdient die Situation der Familien mit Kindern mit Behinderungen. In erster Linie handelt es sich dabei um Familien wie andere auch, d.h. dass es sich um dieselbe Verschiedenheit von Familientypen und -formen handelt; dieselben Probleme und Konflikte veranlassen die Errichtung einer Kindesvertretung. Allerdings kann die Einlösung der gesellschaftlichen Angebote, die einem Kind zur Verfügung stehen müssen, zu einer anderen Situation führen als bei einem Kind ohne Behinderung. Je nach Behinderung des Kindes ist kein adäquates Bildungsangebot verfügbar, das es erlauben würde, dass das Kind in seiner Familie aufwächst. Dies führt dazu, dass es Kinder gibt, die in Internaten leben und nur die Wochenenden oder Ferien mit ihrer Familie verbringen. Die Fremdplatzierung in einer Einrichtung der Behindertenförderung kann auch dann erfolgen, wenn die Behinderung des Kindes und dessen Bedürfnisse und Erfordernisse zu einer für die Familie nicht mehr bewältigbaren Belastung werden.

Der Grund, weshalb ein Kind nicht in seiner Familie aufwachsen kann, wie dies bereits in der Präambel der UN-KRK gefordert wird, liegt oft nicht an der Paarbeziehung der Eltern (Scheidung) und auch nicht an der elterlichen Erziehungsfähigkeit (Kindeswohlgefährdung in der Familie), sondern an den Lebenserschwerungen, die durch die Behinderung für das Kind und seine nächste Umgebung entstehen können. Dass diese Konstellationen auch das Risiko einer Gefährdung des Kindeswohls bergen, liegt auf der Hand, wenn auch mehr aus Gründen struktureller Gewalt (die nicht nur das Kind, sondern auch seine Eltern betreffen).

3.3.4 Kinderrechtskonvention und Behindertenrechtskonvention

Auch wenn die Konzeptualisierung von Behinderung nach der ICF der WHO auf einem erarbeiteten Konsens beruht, verweist die Tatsache, dass es überhaupt eine Definition von »Behinderung« gibt, darauf, dass dieses Phänomen eine Bedeutung hat. Dies zeigt sich auch darin, dass Kinder mit Behinderungen nicht nur in der UN-Kinderrechtskonvention besonders erwähnt sind, sondern auch darin, dass von der UNO auch ein Übereinkommen über die Rechte von Menschen mit Behinderungen (UN-BRK)[63] erarbeitet wurde; es trat 2006 in Kraft und wurde 2014 in der Schweiz ratifiziert.

Dass in diesen beiden Konventionen »Kinder mit Behinderungen« zum einen gewissermaßen inklusiv mitgedacht sind und dennoch explizit erwähnt werden – in der UN-KRK als »*behinderte* Kinder« und in der UN-BRK als »*Kinder* mit Behinderungen« –, verweist darauf, dass es sich um zwei Dimensionen handelt, die als besonders beachtenswert betrachtet werden. Dies mag damit zusammenhängen, dass sowohl Kindsein als auch Behindertsein besonderen Gefährdungen ausgesetzt ist. In beiden Konventionen findet sich z.B. eine Erwähnung des Rechts auf Leben.[64]

Kindeswohl, Kindeswille und Meinungsäußerung in Bezug auf Kinder mit Behinderung

In der UN-BRK sind Menschen mit Behinderungen allen Alters gemeint, Kinder mit Behinderungen werden in zahlreichen Artikeln zusätzlich explizit erwähnt. Art. 7 UN-BRK bezieht sich ausschließlich auf Kinder mit Behinderungen.

> (1) Die Vertragsstaaten treffen alle erforderlichen Maßnahmen, um zu gewährleisten, dass Kinder mit Behinderungen gleichberechtigt mit anderen Kindern alle Menschenrechte und Grundfreiheiten genießen können.

Die Gleichberechtigung von Kindern mit Behinderungen mit anderen Kindern impliziert, dass die UN-KRK, die bereits 1989 abgeschlossen wurde, also fast 20 Jahre vor der UN-BRK, uneingeschränkt auch für Kinder mit Behinderungen anwendbar ist und entsprechend umgesetzt werden muss.

> (2) Bei allen Maßnahmen, die Kinder mit Behinderungen betreffen, ist das Wohl des Kindes ein Gesichtspunkt, der vorrangig zu berücksichtigen ist.

---

63 SR 0.109.

64 UN-KRK, Art. 6: (1) Die Vertragsstaaten erkennen an, dass jedes Kind ein angeborenes Recht auf Leben hat. – UN-BRK Art. 10 Recht auf Leben: Die Vertragsstaaten bekräftigen, dass jeder Mensch ein angeborenes Recht auf Leben hat, und treffen alle erforderlichen Maßnahmen, um den wirksamen und gleichberechtigten Genuss dieses Rechts durch Menschen mit Behinderungen zu gewährleisten.

Das Kindeswohl wird – wie in der UN-KRK – als Gesichtspunkt betrachtet, der »vorrangig zu berücksichtigen« sei.[65]

> (3) Die Vertragsstaaten gewährleisten, dass Kinder mit Behinderungen das Recht haben, ihre Meinung in allen sie berührenden Angelegenheiten gleichberechtigt mit anderen Kindern frei zu äußern, wobei ihre Meinung angemessen und entsprechend ihrem Alter und ihrer Reife berücksichtigt wird, und behinderungsgerechte sowie altersgemäße Hilfe zu erhalten, damit sie dieses Recht verwirklichen können.

Wie in der UN-KRK (Art. 12) wird dem Kind mit Behinderung in der UN-BRK das Recht gegeben, »seine Meinung in allen es berührenden Angelegenheiten frei zu äußern«. Aber diese Bestimmung ist ergänzt mit der Vorschrift, dass das Kind behinderungsgerechte und altersgemäße Hilfe zur Verwirklichung dieses Rechts bekommen soll. Dieser Zusatz ist entscheidend für das Vorgehen bei Kindesvertretungen: Diese Hilfe muss gewährleistet werden, wobei nicht konkretisiert wird, auf welche Weise sie erfolgen soll.[66] Es ist nicht davon auszugehen, dass Kindesvertreter*innen als »in fürsorgerischen und rechtlichen Fragen erfahrene Personen« über vertiefte Kenntnisse und Kompetenzen beispielweise in Unterstützter Kommunikation verfügen. Dies würde den Beizug einer entsprechenden Fachperson nötig machen, um die Qualität der Verständigung gemäß den Erfordernissen von Art. 7 Abs. 3 zu gewährleisten.

Behinderungsverständnis

Das Verständnis von Behinderung findet sich in der UN-KRK in Art. 23. Bezugnehmend auf die Bemerkungen von oben nach ICF, der Definition der WHO, wird deutlich, dass sie sich am individuellen bzw. medizinischen Modell orientiert. Behinderung ist ein Merkmal bzw. ein Zustand des Kindes, das Unterstützungsmaßnahmen erfordert, die besonders bzw. separativ erfolgen. Demgegenüber fand in die UN-BRK auch das soziale Modell von Behinderung Eingang. In sorgfältiger Balance sind Aspekte des sozialen und des individuellen Modells bereits in der Präambel aufgeführt.

In der Definition von Behinderung in Art. 1 der UN-BRK wird dies deutlich:

---

65 Vgl. UN-KRK Art. 3: (1) Bei allen Maßnahmen, die Kinder betreffen, gleichviel ob sie von öffentlichen oder privaten Einrichtungen der sozialen Fürsorge, Gerichten, Verwaltungsbehörden oder Gesetzgebungsorganen getroffen werden, ist das Wohl des Kindes ein Gesichtspunkt, der vorrangig zu berücksichtigen ist.

66 Siehe hierzu Sandland (2017).

> Zu den Menschen mit Behinderungen zählen Menschen, die langfristige körperliche, seelische, geistige oder Sinnesbeeinträchtigungen haben, welche sie in Wechselwirkung mit verschiedenen Barrieren an der vollen, wirksamen und gleichberechtigten Teilhabe an der Gesellschaft hindern können.

Dieses Zusammenspiel individueller und sozialer Faktoren ergänzt gewissermaßen die allgemeinen Rechte, die auf den Menschenrechten basieren, und spezifiziert sie so, dass sie Menschen mit Behinderungen Partizipation (in allen vier oben erwähnten Aspekten) gewährleisten, und zwar in einer integrativen bzw. inklusiven Art und Weise. Zugehörigkeit und Gleichberechtigung werden über behinderungsbedingte Besonderheiten gestellt.

In Bezug auf das Kind wird Behinderung entwicklungsbezogen verstanden, nicht im Sinne eines Status wie in der UN-BRK; die Zugehörigkeit zum Bildungssystem und der Beginn einer frühen Förderung werden beispielsweise erwähnt (Art.24). Auch werden dem Kind mit Behinderung Fähigkeiten zuerkannt, die geachtet werden müssen.[67]

Zum Recht auf freie Meinungsäußerung

In der UN-KRK wird – wie oben gezeigt – dem Kind das Recht zugestanden, sich eine eigene Meinung zu bilden und sie zu äußern (UN-KRK Art. 12 Abs. 1). In Bezug auf das »behinderte Kind« werden zwar u.a. Bedingungen erwähnt, die »seine aktive Teilnahme am Leben der Gemeinschaft erleichtern sollen« (UN-KRK Art. 23 Abs.1), eine freie Meinungsäußerung wird einem Kind mit Behinderung indes nicht zugestanden, vielmehr sind Eltern oder Fachpersonen für seine Betreuung, Erziehung und Förderung verantwortlich.

In der UN-BRK dagegen wird Kindern mit Behinderungen das Recht auf Meinungsäußerung gewährt (Art. 7 Abs.3). Um dieses Recht sichern zu können, sind in der UN-BRK Vorkehrungen zu finden, die Verständigung als gelingende Interaktion ermöglichen sollen. So sind in Art. 2 UN-BRK Umschreibungen zu Kommunikation und Sprache aufgeführt:

Im Sinne dieses Übereinkommens (Art. 2 UN-BRK):

- schließt »Kommunikation« Sprachen, Textdarstellung, Brailleschrift, taktile Kommunikation, Großdruck, leicht zugängliches Multimedia sowie schriftliche, auditive, in einfache Sprache übersetzte, durch Vorleser

67 Art. 3 Bst. h: die Achtung vor den sich entwickelnden Fähigkeiten von Kindern mit Behinderungen und die Achtung ihres Rechts auf Wahrung ihrer Identität.

zugänglich gemachte sowie ergänzende und alternative Formen, Mittel und Formate der Kommunikation, einschließlich leicht zugänglicher Informations- und Kommunikationstechnologie, ein;
- schließt »Sprache« gesprochene Sprachen sowie Gebärdensprachen und andere nicht gesprochene Sprachen ein.

Kommentar

Der Vergleich zwischen der UN-KRK und der UN-BRK lässt als Gemeinsamkeit eine grundsätzliche Entwicklung von einem fürsorgerisch-paternalistischen Denken gegenüber Kindern (mit und ohne Behinderungen) zu einer Zuerkennung grundlegender Rechte (Menschenrechte) erkennen.

Dieser grundlegende Wandel lässt sich aber auch in den Unterschieden aufzeigen. In der UN-KRK wird er in den dem Kind zugesprochenen Rechten deutlich; das Kind mit Behinderung bleibt jedoch davon klar ausgeschlossen. Erst mit der Erweiterung der individuellen Sichtweise, die Behinderung vor allem an Abweichungen und Defiziten festmacht, durch die soziale Perspektive, die Behinderung in der Gesellschaft bzw. an deren Hürden festmacht, werden Kinder mit Behinderungen Kindern ohne Behinderungen gleichgestellt.

Insofern ist die später entstandene UN-BRK gegenüber der UN-KRK bezüglich der gesellschaftlichen Entwicklungen aktueller. Für die Kindesvertretung von Kindern mit Behinderungen ist der Rückgriff auf die UN-BRK für Begründung und Durchführung notwendig, weil erst in der UN-BRK auch Kinder mit Behinderungen wirklich als Rechtssubjekte betrachtet werden. Dabei ist nicht unerheblich, dass Unterstützungen für den direkten Kontakt und die Verständigung von Kind und Kindesvertreter*in, wenn nötig, vorgesehen sind.

3.4 Die Kindesvertretung: Person, Rolle, Aufgaben

3.4.1 Einsatzgebiete der Kindesvertretung

Kindesvertretungen können in zahlreichen Situationen eingesetzt werden. Auch wenn der Grundauftrag immer der gleiche bleibt, können sich die Vorgehensweisen im Einzelfall sehr unterschiedlich gestalten. Im Rahmen des vorliegenden Buches können wir nicht alle Bereiche, in welchen Kindesvertretungen eingesetzt werden, detailliert abhandeln. Wir konzentrieren uns auf die Bereiche Kindesschutzverfahren und familiengerichtliche Verfahren.

Wo es uns sinnvoll erscheint, verweisen wir jedoch auf Besonderheiten in weiteren Bereichen und präsentieren auch einzelne Fallbeispiele, um die Breite an möglichen Einsatzbereichen zu illustrieren. Die Bereiche sind im Wesentlichen die folgenden:[68]

- Kindesschutzverfahren
- Familiengerichtliche Verfahren
- Strafverfahren
- Asyl- und ausländerrechtliche Verfahren
- Gerichtliche Rückführungsverfahren (Internationale Kindesentführungen)
- Verfahren in Schul- und Bildungsfragen
- Adoptionsverfahren
- Verfahren zu medizinischen Belangen
- Sozialversicherungs- und arbeitsrechtliche Verfahren
- Vertretung in Verfahren zur Wahrnehmung weiterer höchstpersönlicher Rechte (Erbrecht, Namensänderung etc.)

3.4.2 Verhalten gegenüber dem Kind, innere Haltung

Kindesvertreter*innen zeichnen sich durch Bereitschaft zu Reflexion und Selbstkritik aus. Sie sind fähig, eigene Gefühlsreaktionen, Denk- und Verhaltensmuster kontinuierlich wahrzunehmen und zu analysieren. Sie sind bereit, sich Unterstützung zu holen und Unsicherheiten und fachliche Lücken nicht zu bagatellisieren.

Kindesvertreter*innen begegnen dem Kind erwartungslos; sie dürfen nicht glauben, sie wüssten bereits vor dem Kontakt mit dem Kind (aus den Akten, von Gericht oder Behörde, von den Eltern oder aus anderen Quellen), was das Kind braucht, denkt, meint, fühlt. Um die Motive und Handlungen des Kindes zu verstehen, müssen sie sich dafür interessieren, was das Kind für wichtig hält. Sie nehmen das Kind ernst und sind ihm gegenüber wohlwollend, offen, engagiert und sorgfältig. Auf die Wünsche und Lösungsvorstellungen des Kindes reagieren sie einfühlsam und bleiben gleichzeitig realistisch. Sie teilten dem Kind ihre Einschätzung mit und verhalten sich ihm gegenüber transparent. Leitgedanke der Kindesvertretung ist immer, dass die Partizipation des Kindes entsprechend seinem Alter und seiner Entwicklung

68 Siehe auch Kapitel 5: Fallbeispiele.

umgesetzt resp. verbessert werden kann und dass in kindgerechten Verfahren Entscheidungen getroffen werden, welche sich am Kindeswohl ausrichten.

3.4.3 Fachliche und persönliche Anforderungen

Da der Gesetzgeber die Funktion von Kindesvertretung in Verfahren nur äußerst rudimentär konkretisiert, erstaunt es auch nicht, dass die beruflichen und persönlichen Voraussetzungen, welche eine Kindesvertretung zu erfüllen hat, im Gesetz nur in den Grundzügen geregelt sind. In den familiengerichtlichen Verfahren (Art. 299 Abs. 1 ZPO), Adoptionsverfahren (Art. 268a^{ter} Abs. 1 ZGB), im Kindesschutz (Art. 314a^{bis} ZGB) und in internationalen Kindesentführungsverfahren (Art. 9 Abs. 3 BG-KKE) wird von der Kindesvertretung »Erfahrung in fürsorgerischen und rechtlichen Fragen« verlangt. In der Praxis werden heute in der Schweiz mehrheitlich Rechtsanwältinnen und Rechtsanwälte mit oder ohne Zusatzausbildung[69] eingesetzt. Demgegenüber betätigen sich in Deutschland seit Schaffung der entsprechenden Rechtsgrundlage für die Kindesvertretung (dort irreführend »Verfahrensbeistandschaft« genannt) fast ausschließlich Fachpersonen aus sozialen und pädagogischen Berufen in diesem Feld; Juristinnen und Rechtsanwälte machen heute kaum mehr als einen Drittel aus. In Österreich ist es gar so, dass juristische Fachpersonen gar nicht als »Kinderbeistand«[70] zugelassen sind. Dass in den drei deutschsprachigen Ländern bisher eine erheblich unterschiedliche Professionalisierung von Kindesvertretung stattgefunden hat, ist bemerkenswert und hängt mit den verschiedenen Entstehungsgeschichten und Rechtskulturen zusammen.

In allen drei Staaten aber gilt, dass Kindesvertreter*innen im direkten Kontakt mit dem Kind stehen, oft ohne Anwesenheit anderer Personen. Das Kind ist der Vertretung damit in einem gewissen Sinne ausgesetzt. Meist sind die von einem Verfahren betroffenen Kinder durch ihre Situation, allenfalls auch durch das Verfahren, ohnehin schon belastet. Angesichts ihrer Vulnerabilität und der häufig bereits belasteten Ausgangslage des zu vertretenden Kindes ist es unabdingbar, dass die Kindesvertretung in der Lage ist, ihre

69 namentlich: CAS Kindesvertretung/Verfahrensbeistandschaft an der Hochschule Luzern – Soziale Arbeit, Luzern.

70 Vgl. Portal der österreichischen Justizbetreuungsagentur, welche für die Rekrutierung und Ausbildung von Kinderbeiständen zuständig ist: http://jba.gv.at/kinderbeistand/infos-fuer-bewerber/ (zuletzt eingesehen: 10.01.2021).

Aufgabe kompetent und kindgerecht wahrzunehmen. Zwar wird die Kindesvertretung letztlich von erwachsenen Fachpersonen (Gerichte und Behörden) durch Einsetzung oder Ernennung in die Lage versetzt, ihr Mandat auszuführen, sie ist jedoch ausschließlich den Interessen des Kindes verpflichtet und hat dieses parteilich zu begleiten und zu vertreten.

In der Schweiz kümmert sich seit seiner Gründung im Jahr 2006 der Verein Kinderanwaltschaft Schweiz[71] (u.a.) um die Frage, welches die fachlichen und persönlichen Anforderungen an gute Kindesvertretung sind und wie die Qualität der Arbeit möglichst hochgehalten werden kann. Ein Kernstück bilden dabei die sogenannten »Standards für die Rechtsvertretung von Kindern und Jugendlichen in gerichtlichen und verwaltungsrechtlichen Verfahren«[72]. Deren Präambel fasst das Profil wie folgt zusammen:

> Die Rechtsvertretung von Kindern verbindet großes Engagement für die Interessen von Kindern bei gleichzeitiger Wahrung von professioneller Distanz. Sie ist sich bewusst, dass für Kinder die Verfahren, in die sie involviert sind, oft schwierig zu verstehen sowie mit Unsicherheiten und unter Umständen mit negativen Erfahrungen verbunden sind. Die Rechtsvertretung verhält sich transparent und offen. Sie nimmt das Kind und seine Anliegen ernst. Insbesondere informiert sie das Kind seinem Alter und seiner Reife entsprechend über Inhalt, Ablauf sowie Einflussmöglichkeiten/seine Rechte im Verfahren und die Rollen der verschiedenen Involvierten. Sie berücksichtigt das kindliche Zeitempfinden und passt die Rahmenbedingungen entsprechend an. Sie setzt sich für kindgerechte Verfahren ein. Die Rechtsvertretung interveniert wenn immer möglich deeskalierend, ressourcenorientiert und kooperationsbezogen. Sie bekennt sich zu einer Null-Toleranz-Haltung betreffend sexuelle Ausbeutung, Missbrauch und andere Grenzverletzungen.

Konkret muss gemäß den Standards eine »gute« Kindesvertretung folgende Kriterien erfüllen:[73]

---

71 www.kinderanwaltschaft.ch

72 Siehe Anhang 8.1, S. 227, Standards Kinderanwaltschaft oder direkt: https://www.kinderanwaltschaft.ch/page/ueber-rechtsvertretung-des-kindes (zuletzt eingesehen 01.11.2021).

73 Vgl. Blum/Prenzlow (2011).

- *Persönliche Kompetenz:* »Die Rechtsvertretung zeichnet sich durch Belastbarkeit, Konflikt- und Vermittlungsfähigkeit, Empathie und die Fähigkeit zur Selbstreflexion aus und weist Erfahrung im Umgang mit Kindern und Jugendlichen auf.« Die persönliche Kompetenz nennen wir hier an erster Stelle, weil sie unserer Erfahrung nach letztlich entscheidend sein sollte für den Entschluss, ins Berufsfeld einzusteigen, und für die Wahrnehmung und Akzeptanz der Kindesvertretung durch das Kind und die involvierten Erwachsenen.
- *Kommunikative Kompetenz:* Die Rechtsvertretung ist in der Lage, Gespräche mit einem Kind entwicklungsadäquat zu führen und sich mit Fachpersonen unterschiedlicher Disziplinen auszutauschen.
- *Fachliche Kompetenz:* »Eine juristische, sozialarbeiterische, psychologische, sonderpädagogische oder medizinische Grundausbildung (Universitäts-/Fachhochschulabschluss oder gleichwertiger Fachabschluss) sowie als zertifiziertes Aktivmitglied eine komplementäre Zusatzqualifikation für psycho-sozialpädagogische Fachpersonen im juristischen Bereich und für juristische Fachpersonen im psycho-sozial-pädagogischen Bereich werden vorausgesetzt.«

Faktisch führen in der Schweiz – mit wenigen Ausnahmen – praktisch ausschließlich Juristinnen und Rechtanwälte Kindesvertretungsmandate. Unter dem Aspekt, dass Kindesvertretung in erster Linie ein Partizipationsmittel des Kindes ist und deshalb ein »Angebot« von unterschiedlichen Kindesvertreter-Typen verfügbar sein sollte, ist dies zu bedauern. Sodann werden mindestens drei Jahre Berufserfahrung in einem Bereich der Grundausbildung vorausgesetzt. Dies scheint uns sehr sinnvoll zu sein, ist doch Kindesvertretung sicherlich kein Feld für Berufseinsteiger*innen, sondern für bereits erfahrene Fachpersonen. Zudem ist nicht nur die Bereitschaft, sondern der Wille, sich regelmäßig in Inter- oder Supervisionen und Weiterbildungen weiterzuentwickeln, ein wichtiges Merkmal von guten Fallführenden. Damit kann auch der – nicht ungefährlichen – Tendenz entgegengewirkt werden, dass Fallführende mit zunehmender Erfahrung sich selber gegenüber unkritischer werden.

Unabhängigkeit

Ein zentrales Element des Rechtsinstituts des »Anwalts des Kindes« ist die äußere und innere Unabhängigkeit der Vertretung. Deshalb darf als Kindesvertreter*in nur eine unabhängige Fachperson eingesetzt werden, die nicht in die Gerichts- oder Behördenorganisation eingebunden ist. Eine Vertretung durch behördliche Sozialarbeiter*innen ist deshalb abzulehnen. Das Bundesgericht hat in diesem Zusammenhang klargestellt, dass die Kindesvertretung unabhängig von Behörden und Gericht aus eigenem Recht für das Kind handelt.[74] Sie hat sich ein umfassendes, behörden- und elternunabhängiges Bild von der konkreten Situation des Kindes zu machen. Kindesvertreter*innen sind nicht eine Art Handlanger des Gerichts bzw. der KESB, sondern einzig dem Kind und seinen Interessen verpflichtet.

Hat eine gemäß Art. 308 ZGB eingesetzte Beistandsperson (i.d.R. eine sozialarbeiterische Fachperson) bezüglich Kindesschutzmaßnahmen eine Empfehlung inkl. Antrag an die KESB oder das Gericht abgegeben und wird diese Empfehlung nicht umgesetzt, so kann sie den fraglichen Entscheid nicht anfechten. Hinzu kommt, dass eine Beistandsperson nicht unabhängig ist, sondern gegenüber der KESB Rechenschaft ablegen muss und weisungsgebunden ist. Demgegenüber können unabhängige Kindesvertreter*innen einen Entscheid der KESB bzw. des Gerichts anfechten. Von größter Relevanz ist daher, dass die eingesetzte Person die ihr übertragene Aufgabe in völliger Unabhängigkeit ausüben kann. Ihre unabhängige Stellung entspricht am ehesten derjenigen eines eingesetzten notwendigen und unentgeltlichen Verteidigers im Strafprozess.

Geschwister können von der gleichen Person vertreten werden, sofern zwischen den Geschwistern keine »offensichtlichen« Interessenkonflikte oder ausgeprägte Unverträglichkeiten bestehen.[75] Bestehen jedoch offensichtliche Interessenkonflikte zwischen den Kindern oder entstehen solche während des Verfahrens, müssen die Kinder eigene Rechtsvertretungen erhalten.[76]

Weder die Eltern noch das Kind können die Absetzung oder Auswechslung einer eingesetzten Kindesvertretung veranlassen, sie können sich aber bei Missständen an das Gericht bzw. die KESB wenden und beispielsweise die Absetzung verlangen. Dies darf aber nicht dazu führen, dass die Unabhängigkeit der Kindesvertretung dadurch gefährdet wird, dass ihre Handlungen laufend durch die Eltern (oder das Gericht bzw. die KESB) in Frage gestellt werden können, denn die Elternrechte werden zwar durch die Einsetzung der Vertretung beschränkt, nicht aber durch deren einzelne Handlungen. Deshalb können namentlich Eltern wegen der Amtsführung die Ersetzung der Person der

74 BGer 5P.84/2006, E. 3.4.

75 BSK ZPO-Michel/Steck, Art. 299 N 16; BGE 142 III 153, E. 5.2.3.1.

76 FamKomm Scheidung/Schweighauser, Anh. ZPO Art. 300 N 50.

Kindesvertretung nicht verlangen. Das Gericht bzw. die KESB kann bei Missständen (auch von Amtes wegen) die Kindesvertretung aus dem Amt entlassen, wenn diese das Kindeswohl gefährdet oder die Voraussetzungen für eine Vertretung nicht länger vorliegen, etwa weil das urteilsfähige Kind die Vertretung nicht länger will. Die Wahrnehmung derjenigen Rechte, die der Kindesvertretung von Gesetzes wegen zustehen, darf nicht zu ihrer Absetzung führen. Betreffend die Kostenkontrolle (in Gerichtsverfahren gehören die Kosten der Kindesvertretung zu den Gerichtskosten) hat die Einsetzungsbehörde bei länger dauernden Verfahren Zwischenabrechnungen einzuholen.[77] Im Gegenzug ist auch eine vorzeitige unbegründete Mandatsniederlegung nicht statthaft.

3.4.4 Rolle und Aufgaben[78]

Grundlagen

Über die Rolle der Kindesvertretung herrscht in Lehre und Praxis keine einheitliche Vorstellung. Das Spektrum ist breit und reicht von einer rein anwaltlichen Willensvertretung bis zur reinen Vertretung des objektiven Kindeswohls. Nach Gesetz hat die Kindesvertretung das Recht und die Pflicht, Anträge zu stellen und Rechtsmittel einzulegen. Anerkannt ist auch, dass dem Willen des Kindes mit zunehmendem Alter größere Bedeutung zukommt.

Bevor wir auf die einschlägige Rechtsprechung und Lehre näher eingehen, weisen wir noch einmal darauf hin, dass das Recht auf eine Kindesvertretung Ausfluss des in Art. 12 UN-KRK völkerrechtlich verbrieften Partizipationsrechts und damit ein grundlegendes Kinderrecht ist. Das Partizipationsrecht des Kindes – welches nach Möglichkeit auch die Resilienz des Kindes stärken soll – ist wiederum Ausfluss der Subjektstellung des Kindes. Mit anderen Worten darf das Kind im Verfahren nicht zum Objekt degradiert werden. Die Subjektstellung des Kindes im Verfahren leitet sich letztlich aus der Menschenwürde ab (siehe 3.1.1 Menschenwürde). Folglich ist die Würde des Kindes bei der Erarbeitung der Rolle und der Aufgaben der Kindesvertretung von elementarer Bedeutung.

Die Kindesvertretung hat die Würde des Kindes jederzeit zu beachten, was auch für die innere und äußere Haltung gegenüber und für einen sensiblen

77 Vgl. BSK ZPO-Michel/Steck, Art. 299 N 25; ferner FamKomm Scheidung/Schweighauser, Anh. ZPO, Art. 300 N 56; BGer 5A_894/2015, E. 4.1.

78 Vgl. ausführlich zur Rolle bzw. den Aufgaben der Kindesvertretung Herzig (2020), S. 567ff.

und empathischen Umgang mit dem Kind handlungsanweisend ist. Zudem hat sich die Kindesvertretung für die Respektierung der Würde und der Subjektstellung des Kindes im Verfahren durch die entscheidende Behörde (Gerichte und KESB) sowie die übrigen Parteien bzw. Verfahrensbeteiligten aktiv einzusetzen. So wird beispielsweise das Recht des Kindes auf eine alters- und kindgerechte Kindesanhörung in der Praxis bedauerlicherweise noch immer nicht flächendeckend gewährleistet, weshalb die Kindesvertretung unter Umständen in einem Verfahren einen Antrag auf eine Kindesanhörung zu stellen hat.[79] In diesem Zusammenhang gilt es auch gegenüber den Behörden und Gerichten klarzustellen, dass das Recht auf eine Kindesvertretung das Recht auf eine Kindesanhörung nicht etwa ersetzt, sondern diese beiden elementaren Kinderrechte im Verfahren zueinander komplementär sind.

Des Weiteren ist es zentral, sich des Umstandes bewusst zu sein, dass die Kinderrechte – und damit auch das Recht auf eine Kindesvertretung im Verfahren – fester Bestandteil des ebenfalls völkerrechtlich verbrieften Anspruchs des Rechts auf Achtung des Kindeswohls (Art. 3 UN-KRK) sind (siehe 3.1 Rechtliche Einbettung sowie 3.2.2 Das Kindeswohl). Zudem müssen bei der Beantwortung der Frage, was in einem konkreten Fall dem Kindeswohl entspricht, gemäß UN-Kinderrechtsausschuss die Ansichten des Kindes mitberücksichtigt werden.[80]

Demzufolge sind das Kindeswohl und die Partizipationsrechte des Kindes (u.a. Recht auf eine Kindesvertretung und Recht auf eine Kindesanhörung) eng miteinander verknüpft, was bei der Klärung der Aufgaben von Kindesvertreter*innen stets mitzubedenken ist.

Kindesvertreter*innen sind eine Art »Wächterin« bzw. »Anwalt« der Kinderrechte bzw. des völker- und landesrechtlich verbrieften Anspruchs des Kindes auf Partizipation im Verfahren (während die KESB bzw. das mit den Kinderbelangen befasste Gericht als »Wächterin« des Kindeswohls angesehen werden kann). Sowohl durch das Recht auf eine Kindesvertretung als auch auf eine Kindesanhörung soll eine Stärkung der verfahrensrechtlichen Stellung des Kindes als Subjekt erreicht werden.

Im Jahr 2006 hat das Bundesgericht zur Rolle der Kindesvertretung überzeugend festgehalten: Die Kindesvertretung

79 Weber Khan/Hotz (2019).

80 GC, General Comment No. 14, Par. 52ff.

> handelt unabhängig von Behörden und Gericht aus eigenem Recht für das Kind. Sie hat namentlich dafür zu sorgen, dass die Anliegen des Kindes in den Prozess eingebracht werden. Ihre Sachdarstellung ist insofern eine wertvolle Entscheidungshilfe in der Urteilsfindung, als sie sich dazu eignen kann, Unsicherheiten zu beseitigen und die subjektive Meinung des Kindes klarzustellen (...).[81]

Diese höchstrichterlichen Erwägungen stehen im Einklang mit der Auffassung der bewährten Lehre und des UNO-Kinderrechtsausschusses, wonach eine der zentralsten und damit vorrangigsten Aufgaben der Kindesvertretung die Übermittlung (an das Gericht bzw. die KESB) des sorgfältig und umfassend abgeklärten subjektiven Willens des Kindes ist.

Konträr hierzu steht die Kehrtwende des Bundesgerichts im Jahr 2015, wo dieses wenig überzeugend festhält, dass die Kindesvertretung

> (...) im ehelichen Verfahren nicht in erster Linie subjektive Standpunkte zu vertreten, sondern das objektive Kindeswohl zu ermitteln und zu dessen Verwirklichung beizutragen hat. Eine im eigentlichen Sinn anwaltliche, auf den subjektiven Standpunkt des Vertretenen fokussierte Tätigkeit ist nicht angezeigt.

Die Kindesvertretung vermittle dem Gericht vielmehr das objektivierte Kindeswohl.[82]

Nach unserer Auffassung ist die (ausschließliche) Vermittlung des objektivierten Kindeswohls nicht die primäre Aufgabe und Kompetenz der Kindesvertretung. Vielmehr haben das Gericht und die KESB von Amtes wegen gestützt auf die Offizial- und uneingeschränkte Untersuchungsmaxime das Wohl des Kindes (Art. 3 UN-KRK, Art. 11 BV), das Verfassungsrang hat, vorrangig zu berücksichtigen bzw. zu prüfen, ob die Regelung der Kinderbelange im Kindeswohl liegen. Bei Bedarf wird eine kinder- und jugendpsychologische/-psychiatrische Fachperson als Gutachterin oder allenfalls ein Abklärungsdienst (bei dem Sozialarbeiter*innen tätig sind) richterlich bzw. behördlich damit beauftragt, die dem Kindeswohl dienlichste Regelung der Kinderbelange zu eruieren. Die Entscheidung, was im Verfahren letztlich mit Blick auf den KESB-Entscheid bzw. das Gerichtsurteil im objektiven Kindeswohl liegt, muss die Kindesvertretung jedoch entsprechend ihrer Rolle der

81 BGer 5P.84/2006, E. 3.4.

82 BGE 142 III 153, E. 5.2.2 und 5.2.4 in fine.

Kindesschutzbehörde bzw. dem Gericht überlassen.[83] Von großer Wichtigkeit ist in diesem Zusammenhang, dass die Kindesvertretung jeweils von Beginn an gegenüber dem Gericht bzw. der KESB (und einer eingesetzten Beistandsperson [siehe 4.9 Kindesvertretung und Beistand]) ihre Rolle deutlich macht, um allfälligen Missverständnissen vorzubeugen.

Wir sind davon überzeugt, dass dem Vertrauensverhältnis zwischen dem vertretenen Kind und der Kindesvertretung eine zentrale Bedeutung zukommt. Deshalb muss jede Kindesvertretung den Kindeswillen nicht nur sorgfältig eruieren, sondern sich auch eingehend mit diesem auseinandersetzen. Dazu gehört auch, das Kind alters- und situationsgerecht im Willensbildungsprozess zu begleiten und zu unterstützen. Diese Haltung deckt sich mit der Intention des Bundesgesetzgebers (und des UN-Kinderrechtsausschusses), der mit der Kindesvertretung dem Kind eine eigenständige Rechtsvertretung ermöglichen wollte, um die Interessen des Kindes im Verfahren besser zu wahren und dessen Bedürfnissen eine Stimme zu geben. Zudem hält der Bundesgesetzgeber fest, dass Art. 12 UN-KRK verlange, dem Kind sei zur Wahrung seiner Interessen bei Bedarf eine Kindesvertretung beizuordnen.[84]

In diesem Zusammenhang hat bereits im Jahr 1994 – also beinahe 6 Jahre vor der Schaffung einer ausdrücklichen gesetzlichen Grundlage für die Einsetzung einer Kindesvertretung im Jahr 1999/2000 – der Altmeister des Kindsrechts, Prof. Hegnauer, zur Rolle der Kindesvertretung zutreffend konstatiert:

> Die Formel ›Anwalt des Kindes‹ mag oberflächlich betrachtet etwas plakativ tönen. In Wirklichkeit geht es aber keineswegs um abstrakte Ideologie, sondern um den durchaus realistischen Versuch, den unmündigen [minderjährigen] Menschen, soweit das mit den Mitteln des Rechts möglich ist, auch im Verfahren [Prozess] ernst zu nehmen [und partizipieren zu lassen].[85]

Bei näherem Hinsehen geht es demnach bei der Vertretung des Kindes um mehr als um das Kindeswohl; vielmehr geht es – im Sinne von Art. 12 UN-KRK –, z.B. im Scheidungsprozess oder in einem Kindesschutzverfahren, um die Anerkennung der Vorstellung, dass das Kind selbst aktiv und mit professioneller Unterstützung auf den Elternkonflikt Einfluss nehmen können soll (womit dank der Erfahrung der Selbstwirksamkeit die Resilienz des Kindes ge-

83 Vgl. Herzig (2020), S. 585f. mit weiteren Hinweisen.

84 Vgl. hierzu Herzig (2020), S. 577ff. mit weiteren Hinweisen.

85 Hegnauer, Der Anwalt des Kindes, ZVW 1994, S. 181ff.

stärkt werden kann). Die Kindesvertretung hat die Rechte des Kindes zu vertreten und dessen Willen ins Verfahren einzubringen. In diesem Sinne setzt sie sich »kinderanwaltlich« für das Kind und dessen Interessen ein. Denn gerade die Optik des Kindes wird allzu oft vergessen oder geht im Verlauf des Verfahrens im Getöse des Elternkonflikts schlicht verloren, obgleich es bei der Regelung der Kinderbelange in erster Linie um das Kind geht (und die Interessen der Eltern und der Fachpersonen sowie der Entscheidungsträger hinter die Interessen des Kindes zurückzutreten haben). Dabei kommt der Kindesvertretung – falls möglich und sinnvoll – die anspruchsvolle Aufgabe zu, die Perspektive des Kindes nicht nur gegenüber den gerichtlichen und behördlichen Entscheidungsträgern einzubringen, sondern auch – falls möglich und sinnvoll – die Verfahrensbeteiligten für das subjektive Kindeswohl zu sensibilisieren und gleichzeitig an kindeswohlverträglichen Lösungen mitzuarbeiten (siehe 4.6 Sozialgeflechtsarbeit). Kindern und Jugendlichen die Möglichkeit einzuräumen, ihren Willen ins Verfahren einzubringen, bedeutet, sie im Sinne der Partizipation am Verfahren teilhaben zu lassen (siehe 3.1.5 Partizipation als Grundprinzip) und sie als stark betroffene Subjekte (siehe 3.1.1 Menschenwürde) in den sie unmittelbar betreffenden Verfahren wahr- und ernst zu nehmen.[86]

Die Aufgaben im Einzelnen[87]

Einbringen der Kinderoptik und des Kindeswillens sowie Begleitung im Willensbildungsprozess

Obwohl es eigentlich im Verfahren im Wesentlichen um das Kind geht, droht leider allzu oft dessen Optik angesichts des Elternkonflikts verloren zu gehen. Dies führt zu einer unerwünschten Degradierung des Kindes in eine unstatthafte Objektrolle. Grundlegend ist deshalb, dass die Kindesvertretung bei der Ausübung all ihrer Aufgaben die Optik des Kindes mit einbringt bzw. dem Gericht/der KESB und den anderen Verfahrensbeteiligten vermittelt (»Kinderanwaltliche Vertretung«). Untrennbarer Bestandteil der Kinderoptik

86 Vgl. Herzig (2020), S. 565ff., S. 573f.

87 Vgl. hierzu auch Herzig (2020), S. 565ff.; Schweighauser (2017); Cottier (2017); KOKES-Praxisanleitung (2017); BSK ZPO-Michel/Steck, Art. 299 N 17ff. sowie das Dreidimensionale Handlungsmodell (Kinderanwaltliche Vertretung/Aufdecken der Fallkonstellation/Sozialgeflechtsarbeit), Abbildung 7: Das dreidimensionale Handlungsmodell und 4.5 Kommunikation mit Kindern sowie 3.3 Kinder mit Behinderungen.

ist der Wille des Kindes. Deshalb stellt die Kindesvertretung den Kindeswillen im Verfahren stets umfassend und differenziert sowie in geeigneter Weise dar. Das Einbringen der Optik und des Willens des Kindes gewährleistet sein Grundrecht auf Partizipation (Subjektstellung/Menschenwürde) und soll bei ihm Ohnmachtsgefühle vermeiden und seine Resilienz stärken. Eine psychologische Studie zu den Erfahrungen von Kindern mit der Kindesvertretung hat denn auch ergeben, dass zwei Aspekte für die Zufriedenheit der Kinder bedeutsam sind: Sie sind umso zufriedener, je mehr aus ihrer Sicht die Kindesvertretung sie bei der Kindesanhörung unterstützt hat und je mehr die Kindesvertretung gegenüber dem Gericht ihre Meinung deutlich gemacht hat.[88] Der/Die Kindesvertreter*in bespricht mit dem Kind persönlich – und i.d.R. in Abwesenheit seiner Eltern (unter Umständen kann es gestützt auf Kindeswohlüberlegungen Sinn machen, dass ein Elternteil zumindest zu Beginn ebenfalls anwesend ist) – und in mehreren Gesprächen dessen Anliegen, Meinungen, Wünsche und Lösungsvorstellungen. Die Kindesvertretung begleitet und unterstützt das Kind in seinem Willensbildungsprozess, bei dem auch die Informations- und Übersetzungsfunktion eine zentrale Rolle spielt (siehe 3.4.3 Fachliche und persönliche Anforderungen sowie 4.5 Kommunikation mit Kindern).

Informations- und Übersetzungsaufgaben

Zu den Aufgaben der Kindesvertreter*innen gehört es überdies, die Kommunikation zwischen dem Kind und dem Gericht sicherzustellen und das Kind durch das Verfahren zu begleiten. Die Kindesvertretung muss das Kind in verständlicher und adressatengerechter Sprache über seine (Verfahrens-)Rechte (u.a. über das Partizipationsrecht der Kindesanhörung), das Verfahren, die jeweils aktuellen Verfahrensschritte sowie über die Rolle aller Akteure informieren, damit sich das Kind eine angemessene Vorstellung davon machen kann. Zudem erklärt die Kindesvertretung dem Kind, dass die Entscheidverantwortung nicht bei ihm, sondern vielmehr beim Gericht bzw. bei der KESB liegt. Die Kindesvertretung macht sich Gedanken über das Kindeswohl und macht das Kind auf allenfalls problematische Wünsche nach Möglichkeit aufmerksam und informiert das Kind darüber, dass das Gericht bzw. die KESB nicht allein aufgrund seiner Wünsche entscheiden kann, sondern stets auch das Kindeswohl berücksichtigen muss. Bestehen signifikante Konflikte zwischen Kindeswillen und Kindeswohl, reflektiert dies die Kindesvertretung mit dem Kind

88 FamKomm Erwachsenenschutz/Cottier (2017).

so weit als möglich. Können die Widersprüche im Interesse des Kindes nicht aufgelöst werden, prüft die Kindesvertretung sorgfältig, ob und wie sie diese dem Gericht bzw. der KESB (und allenfalls Dritten wie einer Gutachtensperson) mitteilt und/oder ob sie weitere Abklärungen beantragt, und sie sucht nach vermittelnden Lösungen. Die Informationspflicht umfasst auch den Ausgang des Verfahrens sowie die Frage, ob ein allfällig gegebenes Rechtsmittel gegen einen Entscheid sinnvollerweise ergriffen werden soll oder nicht.

Rechtliche Vertretung der Kindesinteressen

Der Bundesgesetzgeber will mit der Einsetzung einer Kindesvertretung die verfahrensrechtliche Stellung des Kindes als Rechtssubjekt stärken und den Bedürfnissen des Kindes eine Stimme geben. Die Kindesvertretung hat den Auftrag der umfassenden rechtlichen Vertretung der Interessen des Kindes im Verfahren vor dem Gericht bzw. der KESB. Zu diesem Zweck kann sie von Gesetzes wegen Anträge stellen und Rechtsmittel einlegen (vgl. Art. 300 ZPO »Kompetenzen der Vertretung« sowie Abs. 3 von Art. 314a^{bis} ZGB), muss an Gerichts- und Behördenverhandlungen teilnehmen und sich im Verfahren mündlich und/oder schriftlich äußern. Um die Interessen des Kindes zu ermitteln, muss die Kindesvertretung den Sachverhalt in Berücksichtigung sämtlicher Erkenntnisquellen umfassend abklären, die Akten sorgfältig studieren und wenn erforderlich Rechtsabklärungen vornehmen. Die Kindesvertretung soll sich ein behörden- und elternunabhängiges Bild von der konkreten Situation des Kindes machen. Dazu gehören i.d.R. auch Gespräche mit den Eltern und Dritten (z.B. Beiständin, Kinderpsychologe, Großeltern, Lehrpersonen), um ein umfassendes Verständnis der Lebenswelt des Kindes zu erlangen und wenn möglich zu verstehen, wie der Willensbildungsprozess des Kindes verläuft und ihn nachvollziehbar zu machen; diese Aufgabe wird nach dem dreidimensionalen Handlungsmodell von Heike Schulze (siehe 4.6 Sozialgeflechtsarbeit, Abbildung 7) als »Aufdecken der Fallkonstellation« bezeichnet.

Die Kindesvertretung muss dafür über vollständige Kenntnis der Akten verfügen, weshalb ihr ein uneingeschränktes Akteneinsichtsrecht zusteht. Die Sachverhaltsabklärung bildet zudem eine zwingende Voraussetzung für allfällige Anträge sowie das Ergreifen eines Rechtsmittels. Der Sachverhaltsabklärung dient auch der direkte Kontakt mit dem Kind, auf den nur in Ausnahmefällen verzichtet werden kann (etwa bei beharrlicher Weigerung des Kindes, mit der Kindesvertretung in Kontakt zu treten).

Darüber hinaus ist es für die Kindesvertretung im Zusammenhang mit Fremdplatzierungen meist unabdingbar, auch zumindest an wichtigen Standortgesprächen von Kinder- und Jugendheimen teilzunehmen und sich direkt vor Ort und aus erster Hand in der Institution (z.B. von der Bezugsperson des Kindes im Heim) über den Verlauf des Heimaufenthalts und die Entwicklung des Kindes zu informieren und über den weiteren Verlauf bzw. bezüglich der Perspektive auszutauschen. Regelmäßig werden am Standortgespräch im Heim neben der Bezugsperson des Kindes sowie allenfalls weiteren Heimmitarbeitenden auch eine eingesetzte Beistandsperson (gegebenenfalls auch die Eltern und/oder eine Kindertherapeutin) und (zumindest teilweise) das Kind selbst teilnehmen. Die Teilnahme des Kindes inkl. deren Dauer gilt es jeweils individuell für den konkreten Einzelfall durch die Institution selbst zu planen. In diesem Zusammenhang kann es sinnvoll sein, sich als Kindesvertretung im Hinblick auf das Standortgespräch bei der Institution zu erkundigen, in welcher Zusammensetzung dieses stattfinden wird und inwiefern das Kind im Sinne der Partizipation in das Gespräch einbezogen wird (Letzteres hat alters- und kindgerecht sowie adressatengerecht zu erfolgen und kann nicht für jedes Kind allgemeingültig bzw. abstrakt festgelegt werden).

Die rechtliche Vertretung im Verfahren betrifft sämtliche Kinderbelange, die es im konkreten Verfahren zu regeln gilt. Dabei kann es namentlich um die Regelung der elterlichen Sorge, der Obhut und der Betreuungsanteile, des persönlichen Verkehrs (Kontaktrecht), von Kinderunterhalt und Kindesschutzmaßnahmen gehen.

Bei der rechtlichen Vertretung muss sich die Kindesvertretung auch von Kindeswohlüberlegungen leiten lassen. So dürfte es z.B. in aller Regel weder im subjektiven noch objektiven Interesse des Kindes sein, chancenlose Anträge oder Rechtsmittel einzulegen, das Verfahren zu verkomplizieren und unnötig zu verlängern. Bisweilen kann es sinnvoll sein, auf das eigene Antragsrecht zu verzichten, wenn dies dem Willen des Kindes entspricht. Dem Gericht bzw. der KESB müssen jedoch immer die Anliegen und Wünsche des Kindes in geeigneter Weise vermittelt werden.

Oftmals werden Kindesvertreter*innen in hochstrittigen Verfahren eingesetzt. Mithin werden sie in den Prozess eingreifen und an Verhandlungen teilnehmen müssen, an welchen sie den Elternanwälten gegenüberstehen. Namentlich die rechtliche Vertretung (Wahrnehmung prozessualer Rechte wie Antrags- und Rechtsmittelrecht, Plädoyer) setzt fundierte Kenntnisse und praktische Erfahrungen im Prozessalltag voraus, wofür psychologische und sozialarbeiterische Fachpersonen, die grundsätzlich auf Ausgleich geschult sind, eine entsprechende Zusatzausbildung benötigen. Dies dürfte auch einer der Hauptgründe sein, dass die Behörden hauptsächlich Anwälte und Anwältinnen mit der Aufgabe der Kindesvertretung betrauen.[89]

Vermittlungsaufgaben

Die Kindesvertretung trägt – wenn nötig und möglich – zur Deeskalation bei; sie verhält sich grundsätzlich kooperativ und konstruktiv. Dank der unabhängigen Stellung besteht die Möglichkeit, dass die involvierten Parteien die Kindesvertretung als »Vermittlungsperson« akzeptieren. Allerdings darf ob allfälligen Vermittlungsversuchen, die insbesondere bei hochstrittigen Elternkonflikten nur selten gelingen dürften, die Optik des Kindes keinesfalls vergessen werden. Das Intervenieren in der Lebenswelt des Kindes wird nach dem dreidimensionalen Handlungsmodell der Sozialgeflechtsarbeit zugeordnet (siehe 4.6 Sozialgeflechtsarbeit).

Kontroll- und Monitoringaufgaben

Eine weitere wichtige Aufgabe der Kindesvertretung ist die Ausübung einer Kontroll- und Überwachungsfunktion. Zu kontrollieren sind neben der Einhaltung der Kinderrechte (»Anwalt der Kinderrechte«) die Notwendigkeit von gerichtlichen bzw. kindesschutzrechtlichen Anordnungen – welche gegebenenfalls zu beantragen sind – und insbesondere deren Umsetzung. Die Kindesvertretung setzt sich dafür ein, dass das Verfahren den Bedürfnissen des vertretenen Kindes möglichst gerecht wird, sei dies inhaltlich (Abklärung und Berücksichtigung aller relevanten Aspekte) oder zeitlich (rasche Bearbeitung von dringlichen Fragen, Einhaltung des Beschleunigungsgebots). Die Kindesvertretung hat dafür zu sorgen, dass das Recht des Kindes auf Anhörung gemäß Art. 298 ZPO respektive Art. 314a ZGB respektiert wird, und sie sollte das Kind zur Anhörung in aller Regel begleiten (mögliche Ausnahme: Das Kind wünscht, allein an die Kindesanhörung zu gehen). Bei der Kindesanhörung steht das Gespräch zwischen dem Entscheidungsträger und dem Kind im Vordergrund und die Kindesvertretung hat dabei eine passive Rolle.

89 Vgl. Leuthold/Schweighauser (2016), S. 463ff., S. 475.

Tabelle 2: Übersicht über Haltung, Anforderungen und Aufgaben der Kindesvertretung

Haltung	– offen, interessiert und erwartungslos gegenüber dem Kind – dem Partizipationsrecht des Kindes verpflichtet – auf kindgerechte Verfahren hinwirkend
Anforde-rungen	– in fürsorgerischen und rechtlichen Fragen erfahren – persönliche Kompetenz: engagiert, belastbar, konfliktfähig, vermittlungsfähig, empathisch, zur Selbstreflexion fähig, im Umgang mit Kindern erfahren. – kommunikative Kompetenz: entwicklungsadäquate Kommunikation mit Kindern und erfolgreicher Austausch mit Fachpersonen unterschiedlicher Disziplinen. – Fachliche Kompetenz: juristische, sozialarbeiterische, psychologische, sonderpädagogische oder medizinische Grundausbildung (Universitäts-/Fachhochschulabschluss oder gleichwertiger Fachabschluss) sowie eine komplementäre Zusatzqualifikation für psycho-sozial-pädagogische Fachpersonen im juristischen Bereich und für juristische Fachpersonen im psycho-sozial-pädagogischen Bereich. – Unabhängigkeit: einzig dem Kind und seinen Interessen verpflichtet; Geschwister können von der gleichen Person vertreten werden, sofern zwischen den Geschwistern keine »offensichtlichen« Interessenkonflikte oder ausgeprägte Unverträglichkeiten bestehen.
Aufgaben	– Einbringen der Kinderoptik und des Kindeswillens sowie Begleitung im Willensbildungsprozess – Informations- und Übersetzungsaufgaben – rechtliche Vertretung der Kindesinteressen – Vermittlungsaufgaben – Kontroll- und Monitoringaufgaben

3.4.5 Acht ausgewählte Fragen aus der Praxis

Wann kann ein Kind selbst eine Kindesvertretung mandatieren und die Person der Kindesvertretung bestimmen?

Um diese Frage beantworten zu können, gilt es in einem ersten Schritt die partielle Handlungsfähigkeit von Kindern zu beleuchten. Gemäß Art. 11 BV haben Kinder und Jugendliche Anspruch auf besonderen Schutz ihrer Unversehrtheit und auf Förderung ihrer Entwicklung, und sie üben ihre Rechte ihm Rahmen ihrer Urteilsfähigkeit aus. An dieser Stelle gilt es anzumerken, dass im vorliegenden Buch mit dem Begriff »Kind« auch Jugendliche bis zum 18. Lebensjahr jeweils mitgemeint sind. Weiter hält das ZGB fest, dass das urteilsfähige Kind unter elterlicher Sorge im Rahmen des Personenrechts durch eigenes Handeln Rechte und Pflichten begründen und höchstpersönliche Rechte ausüben kann (Art. 305 Abs. 1 ZGB). Demzufolge ist die Urteilsfähigkeit eines Kindes die Grundvoraussetzung für seine partielle Handlungsfähigkeit. Partiell deswegen, weil die volle Handlungsfähigkeit neben der Urteilsfähigkeit auch die Volljährigkeit bedingt (vgl. Art. 13 ZGB). Ist die Urteilsfähigkeit eines Kindes gegeben, so bestimmt sich seine partielle Handlungsfähigkeit im Rahmen des Personenrechts. Dieses wiederum hält fest, dass ein urteilsfähiges Kind grundsätzlich nur mit Zustimmung seines gesetzlichen Vertreters (vgl. Art. 304 ZGB) – in der Regel der Eltern als Inhabern des Sorgerechts – Rechte und Pflichten begründen kann (Art. 19 Abs. 1 ZGB). Ohne diese Zustimmung vermag das urteilsfähige Kind jedoch unentgeltliche Vorteile (z.B. Geschenke [vgl. allerdings Art. 241 Abs. 2 OR], Vermächtnis) zu erlangen sowie geringfügige Angelegenheiten des täglichen Lebens (z.B. Rasenmähen gegen Entgelt, Tausch von Panini-Bildchen) zu besorgen (Art. 19 Abs. 2 ZGB).

Darüber hinaus – und dies ist vorliegend von besonderer Bedeutung – vermag ein urteilsfähiges Kind Rechte selbstständig, d.h. ohne Zustimmung des gesetzlichen Vertreters, auszuüben, die ihm um seiner Persönlichkeit willen zustehen (sogenannte höchstpersönliche Rechte); vorbehalten bleiben allerdings Fälle, in welchen das Gesetz die Zustimmung des gesetzlichen Vertreters ausdrücklich vorsieht (Art. 19c Abs. 1 ZGB; vgl. ferner auch Art. 67 Abs. 3 lit. a ZPO, Art. 106 Abs. 3 StPO; für ein gesetzliches Zustimmungserfordernis z.B. Art. 260 Abs. 2 ZGB). Demgegenüber handelt für ein urteilsunfähiges Kind der gesetzliche Vertreter, sofern nicht ausnahmsweise ein Recht so eng mit der Persönlichkeit verbunden ist, dass jede Vertretung ausgeschlossen ist (Art. 19c Abs. 2 ZGB; sogenannte absolut höchstpersönliche Rechte). Somit gilt es im Ergebnis hervorzuheben, dass ein urteilsfähiges Kind seine höchstpersönlichen Rechte selbstständig ausüben kann.

Das Bundesgericht hat in diesem Kontext richtigerweise festgehalten, dass ein höchstpersönliches Recht eines im konkreten Fall urteilsfähigen Kindes nicht allein durch den gesetzlichen Vertreter ausgeübt werden kann (BGer 5A_624/2010, E. 1.2). Das urteilsfähige Kind muss dessen Ausübung ebenfalls wollen, ansonsten der gesetzliche Vertreter dieses nicht in dessen Auftrag stellvertretend für das Kind ausüben kann. Das Recht, zwecks Durchsetzung eines höchstpersönlichen Anspruchs selbstständig ein Gericht anzurufen und gegebenenfalls ein Rechtsmittel zu ergreifen (vgl. als kodifiziertes Beispiel Art. 314b Abs. 2 ZGB im Zusammenhang mit der fürsorgerischen Unterbringung), ist ebenfalls ein höchstpersönliches Recht, welches ein urteilsfähiges Kind selbstständig ausüben kann. Dies gilt auch, wenn die Handlungs- und Prozessfähigkeit des Kindes in Frage steht, ansonsten sich ein urteilsfähiges Kind nicht wirksam gegen dessen Verneinung zur Wehr setzen könnte (BGer 5A_101/2014, E. 2.1).

Demnach kann sich ein urteilsfähiges Kind etwa selbstständig gegen ein Einreiseverbot wehren (BVGer C-987/2012, E. 1.3.2) oder einen Asylantrag stellen bzw. ein Rechtsmittel in diesem Zusammenhang ergreifen (BVGer D-6823/2006, E. 3).

Überdies ist in höchstpersönlichen Angelegenheiten auch das Recht, einen Rechtsanwalt bzw. eine Rechtsanwältin zu mandatieren, ein höchstpersönliches Recht des Betroffenen.[90] Dieses kann folglich durch das urteilsfähige Kind selbstständig ausgeübt werden. Mit anderen Worten kann ein urteilsfähiges Kind – wenn es um ein höchstpersönliches Recht geht bzw. um dessen Durchsetzung – selbstständig eine Rechtsvertretung beauftragen (Art. 19c ZGB i.V.m. Art. 29 BV; die Rechtsvertretung hat mit dem Kind die Finanzierbarkeit, z.B. über ein Gesuch um unentgeltliche Rechtspflege, zu thematisieren).

Dies wiederum bedeutet, dass ein urteilsfähiges Kind in höchstpersönlichen Belangen, welche z.B. Gegenstand eines familienrechtlichen Verfahrens (inkl. Kindesschutz) sind, grundsätzlich selbstständig eine geeignete Kindes- bzw. Rechtsvertretung bestimmen kann. Allerdings möchte das Bundesgericht das Recht auf Mandatierung einer Rechtsvertretung dahingehend einschränkend verstanden wissen, wonach dies grundsätzlich nicht dort gelte, wo das Gesetz die Möglichkeit einer Kindesvertretung (z.B. Art. 314a^{bis} ZGB, Art. 299f. ZPO) vorsehe. Es ist zumindest fraglich, ob dieser Entscheid dogmatisch zu überzeugen vermag; er ist denn auch zu Recht in der Lehre auf Kritik gestoßen. Immerhin klar sollte aber nach vorliegender Ansicht sein, dass dem Wunsch eines urteilsfähigen Kindes – das gegenüber dem Gericht oder der KESB eine geeignete Person als Kindesvertretung bezeichnet – in aller Regel stattgegeben werden muss, da in diesen Verfahren höchstpersönliche Rechte des Kindes tangiert sind und sich das Stattgeben positiv auf das Vertrauens- und Zusammenarbeitsverhältnis des betroffenen urteilsfähigen Kindes zu seiner Kindes-

90 BGE 142 III 153, E. 5.2.4.

vertreterin bzw. seinem Kindesvertreter auswirkt und nur auf diese Weise die Persönlichkeitsrechte hinreichend gewahrt bleiben.[91]

Es bleibt an dieser Stelle die Frage zu beantworten, ab welchem Alter das Kind urteilsfähig ist, die Person der Kindesvertretung zu bestimmen. Für familiengerichtliche Verfahren (z.B. Scheidung, Eheschutz) räumt das Gesetz dem urteilsfähigen Kind ein unbedingtes Antragsrecht auf Einsetzung einer Kindesvertretung ein (Art. 299 Abs. 3 ZPO). Das Gericht verfügt in diesem Punkt folglich über kein Ermessen (BGer 5P.173/2001, E. 2a). Dies ist insofern folgerichtig, als das Kind aus seiner Objektrolle im Verfahren herausgelöst werden soll. Somit sollte dies auch etwa für Kindesschutzverfahren gelten (auch wenn eine analoge gesetzliche Bestimmung bedauerlicherweise fehlt, was de lege ferenda korrigiert werden sollte). Die Urteilsfähigkeit (vgl. Art. 16 ZGB) bestimmt sich stets relativ. Folglich kommt es sowohl auf den konkreten Gegenstand an – vorliegend die Bestimmung der eigenen Kindesvertretung – und auf den konkreten Entwicklungsstand des Kindes. Im Sinne einer Faustregel dürfte die Urteilsfähigkeit sowohl für das Stellen eines Antrags auf eine Kindesvertretung (im Sinne von Art. 299 Abs. 3 ZPO) als auch für die Bestimmung der Person der Kindesvertretung bei einem Kind ab dem 10. Altersjahr zu bejahen sein.[92] Soweit der Antrag des Kindes abgewiesen wird, muss dieser Entscheid dem Kind eröffnet werden und das Kind hat ein Beschwerderecht (vgl. Art. 299 Abs. 3 ZPO). Dieses steht dem Kind auch zu, wenn sein Antrag mit dem Hinweis auf fehlende Urteilsfähigkeit abgelehnt worden ist.[93] Wenn nötig, ist dem Kind für das Beschwerdeverfahren eine geeignete Kindesvertretung zu bestellen, dies insbesondere dann, wenn es nicht in der Lage ist, seine Rechte hinreichend zu wahren (analog zu Art. 69 ZPO; vgl. ferner Art. 449a ZGB).

Wann kann eine Kindesvertretung abberufen werden?

Überall dort, wo das Gesetz in einer lex specialis die Möglichkeit einer Kindesvertretung explizit vorsieht, ist das für das Verfahren zuständige Gericht bzw. die zuständige KESB für die Einsetzung der Kindesvertretung sachlich

---

91 Im Ergebnis gleicher Meinung: FamKomm Scheidung/Schweighauser, Anh. ZPO, Art. 299 N 42.

92 In Bezug auf das Antragsrecht vgl. FamKomm Scheidung/Schweighauser, Anh. ZPO, Art. 299 N 28.

93 Vgl. FamKomm Scheidung/Schweighauser, Anh. ZPO, Art. 299 N 50.

zuständig. De lege ferenda wäre es gestützt auf Unabhängigkeitsüberlegungen wünschenswert, dass eine unabhängige und geeignete Stelle für die Einsetzung von qualifizierten Kindesvertretungen sachlich zuständig wäre.

Da das für diese Verfahren zuständige Gericht respektive die zuständige KESB für die Einsetzung sachlich zuständig ist, kann namentlich nicht ein Elternteil für das Kind die Kindesvertretung beauftragen (was in den familienrechtlichen Verfahren auch nicht mit deren Unabhängigkeit zu vereinbaren wäre). Zugleich ist damit aber auch klar, dass einzig die Einsetzungsinstanz die Person der Kindesvertretung abberufen kann. Da für die Arbeit und Akzeptanz der Kindesvertretung ihre Unabhängigkeit von größter Relevanz ist, kann die einmal eingesetzte Person der Kindesvertretung nicht ohne Weiteres abberufen werden. Sowohl ein jederzeitiger unbegründeter Mandatsentzug als auch eine unbegründete Mandatsniederlegung sind nicht statthaft. Zudem können Dritte (namentlich die Eltern) wegen der Mandatsführung grundsätzlich keine Ersetzung der Person der Kindesvertretung verlangen, und auch gegen einzelne Handlungen von Kindesvertreter*innen können sie keine Beschwerde führen (vgl. BGer 5A_894/2015, E. 4.1). Denkbar ist jedoch, dass von Seiten des Kindes, der Eltern oder anderer Personen Missstände in der Mandatsführung der Kindesvertretung gegenüber der Einsetzungsinstanz vorgebracht werden. Die Einsetzungsinstanz hat anschließend diese auf ihre Stichhaltigkeit sorgfältig zu prüfen und der Kindesvertretung das rechtliche Gehör einzuräumen. Falls die/der Kindesvertreter*in mit der Mandatsführung das Kindeswohl nachweislich gefährdet, muss die Einsetzungsbehörde (von Amtes wegen oder auf begründetes Gesuch hin) eingreifen und die notwendigen Maßnahmen treffen, wozu notfalls auch die Abberufung und Ersetzung der Person der Kindesvertretung gehört.[94]

Demzufolge braucht es qualifizierte Gründe für die Abberufung und Auswechslung der Person der Kindesvertretung, welche lediglich restriktiv zu bejahen sind. Andernfalls wäre die Unabhängigkeit der Kindesvertretung und damit deren Arbeit direkt gefährdet. In diesem Zusammenhang gilt es auch dem Umstand adäquat Rechnung zu tragen, dass es häufig um hochgradige Elternkonflikte und belastete, dysfunktionale Familiensysteme geht und es der Kindesvertretung kaum je gelingen dürfte, mit ihrer Mandatsführung nachhaltig auf Wohlwollen sämtlicher Beteiligten inkl. Elternanwälte zu stoßen.

---

94 Vgl. BGer 5A_894/2015, E. 4.1; FamKomm Scheidung/SCHWEIGHAUSER, Anh. ZPO Art. 300 N 56.

Dies kann denn auch kein Gradmesser für die qualitative Arbeit der Kindesvertretung sein. Kann der/die Kindesvertreter*in jedoch nicht mehr mit dem betroffenen Kind zusammenarbeiten, weil etwa das Vertrauensverhältnis nachhaltig zerrüttet ist, drängt es sich in den meisten Fällen auf, dass sie selbst einen Antrag auf Wechsel der Person der Kindesvertretung stellt, da die Mandatsführung in diesem Fall erheblich erschwert ist.

Wie hoch fällt die Entschädigung der Kindesvertretung aus und wer ist dafür sachlich zuständig?

Bezüglich Höhe der Entschädigung für die Aufwände der Kindesvertretung gilt es auf kantonale Tarifordnungen von einzelnen Berufsgruppen Rücksicht zu nehmen. Wird eine Person mit Anwaltspatent zur Kindesvertretung ernannt, so stellen die tiefen Ansätze für die Rechtsvertretungen im Rahmen der unentgeltlichen Rechtspflege die absolut unterste Grenze dar, da die Mandatsführung regelmäßig sehr anspruchsvoll ist und eine hohe Belastbarkeit voraussetzt. Hinzu kommt, dass zumindest die durch den Verein Kinderanwaltschaft Schweiz zertifizierten Kindesvertreter*innen eine tertiäre Grundausbildung im juristischen oder psycho-sozialen Bereich aufweisen sowie über spezifische Weiterbildungen verfügen, sich fortlaufend weiterbilden und an Intervisionen teilzunehmen haben. Somit sind sie ausgewiesene Expertinnen und Experten auf diesem Gebiet. Aus diesen Gründen sollte sich nach unserer Ansicht grundsätzlich auch die Entschädigung von Kindesvertretungen mit psycho-sozialem Hintergrund mit geeigneten Weiter- und Zusatzausbildungen an den vorgenannten Ansätzen orientieren. Die Kindesvertretung muss nach Maßgabe des effektiv entstandenen Aufwandes – was die detaillierte Erfassung der Leistungen durch die Vertretungsperson bedingt – entschädigt werden. Deshalb sind Pauschalen, die sich nicht am Aufwand der Vertretung orientieren, nicht erlaubt. Für die Entschädigung sollte systemrichtig jeweils die Einsetzungsbehörde sachlich zuständig sein.

Wie ist es mit der Anwesenheit von Kindesvertreter*innen an der Kindesanhörung?

Einleitend gilt es zu dieser Frage zu konstatieren, dass diesbezüglich keine einheitliche Praxis besteht. So gibt es etwa Richterinnen und Richter sowie KESBs, für welche es eine Selbstverständlichkeit ist, dass die Kindesvertretung bei der Kindesanhörung – also beim Gespräch zwischen dem Entscheidungsträger und dem Kind – anwesend ist. Für andere wiederum kommt die Anwesenheit partout nicht in Frage, selbst wenn diese durch das Kind ausdrücklich gewünscht wird.

Der deutsche Gesetzgeber hat im FamFG zu Recht klargestellt, dass die Kindesvertretung bei der Kindesanhörung anwesend ist (vgl. § 159 Abs. 4). Nach unserer Auffassung sollte die Kindesvertretung in aller Regel an der Kindesanhörung anwesend sein dürfen. Dies hat umso mehr zu gelten, falls dies durch das Kind ausdrücklich gewünscht wird. Klar ist aber auch, dass die Kindesvertretung bei der Kindesanhörung keine aktive Rolle hat: Die Anhörung, welche alters- und kindgerecht und im Rahmen eines natürlichen Gesprächs zwischen dem Entscheidungsträger (unter Umständen delegiert an eine psychologische Fachperson) und dem Kind zu erfolgen hat (BGer 5A_92/2020, E. 3.4.2), steht im Vordergrund. Die Kindesvertretung begleitet das Kind durch das Verfahren, weshalb es systemrichtig ist, dass sie auch bei der Kindesanhörung anwesend ist. Darüber hinaus stellt die Kindesanhörung auch eine wichtige und unmittelbare Erkenntnisquelle dar, welche der Arbeit bzw. der Mandatsführung der Kindesvertretung zugutekommt.

Ist eine Stellvertretung möglich?

Hier gilt es zu differenzieren: Bei der »klassischen« Kindesvertretung in familienrechtlichen Verfahren steht die persönliche Mandatsführung im Vordergrund, weshalb eine Stellvertretung nur ausnahmsweise und nur wenn nötig (z.B. Vertretung bei Krankheit oder Ferienabwesenheit) in Betracht kommt. Grund dafür ist, dass zwischen dem Kind und seiner Kindesvertreterin bzw. seinem Kindesvertreter ein Vertrauensverhältnis aufgebaut werden sollte und die Mandatsführung häufig eng mit den individuellen Eigenschaften der Vertretungsperson verknüpft ist (ähnlich wie bei der Auftragsausführung des Beauftragten nach Art. 398 Abs. 1 OR). Für lediglich untergeordnete Aufgaben darf jedoch eine Hilfsperson (Art. 101 OR) wie beim Beauftragten beigezogen werden (z.B. für die Organisation von Gesprächsterminen, Versenden von Korrespondenz).

Anders gestaltet sich die Ausgangslage der Kindesvertretung hingegen im Rahmen einer Kollisionsbeistandschaft (vgl. Art. 306 ZGB). Der Kollisionsbeistand bzw. die Kollisionsbeiständin hat die Interessen des Kindes bestmöglich in der fraglichen Angelegenheit zu wahren und mögliche Nachteile zu verhindern (z.B. in einem Strafverfahren oder einem erbrechtlichen Prozess). Erfordern diese Mandate Spezialwissen und/oder -erfahrung, über welches die eingesetzte Person nicht in ausreichendem Masse verfügt, so ist die Kollisionsbeistandsperson gar verpflichtet, Spezialwissen und/oder -erfahrung hinzuzuziehen bzw. die Aufgaben ausnahmsweise und im Interesse des betroffenen Kindes an diese Drittperson (Substitut bzw. Expertin/Experte) zu übertragen (vgl. sinngemäß Art. 398 Abs. 3 OR). Allerdings bleibt in diesem Zusammenhang anzumerken, dass auch der Beizug eines Substituts bei der »klassischen« Kindesvertretung nicht im Voraus ausgeschlossen ist, da durchaus Ausnahmekonstellationen denkbar sind, welche einen solchen notwendig machen könnten.

»Verschwiegenheit« der Kindesvertretung gegenüber dem Kind: Kann das Gericht erwarten, dass die Kindesvertretung gewisse Dinge vor dem Kind »verheimlicht«?[95]
Auch wenn das Gericht die Kindesvertretung einsetzt, ist dieses nicht Auftraggeber in dem Sinne, dass dessen Interessen zu wahren sind. Vielmehr hat die Kindesvertretung die Interessen des Kindes zu wahren und die Optik des Kindes in das Verfahren einzubringen. Demzufolge besteht ein Vertrauensverhältnis zwischen dem Kind und seinem Kindesvertreter bzw. seiner Kindesvertreterin und das Gericht kann somit auch nicht erwarten, dass die Kindesvertretung für das Gericht zum Geheimnisträger wird (z.B. im Rahmen einer durch das Gericht geplanten superprovisorischen Maßnahme). Die Verschwiegenheitspflicht betrifft vielmehr das Verhältnis zwischen Kind und Kindesvertretung und nicht dasjenige zwischen Kindesvertretung und Gericht. Selbstverständlich kann auch die Kindesvertretung – selbst wenn sie Inhaberin des Anwaltspatentes sein sollte – dem Gericht (oder der KESB) »Meldung« erstatten bzw. dieses informieren, wenn die körperliche, psychische oder sexuelle Integrität eines Kindes gefährdet erscheint und das Informieren im Interesse des Kindes liegt (vgl. Art. 314c Abs. 1 und 2 ZGB).

Was sind die primären Aufgaben der Kindesvertretung im Strafverfahren und welche Berufsqualifikationen sind dabei vorausgesetzt?
Die Aufgaben der Kindesvertretung im Strafverfahren – welche gestützt auf Art. 306 ZGB als Kollisionsbeistandschaft eingesetzt wurde – sind namentlich die folgenden:

- Eine unabhängige Kinderanwältin soll die Kindesinteressen und das Kindeswohl wahren und mögliche Nachteile verhindern.

95 Siehe auch 2.2 Einblick in die Praxis der Kindesvertretung in Europa.

- Im Strafverfahren geht es dabei primär um die Wahrung der Opfer(schutz)rechte des Kindes gegen die Eltern, einen Elternteil oder eine nahe Bezugsperson (z.B. Stiefvater, Stiefgroßmutter).
- Durch die Konstituierung als Zivilkläger (i.d.R. im Zivil- und Strafpunkt) können (als Privatklägerschaft) Parteirechte (z.B. Akteneinsichts- und Teilnahmerechte, Zeugnisverweigerungsrechte, Beweisanträge, Rechtsmittel) ausgeübt sowie allfällige Zivil- bzw. Haftpflichtansprüche (Schadenersatz und Genugtuung) im Strafverfahren adhäsionsweise geltend gemacht werden.
- Kindes- und altersgerechte Information und Beratung des minderjährigen Opfers über seine Opferrechte und das Strafverfahren: Ältere Kinder und Jugendliche beklagen sich häufig, dass sie nach erfolgter Befragung nicht mehr informiert werden und nicht wissen, wie das Strafverfahren weitergeht. Sie fühlen sich dadurch in eine Position der Ohnmacht zurückversetzt bzw. zum Objekt degradiert. Allgemein ist der Austausch mit allfälligen Kindertherapeutinnen bzw. -therapeuten wichtig und insbesondere bei traumatisierten Opfern muss zuerst Rücksprache mit Kinderpsycholog*innnen/-psychiater*innen erfolgen, um allfällige Retraumatisierungen zu vermeiden.
- Optik des betroffenen minderjährigen Opfers ins Strafverfahren einbringen.
- Koordination/»Zusammenarbeit« mit Strafbehörden & KESB
- Das minderjährige Opfer ist über Hilfsangebote wie Beratungsstellen, Möglichkeiten der therapeutischen Unterstützung etc. zu informieren, soweit dies nicht bereits von Opferhilfeberatungsstellen erfolgt ist.
- Will das minderjährige Opfer in einem Gespräch mit seiner Kinderanwältin sich zum Sachverhalt (Tat) äußern, so ist dies grundsätzlich zwar möglich (gerade jugendliche Opfer legen öfters Wert darauf, ihre Erlebnisse persönlich zu erzählen). I.d.R. ist es jedoch entlastend, wenn diese Informationen nicht wiederholt werden müssen. Der Sachverhalt ist anderweitig abzuklären (Aktenstudium, Austausch mit involvierten Fachstellen und Behörden etc.).
- Zudem ist eine eigene »Befragung« des minderjährigen Opfers zwingend zu vermeiden im Vorfeld einer allfälligen Videobefragung durch die Strafbehörde.
- Bei der Wahrnehmung der Aufgaben sind die Grundsätze, die in der Präventionsarbeit erarbeitet wurden, zu berücksichtigen. Das heißt u.a., dass in erster Linie die Tat zu verurteilen ist und nicht primär die Täterschaft.

Kinder und Jugendliche, die Gewalt im sozialen Nahraum erfahren haben, haben oft ein ambivalentes Verhältnis gegenüber der Täterschaft. Dies gilt es zu respektieren. Es ist auch nicht die Aufgabe der Kindesvertretung, die Täterschaft zu konfrontieren. Es ist aber mit aller Deutlichkeit gegenüber dem minderjährigen Opfer darauf hinzuweisen, wer die Verantwortung für das gewalttätige oder übergriffige Verhalten trägt. Opfer tendieren dazu, die Verantwortung bei sich selber zu suchen, davon sind sie klar zu entlasten.

- Mit Kindern und Jugendlichen gilt es kinds- und altersgerecht, offen und transparent zu kommunizieren und keine Versprechen abzugeben, die nicht eingehalten werden können. Kinder, die Opfer von Gewalt im sozialen Nahraum wurden, haben erlebt, dass ihr Vertrauen missbraucht wurde. Der Kontakt und der Umgang mit dem Kind muss deshalb mit großer Sorgfalt aufgebaut und gepflegt werden.

Aufgrund der Aufgaben – insbesondere die adhäsionsweise Geltendmachung von Haftpflichtansprüchen und das Prozedieren im Strafprozess – sollten hierzu qualifizierte Rechtsanwältinnen und Rechtsanwälte, die überdies zertifizierte Kindesvertreter*in sind, für das Kind eingesetzt werden.

Handelt es sich bei der Kindesvertretung um eine unentgeltliche Rechtsverbeiständung (Art. 29 BV)?

Die Kindesvertretung gemäß Art. 314a^{bis} ZGB und Art. 299 ZPO stellt keinen Anwendungsfall der sog. «unentgeltlichen Rechtspflege» dar, sondern ist ein spezielles Recht («sui generis») des verfahrensbetroffenen Kindes. Die Art der Mandatsführung ist in wichtigen Punkten nicht deckungsgleich mit einer klassischen anwaltlichen Vertretung. Weil die Kindesvertretung primär aus dem Recht des Kindes auf Partizipation herauswächst (Art. 12 UN-KRK), ist für die Frage der Einsetzung einer Kindesvertretung insbesondere das Kriterium der «Erfolgschancen» bzw. der Aussichtslosigkeit der Anträge oder des erhobenen Rechtsmittels nicht relevant. Im Vordergrund steht eben, dem betroffenen Kind als Rechtssubjekt im Verfahren die Partizipation und damit Selbstwirksamkeitserfahrungen zu ermöglichen, welche seine Resilienz stärken und für höhere Akzeptanz der behördlichen Entscheide bzw. Maßnahmen sorgen können. Nichtsdestotrotz wird die umsichtig agierende Kindesvertretung die Prozessaussichten berücksichtigen, diese dem betroffenen Kind auseinandersetzen und keine unnötigen Rechtsmittel ergreifen.

3.5 Inter- und transdisziplinäre Zusammenarbeit und Fallführung

3.5.1 Wie können Angehörige verschiedener Professionen grundsätzlich zusammenarbeiten?

Die Fähigkeit und der intrinsisch motivierte Wille zur Zusammenarbeit und zum Austausch mit Fachpersonen und Involvierten aus anderen Disziplinen ist für die Kindesvertretung wie für alle anderen Involvierten von zentraler Bedeutung. Herrscht so weit Einigkeit, wird jedoch die Art und Weise dieser Zusammenarbeit bis heute unterschiedlich postuliert. Im Bereich des Familienrechts – in dem auch die Kindesvertreter*innen in der Praxis großmehrheitlich tätig sind – wurde viel über Inter-, Multi- und Transdisziplinarität geschrieben, wobei die Abgrenzungen mitunter diffus sind.[96] Im Hinblick auf die Unterscheidung verschiedener Formen der Kooperation der Disziplinen kann unter Bezugnahme auf Andrea Maihofer[97] vereinfacht gesagt werden: Multi- oder Pluridisziplinarität ist bloßes additives Nebeneinanderstehen oder Nebeneinanderarbeiten von Disziplinen, Interdisziplinarität das Eingehen von punktuellen Verbindungen unter Erhalt der Disziplinen in ihrem »Kern«, Transdisziplinarität (Postdisziplinarität) die Überwindung der Disziplinen. Während »Interdisziplinarität« auf die Verbindung abgrenzbarer disziplinärer Zugänge zu einem gemeinsamen Gegenstand zielt, sucht »Transdisziplinarität« diese Grenzen zu durchbrechen und mehrere Disziplinen (oder Teile davon) zu einem neuen Ganzen zu verbinden, was auch mit »Schaffung eines neuen Bezugsrahmens« umschrieben wird. Wo bei dem einen disziplinäre Grenzen bestehen bleiben, um ein gemeinsames Ergebnis zu erzielen, verschwindet beim anderen die je eigene Disziplinarität zugunsten eines neuen übergreifenden Wissenskorpus. Nach Mittelstraß ist *»Transdisziplinarität ein Forschungs- und Wissenschaftsprinzip, das dort wirksam wird, wo eine allein fachliche oder disziplinäre Definition von Problemlagen oder Problemlösungen nicht möglich ist bzw. über derartige Definitionen hinausgeführt wird«*[98]. Das Forschungs- und Praxisfeld »Familie« enthält eine Vielzahl von solchen Problemlagen, die nach einer Bewältigung in transdisziplinärer Kooperation verlangen.

---

96 Preger (2008); Wider (2011); Cottier (2012), S. 65ff.

97 Maihofer (2005), 185, 197ff.

98 Mittelstrass (2003) S. 9.

Die wichtigsten Merkmale der drei Prinzipien können einander wie folgt gegenübergestellt werden:

Abbildung 5: Zusammenarbeit verschiedener Disziplinen[99]

Multidisziplinarität (multi = mehrere)	**Interdisziplinarität** (inter = zwischen)	**Transdisziplinarität** (trans = über)
reines Nebeneinander	verknüpftes Miteinander	neuer Bezugsrahmen
Disziplinengrenzen bleiben erhalten	Disziplinengrenzen werden überschritten	Disziplinengrenzen werden aufgehoben
Ergebnisse werden ggf. ausgetauscht	Ergebnisse werden verknüpft	Ergebnisse werden quer integriert
verschiedene Disziplinen (D) bearbeiten den gleichen Fall (F) mit disziplinären Methoden 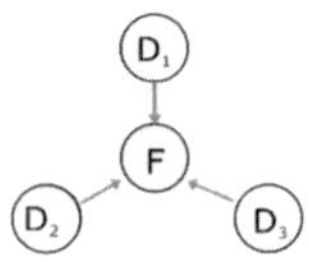 	verschiedene Disziplinen (D) bearbeiten den gleichen Fall (F) mit disziplinären Methoden und erstellen eine gemeinsame Synthese 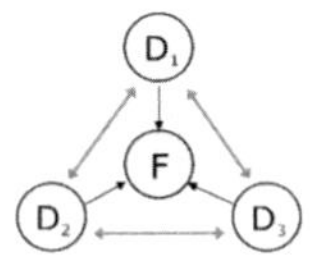 	verschiedene Disziplinen (D) bearbeiten den gleichen Fall (F) aufgrund neuer theoretischer Strukturen 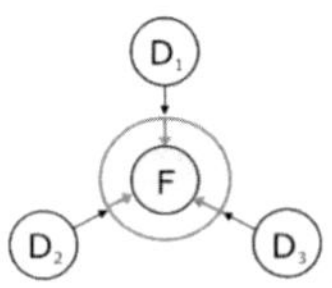

Die interdisziplinäre Zusammenarbeit hat mit der Einführung der multidisziplinär zusammengesetzten Kindes- und Erwachsenenschutzbehörden im Jahr 2013 neuen Schub erhalten, wobei je nach Behördenorganisationsmodell eher die interdisziplinäre oder die transdisziplinäre Zusammenarbeit im Vordergrund stehen.[100] Einigkeit besteht darin, dass die multidisziplinäre Zusammensetzung allein nicht genügt, sondern dass die inter- oder transdisziplinäre Zusammenarbeit bewusst gestaltet werden muss und die zeitlichen Ressourcen und Plattformen für entsprechende Diskurse geschaffen werden müssen. Neben organisatorisch-strukturellen Bedingungen müssen auch Bedingungen auf der personellen und interpersonellen Ebene erfüllt sein. Der Erfolg von disziplinenübergreifender Zusammenarbeit steht und fällt mit den Beteiligten.[101]

99 Wider (2013).

100 Emprechtinger/Voll (2018), S. 101ff.

101 Emprechtinger/Voll (2018), S. 101.

Erheblich sind in diesem Zusammenhang sodann der Einfluss und das Zusammenspiel von Organisationen und Professionen. Organisationen (wie z.B. Soziale Dienste oder Behörden, aber auch private Organisationen und Zusammenschlüsse, z.B. im Bereich Familienbegleitung, Besuchsbegleitung, Kindesvertretung, außerfamiliale Unterbringung und Betreuung von Kindern etc.) legen – formell oder auch informell – fest, welche Positionen professionelle Akteure einnehmen können und unter welchen Restriktionen und Opportunitäten professionelle Akteure ihre Kompetenzen geltend machen können. Jedoch sind diese intra- und interorganisationalen interprofessionellen Beziehungen nicht statisch: Angehörige der gleichen Profession positionieren sich am Arbeitsplatz und können dabei u.U. ihren Kompetenzbereich ausweiten oder auch eingeschränkt sehen. Die Arbeitsweise und Zusammenarbeit der Akteure ist also auch in Organisationen einem ständigen Aushandlungsprozess unterworfen und die professionellen Beziehungen verändern sich im Zeitverlauf entsprechend. Grundlage für die Positionierung (der Disziplin) ist das Profil, d.h. das in der Disziplin gebundene Wissen, das als zentrale Ressource für die Organisation plausibilisiert und inszeniert werden muss.

3.5.2 Bedeutung für die Kindesvertretung

Es ist unabdingbar, dass Fachpersonen, die Mandate als Kindesvertreter*in führen, ein Bewusstsein und eine Haltung dazu entwickeln, wie sie mit anderen Professionen bzw. Professionsvertreter*innen und mit den direkt Betroffenen zusammenarbeiten wollen und wie sie ihre Tätigkeit und Organisation entsprechend dieser Haltung gestalten. Dabei sind etwa die folgenden Fragen zu stellen: Wie gestalte/führe ich mein Büro oder meine Organisation? Wie kooperiere ich, allgemein und fallspezifisch? Wie, wann und für wen soll ich telefonisch und elektronisch erreichbar sein? Wie kommuniziere ich in Austauschgesprächen mit Fachpersonen aus anderen Gebieten oder mit Betroffenen? Wie wichtig sind interne und externe Fallbesprechungen und Supervisionen? Wie und in welchen Fachbereichen bilde ich mich selber weiter (Art und Frequenz)? Das Gesetz lässt zu, dass Fachpersonen mit sehr unterschiedlicher – juristischer, psychosozialer, pädagogischer oder anderer – Grundausbildung Kindesvertretungsmandate führen. Nicht überraschend folgt der eigene Kooperationsstil in erster Linie der Logik und der Prägung der eigenen

Disziplin bzw. der eigenen professionellen Sozialisation.[102] Das Feld der Kindesvertreter*innen ist (in der Schweiz) überwiegend von Rechtsanwältinnen und Juristen besetzt.[103] Um auch weitere Facetten einer wirkungsvollen Kindesvertretung anzustreben, ist die Weiterentwicklung einer Kooperation mit Fachpersonen aus anderen Disziplinen wichtig.

3.5.3 Ansätze und Ideen für die Entwicklung einer transdisziplinären Fallführung

Wer es als Fachperson im Praxisfeld »Familie« nicht bei der interdisziplinären Kooperation belässt, sondern sich noch mehr in die Richtung transdisziplinärer Fallführung bewegen will, muss für sich selbst die Frage beantworten, auf welche Art und Weise dies gelingt. Auf der methodischen Ebene ist insbesondere die naturwissenschaftliche und technische Forschungswelt der »Sozialwelt« hinsichtlich der Umsetzung von transdisziplinären Projekten zum Teil weit voraus, weshalb sich von ihr viele Anregungen und Erkenntnisse übernehmen lassen. So wurde beispielsweise erkannt, dass Transdisziplinarität auf drei Ebenen definiert ist[104]:

- auf der Ebene der Partizipation an gesellschaftlichen Problembereichen (im Sinn des Einbezugs aller Interessens- und Bedürfnislagen)
- auf der Ebene der Wissenschaftsorganisation
- auf der Ebene des Austauschs zwischen Wissenschaft und Praxis.

Im Rahmen von Forschungsprojekten gelingt es regelmäßig, die Zusammenarbeit der Disziplinen so zu organisieren, dass (auch) übergreifende Fragestellungen und Begrifflichkeiten forschungsleitend werden können.[105] Jedoch können sich auch Einzelfallführende in einem Praxisfeld entsprechend organisieren. Der Herrschaftsanspruch wissenschaftlichen Wissens wie auch der praxisbezogenen Expertise muss zuvor jedoch aufgegeben werden. Wissen ist nicht Macht, die bestimmt und entscheidet, sondern Wissen wird relativiert als Rohmaterial für Entscheidungsprozesse erzeugt und eingebracht.

---

102 Konkrete Beispiele finden sich etwa bei Cottier (2012), S. 76.

103 Vgl. etwa die Liste der Kindesvertreterinnen und Kindesvertreter auf www.kinderanwaltschaft.ch

104 Hanschitz/Schmidt/Schwarz (2009), S. 189ff.

105 Zum Beispiel: Das Projekt »Kinder und Scheidung« im Rahmen des NFP 52.

Beispielhaft werden im Folgenden einige Möglichkeiten beschrieben, wie transdisziplinäre Fallführung und das entsprechende Verständnis gefördert werden können. Die Liste ist nicht vollständig und die Reihenfolge nicht nach Wichtigkeit geordnet:

- Mitwirkung in bewusst multiprofessionell zusammengesetzten Arbeitskreisen, Intervisionsgruppen etc. zur Bearbeitung und Behandlung von Themen und Fällen (Beispiel: Der Basler Arbeitskreis »Netzwerk Kinder«)
- Bewusstes Pflegen einer offenen Neugier für die Sichtweisen, Methoden und Begrifflichkeiten anderer Disziplinen und eine kritische Auseinandersetzung mit ihnen
- Teilnahme an Weiterbildungen, welche die Transdisziplinarität ins Zentrum stellen
- Teilnahme an Veranstaltungen und Weiterbildungen anderer Professionsgruppen und Berufsverbände etc. sowie Organisation solcher Veranstaltungen gemeinsam mit Vertreter*innen anderer Professionen
- Etablieren einer Fallführungspraxis, welche den – wie auch immer gestalteten – Einbezug von Fachleuten anderer Disziplinen während der Führung des Mandats als selbstverständlich betrachtet
- Aufbauen und Unterhalten eines multiprofessionellen Netzwerks, auf das man jederzeit zurückgreifen kann zur Besprechung von sich stellenden Fragen
- Entwicklung einer Haltung, welche keine Profession/Disziplin als dominant betrachtet
- Entwicklung der Fähigkeit der »zeitgerechten Vernetzung«, d.h. des Erkennens, wann und mit welchen (internen oder externen) Knowhowträger*innen oder Vertreter*innen anderer wichtiger Fachrichtungen Austausche und Fallkonferenzen notwendig oder dienlich sind, und der Fähigkeit, einen solchen Austausch – auch kurzfristig – zu organisieren und durchzuführen
- Erarbeiten von Fallführungs-Standards (für die eigene Organisation oder für sich selbst), welche (u.a.) die Umsetzung eines transdisziplinären Fallführungsverständnisses in der eigenen Praxis/Organisation verbindlich beschreiben.[106]

---

106 Beispiel: Musivo-Standards für transdisziplinäre Fallführung (siehe Anhang 8.2 Standards Musivo).

Die Tatsache, dass praktische transdisziplinäre Handlungsansätze und Arbeitskonzepte im Praxisfeld »Familie« noch kaum entwickelt und konkretisiert bzw. publiziert wurden, sollte für alle praktizierenden Kindesvertreter*innen Ansporn sein, sich vor dem Hintergrund eigener Ausbildungen und Erfahrungen damit auseinanderzusetzen.

»Ich war damals sehr froh über die Unterstützung unserer Kindesvertreterin. Es war das erste Mal, dass jemand »Offizielles« meine Bedürfnisse gehört hat und verstand, wie es mir in der ganzen Geschichte geht. Da schnell klar war, dass ich dank meinem Alter von weiteren Regelungen nicht mehr betroffen sein werde, war die Kinderanwältin für mich vor allem eine Person, die meine Geschwister schützt und vertritt. Zu erkennen, dass jemand, der uns deutlich weniger lange kennt als unser leiblicher Vater, unsere Ansichten und Bedürfnisse als solche anerkennt und es sich zur Aufgabe macht, diese zu vertreten, war sehr stärkend und half maßgebend mit, die Krise durchzustehen.«

Sascha

4. Professionelles Handeln

4.1 Einleitende Überlegungen

Vertretene Kinder sind meist besonders vulnerabel. Entsprechend wichtig ist es, dass die Kindesvertretung nicht nur über die in Kapitel 3.4 (Die Kindesvertretung: Person, Rolle, Aufgaben) beschriebenen Kompetenzen und Erfahrungen verfügt und sich ihrer Rolle sowie ihren Aufgaben bewusst ist. Sie muss darüber hinaus in der konkreten Fallarbeit, im konkreten Vorgehen fachlich hohen Maßstäben genügen. Nach unserer Erfahrung ist es hilfreich, die nachfolgend beschriebenen Fachkenntnisse dafür einzusetzen und erprobte Vorgehensweisen anzuwenden.

4.2 Standards von Kinderanwaltschaft Schweiz

Die Mitglieder des Vereins Kinderanwaltschaft Schweiz verpflichten sich zur Einhaltung von Standards.[1] Diese äußern sich zu den erforderlichen Kompetenzen der Kindesvertretung, zur Auftragsklärung, zur Feststellung der Kindesinteressen, zum Umgang mit dem Kind, zum Umgang mit Dritten und zur Qualitätssicherung. Die in diesem Kapitel vorgestellten Instrumente stehen dazu nicht im Widerspruch, sondern führen diese Überlegungen weiter und stellen sie ausführlich dar.

1 Standards von Kinderanwaltschaft Schweiz, KINDERANWALTSCHAFT SCHWEIZ (2021).

4.3 Klärungen vor Fallannahme

Bevor die Kindesvertretung ein Mandat annimmt oder sich bereit erklärt, von einem Gericht/einer Behörde eingesetzt zu werden, prüft sie, ob sie unabhängig, geeignet und verfügbar ist.[2]

Unabhängigkeit: Diese unterteilt sich in eine äußere oder organisatorische und eine »innere« Unabhängigkeit. So ist im Vorfeld aktiv – soweit möglich – zu klären, ob bezüglich involvierter Personen, Familiensysteme oder Institutionen Verbindungen bzw. Beziehungen, Kenntnisse oder eine Vorbefassung bestehen, welche die unabhängige Ausübung der Vertretung beeinträchtigen oder verunmöglichen können. So sollte man die anfragende Person immer nach dem Namen des Kindes oder der Kinder und der Eltern fragen, um allfällige Interessenkonflikte ausschließen zu können. Außerdem ist die Frage hilfreich, ob der Fall spezifische individualisierende Merkmale aufweise.[3] Wir empfehlen, bei der Beantwortung dieser Frage einen strengen Maßstab anzulegen, weil auch der sogenannte *Anschein* fehlender Unabhängigkeit die Mandatsführung entscheidend beinträchtigen kann. Es kommt also gar nicht primär darauf an, ob man sich selber als unabhängig einschätzt, sondern ob man von den involvierten Personen als unabhängig betrachtet wird. Es können auch öffentlich zugängliche Informationen über die Kindesvertretung relevant sein.[4] Sodann ist auch die innere Unabhängigkeit zu prüfen. Wenn man an sich selbst innere Widerstände (oder in starkem Ausmaß gegenteilige Emotionen) feststellt, die mit Vorerfahrungen, starken eigenen Gefühlen oder

---

2 Standards Kinderanwaltschaft Schweiz, www.kinderanwaltschaft.ch, Ziff. 2.1 Voraussetzungen für die Fallübernahme (Anhang 8.1).

3 Beispiel: Eine Kindesvertreterin erhält von einer anfragenden Kindesschutzbehörde auf diese Frage die Antwort, der Großvater väterlicherseits sei eine öffentlich bekannte Person und agiere im Fall der betroffenen Enkelin stark mit, worauf der Kindesvertreterin klar wird, dass sie mit diesem Großvater vor Jahren während längerer Zeit sehr eng und gut zusammengearbeitet hat und sie in der Folge das Mandat wegen fehlender innerer und äußerer Unabhängigkeit nicht übernimmt.

4 Z.B. auf dem Netz einsehbare pointierte Statements eines Kindesvertreters über die eigene Haltung zu Fragen, welche im konkreten Fall stark umstritten sind (z.B. alternierende Obhut) oder: Öffentlich bekanntes früheres Mandat eines Kindesvertreters, dessen innere Unabhängigkeit deshalb von einer involvierten Partei angezweifelt werden könnte.

Haltungen zu tun haben können, sind diese ernst zu nehmen und die Fallannahme ist kritisch zu hinterfragen. Auch ist danach zu fragen, ob es Hinweise darauf gibt, dass die Kindesvertretung in einer Weise oder einem Ausmaß instrumentalisiert werden soll/kann, sodass sie sich dem nicht entziehen kann, was sich zum Nachteil der Fallführung und des Kindes auswirkt.

Schließlich kann auch die Finanzierungsart des Mandats einen Einfluss auf die Unabhängigkeit des Kindesvertreters haben, worauf weiter unten eingegangen wird.

Fallspezifische und kindbezogene Eignung: Sodann soll die Kindesvertretung ihre Eignung kritisch hinterfragen, und zwar immer mit dem klaren Fokus, dass man die beste Kindesvertretung für ein Kind sucht, nicht den besten Fall für die Kindesvertretung.

Stellt das Kind oder der Fall allenfalls besondere Anforderungen? Ist die rechtliche, psychologische, soziale, kulturelle Thematik oder Grundkonstellation, welche mit dem Fall verbunden ist, der Kindesvertretung ausreichend vertraut? Es ist zu bedenken, dass bereits die Wahl der Person, welche die Kindesvertretung führt, einen entscheidenden Einfluss auf den Verlauf und die Dynamik des Verfahrens haben kann, weshalb wir empfehlen, sich bei einer Anfrage als Kindesvertretung auch aus der Perspektive des betroffenen Kindes und seines Umfelds zu fragen, ob man selber grundsätzlich die richtige Person ist. Diese Frage kann durchaus auch mit der anfragenden Behörde oder dem Gericht bei einem ersten Kontakt erörtert werden. Es lohnt sich nach unserer Erfahrung auch, nach den Erwartungen des Gerichts/der Behörde im konkreten Fall zu fragen. Die beschriebene Sorgfalt vor der Fallannahme mag praxisunerfahrenen Leser*innen übertrieben erscheinen, sie ist aber erfahrungsgemäß deshalb besonders wichtig, weil Kindesvertretung in der Praxis aufgrund der offenen, ja rudimentären gesetzlichen Regelung sehr unterschiedlich und »persönlich« wahrgenommen wird und diese – u.E. begrüßenswerte und sinnvolle Diversität – in einem einer kindergerechten Justiz verpflichteten Staat primär zugunsten des konkreten Kindes und nicht zugunsten der konkreten Kindesvertretung genutzt werden sollte. Wenn möglich soll das betroffene Kind die für die Kindesvertretung vorgesehene Person vor der Einsetzung kennen lernen, damit es sich auch noch zu ihr äußern kann.

Verfügbarkeit: Es ist notwendig, den aus dem angebotenen Mandat voraussichtlich entstehenden Zeitaufwand und die Dringlichkeit einzelner Handlungen abzuschätzen und mit der eigenen zeitlichen Verfügbarkeit kritisch abzugleichen (effektive und gefühlte Arbeitsauslastung, Ferien- und Weiterbildungspläne etc.). Behördliche und gerichtliche Verfahren haben im Allgemeinen die Tendenz, verzögert abzulaufen. Es ist ein großer Vorteil einer effektiven bzw. als effektiv wahrgenommen Kindesvertretung, wenn der/die Kindesvertreter*in selber nicht auch zum Verzögerungsfaktor wird.

Finanzierung: Die Regelung der Honorierung der Rechtsvertretung von Kindern darf in keinem Fall deren Unabhängigkeit beeinträchtigen. Rechtsvertreter*innen nehmen überdies nie Honorare direkt von Kindern und Jugendlichen entgegen. In der Regel wird die Kindesvertretung direkt vom Gericht resp. der Behörde angefragt und eingesetzt, womit auch die Honorierung geklärt ist. In familiengerichtlichen und Kindesschutzverfahren ist eine Finanzierung direkt über Personen aus dem Umfeld des Kindes immer ausgeschlossen.

Checkliste Klärungen vor Fallannahme: Fragen an die anfragende Person

1. Wie lauten die Namen des Kindes und der Eltern?
2. Wo befinden sich die Wohnorte der involvierten Personen?
3. Welche Sprachen sprechen die Involvierten (wie gut)?
4. Welches sind die Hauptkonfliktpunkte zwischen den Parteien?
5. Welche spezifischen Merkmale der Fallkonstellation oder der involvierten Personen gibt es?
6. Welches spezifische Fachwissen verlangen diese Merkmale allenfalls?
7. Wie dringlich schätzt die anfragende Person die Übernahme des Mandats ein und weshalb?
8. Wie hoch könnte der kurz- und mittelfristige Arbeitsaufwand sein?
9. Wurde das betroffene Kind bereits nach Wünschen/Abneigungen bezüglich der Vertretungsperson befragt und mit welchem Resultat?
10. War das Kind schon einmal vertreten?
11. Wie stehen die Eltern oder andere involvierte Personen zur Kindesvertretung?
12. Wer hat die Kindesvertretung angeregt?

4.4 Fallführung

4.4.1 Fallverständnis erarbeiten

Bevor die Kindesvertretung informell (hier gemeint: außerbehördlich/außergerichtlich) auf eine Einigung, eine Vergleichslösung hinarbeitet oder formell (durch Beteiligung am förmlichen Verfahren) tätig wird, muss sie den Fall verstehen. Im Zentrum stehen dabei die Vorstellungen und Bedürfnisse des Kindes; gleichzeitig ist es notwendig, auch sein soziales Umfeld und überhaupt seine Lebensumstände zu erfassen. Was prägt den Alltag des Kindes, wo ist es aufgehoben, wo besteht Bedarf nach zusätzlichen Anstrengungen, um ihm gerecht zu werden? Was beschäftigt das Kind, was möchte es und was nicht, wovor fürchtet es sich allenfalls? Welche Bezugspersonen sind wichtig, wie steht es um die Beziehungen der Involvierten untereinander und um ihre Ressourcen? Wie sieht es mit der gesundheitlichen und schulischen Situation aus, besteht allenfalls besonderer Förderbedarf? Nebst dem Aktenstudium und dem Gespräch mit dem Kind und oft den Eltern sind in der Regel auch Gespräche mit Beistandspersonen und involvierten Institutionen wichtige Informationsquellen, gerade was aktuelle und deshalb noch nicht verschriftlichte Entwicklungen angeht.

Die Kindesvertretung muss nicht nur in Erfahrung bringen, wie das Kind seine Situation einschätzt und was es will, sondern auch, was sich vertreten lässt und wie es um die Erfolgsaussichten steht (siehe 3.2.3 Der Kindeswille). Durch einlässliche Auseinandersetzung mit dem Kind und seinen Anliegen einerseits und den bereits bestehenden oder neu zu schaffenden Optionen andrerseits kann die Kindesvertretung entscheiden, welche Lösungsvarianten sie wie angehen will.

Eine permanente Aufgabe bleibt es, mit dem Kind im Kontakt zu sein, es über den Gang des Verfahrens zu informieren, ihm als Ansprechperson für Fragen oder Nöte zur Verfügung zu stehen.

4.4.2 Möglichkeiten informeller Interventionen

Die Kindesvertretung weiß nun, wie sie in einem ersten Schritt vorzugehen gedenkt: Entweder strebt sie kompromisslos die Lösung an, welche dem Kind vorschwebt (z.B. sofortige Aufhebung der Fremdplatzierung und Rückkehr zu einem Elternteil, [sofortige] Sistierung des Besuchsrechts etc.) oder sie versucht, mit diplomatischem Geschick eine Vergleichslösung zu initiieren. So kann sie auch in förmlichen Verfahren Änderungen des Prozederes oder Vergleichsgespräche anregen.[5]

Gewiss kommt es vor, dass für die zu treffende Entscheidung nur ein Entweder-oder in Frage kommt: Das Kind zieht mit einem Elternteil ins Ausland oder eben nicht, eine Fremdplatzierung wird aufgehoben oder nicht, das Kind wird unter die Obhut der Mutter oder des Vaters gestellt. Sehr häufig dreht sich die Auseinandersetzung aber um Schattierungen: Welche behördlichen Maßnahmen sind erforderlich, um das Kindeswohl sicherzustellen – eine sozialpädagogische Familienbegleitung, die Begleitung von Besuchstagen? In welchem Umfang, in welchen Schritten sollen die Besuchszeiten ausgedehnt oder eingeschränkt werden? Wie soll eine alternierende Obhut umgesetzt werden – mit längeren Blöcken beim gleichen Elternteil, mit fix vereinbarten Betreuungszeiten oder mit mehr Spielraum bei der Umsetzung? Meist geht es um Differenzierungen, nicht um Schwarz oder Weiss. Wenn das Kind eine dezidierte Meinung hat und an dieser auch nach Abwägung aller Modalitäten festhält – z.B. ein 15-jähriger Jugendlicher, der seinen Vater unter keinen Umständen treffen will –, ist es nach unserer Auffassung die Aufgabe der Kindesvertretung, diese Sichtweise des Kindes den anderen Prozessbeteiligten verständlich zu machen. Oft aber besteht erheblicher Spielraum für (kreative) Lösungen, welche auch Entwicklungen zulassen. Die Kindesvertretung kann dann ihre Rolle dazu nutzen, im Gespräch, mit Vorschlägen und Vermittlungsversuchen in Erfahrung zu bringen, inwieweit sich die Eltern oder auch die Behörden für eine Lösung im oben erwähnten Sinn gewinnen lassen. Informelle Einigungsversuche führen meist rascher zum Ziel und bewirken, wenn sie erfolgreich sind, auch weniger Verletzungen. Möchte das Kind beispielsweise bei seiner Großmutter wohnen, obwohl beide Eltern ausreichend in der Lage sind, sich um das Kind zu kümmern, und wenn zudem beide Eltern eine Platzierung bei der Großmutter klar ablehnen, ist es wohl erfolgversprechender, nach einer Möglichkeit zu suchen, dem Kind einvernehmlich mehr Aufenthaltszeit bei der Großmutter zu verschaffen; ein Antrag an die KESB auf Unterbringung des Kindes bei der Großmutter dürfte aussichtslos sein und dem Kind im Ergebnis keine Verbesserung bringen.

---

5 Es kann sich u.U. aufdrängen, Vergleichsgespräch vor Abnahme der ersten Parteivorträge zu führen, um nicht unnötig Positionen zu zementieren. Allgemein lässt die gesetzlich nur rudimentär vorgeschriebene Aufgabe der Kindesvertretung einen relativ großen Spielraum.

4.4.3 Interventionen im formellen Verfahren

Im Kindesschutz und im übrigen Familienrecht werden Kindesvertretungen meist in bereits laufende Verfahren eingesetzt. Nur in Ausnahmefällen initiiert die Kindesvertretung selber ein Verfahren (z.B. Antrag auf Umplatzierung, Vaterschafts- und Unterhaltsverfahren). Der Ablauf von Verfahren ist sehr unterschiedlich, abhängig vom Kanton, Verfahrenstyp, Gestaltungsfreiräumen von Richter*innen/Behördenmitgliedern etc. Im Folgenden werden einige oft vorkommende Verfahrensschritte erläutert, in welchen die Kindesvertretung aktiv werden muss.

Einleitung

Leitet die Kindesvertretung ein Verfahren ein, muss sie sich Gedanken zur örtlichen Zuständigkeit machen und sich, falls es mehrere Vorgehensmöglichkeiten gibt, für eine entscheiden (z.B. nur Kontaktfragen oder auch Unterhalt), was wiederum Auswirkungen auf die sachliche Zuständigkeit (Gericht oder Behörde) haben kann. Im Verfahren vor Gericht muss mindestens eine andere Partei bezeichnet werden (in der Regel ein oder beide Elternteile), im Kindesschutzverfahren kann es ausreichen, im Namen des Kindes Anträge zu stellen.

Stellungnahmen

Besteht die Rechtsschrift der Kindesvertretung in einer Reaktion auf die Eingabe einer anderen Partei, liegt die Aufgabe darin, zu erklären, mit welchen Anträgen und Ausführungen man einverstanden ist und mit welchen nicht. Die Frist, innert welcher die Stellungnahme einzureichen ist, muss eingehalten werden; wenn dies nicht möglich ist, ist eine Fristerstreckung zu verlangen.

Ist die Kindesvertretung mit keinem Antrag einverstanden, beantragt sie die Abweisung *(das Gesuch, die Klage, der Antrag auf Umteilung der Obhut, der Antrag auf Rückplatzierung etc. sei abzuweisen)*. Ist die Kindesvertretung mit einem Teil der Anträge einverstanden, kann sie diese wiederholen oder sich den entsprechenden Anträgen anschließen. Will man im Namen des vertretenen Kindes etwas anderes – zum Beispiel keine alternierende Obhut, aber ein ausgedehnteres Kontaktrecht –, ist der Antrag entsprechend zu formulieren, z.B. *A. sei unter der Obhut der Mutter/des Vaters zu belassen; Der Kontakt zwischen A. und B. sei wie folgt auszudehnen: (...)*.

Im Unterschied zur Rechtsschrift, welche die Kindesvertretung als erste Partei verfasst, ist es in Stellungnahmen wichtig, sich auf die Schilderungen der ursprünglichen Eingabe zu beziehen. Im Sinne von: a) *trifft zu, b) war anders, nämlich..., c) hat gar nicht stattgefunden..., d) dazu wird keine Stellung genommen, weil diese keinen Beitrag zur Lösung leisten, sondern nur den Konflikt weiter schüren; sie werden überdies in der geschilderten Form bestritten.*

Die Rechtsschrift

Die Rechtsschrift beginnt mit dem Ingress, in welchem die Beteiligten und der Inhalt genannt werden: angerufene Instanz (inkl. Adresse), Gegenstand des Verfahrens und Bezeichnung der Eingabe (z.B. Gesuch um vorsorgliche Regelung des Besuchsrechts), die Parteien und ihre Vertretungen (inkl. Adressen). Sie umfasst anschließend drei Teile: die Rechtsbegehren, die Anspruchsgrundlage und die Begründung.

Rechtsbegehren

Die Rechtsbegehren sind möglichst bestimmt und präzise zu formulieren[6]; sie sollen im Idealfall zum Urteil werden können.

Beispiele im Familienrecht

- Die Obhut über A. sei ab ... dem Vater zuzuteilen; auf eine Regelung des Kontaktes zwischen A. und seiner Mutter sei angesichts des Alters von A. zu verzichten.
- Das Kindsverhältnis zwischen C. und F. sei rückwirkend auf den Zeitpunkt der Geburt festzustellen. F. sei zur Leistung von Unterhaltsbeiträgen wie folgt zu verpflichten: ab ... bis ... CHF ..., davon Barunterhalt CHF ..., anschließend ...

Beispiele im Kindesschutz

- Das Aufenthaltsbestimmungsrecht über Z. solle der Mutter weiterhin entzogen bleiben und die Unterbringung von Z. in der Pflegefamilie Y. sei fortzuführen. Die Kontakte zur Mutter seien auf ein Wochenende alle zwei Monate zu reduzieren.
- Die Kontaktregelung zwischen C. und ihrem Vater sei umgehend aufzuheben. Dem Vater sei zu verbieten, schriftlich, telefonisch oder persönlich Kontakt zu C. aufzunehmen oder sich C. auf weniger als 50m zu nähern.

---

6 Üblicherweise wird dabei der Konjunktiv verwendet, weil der Antrag einen Wunsch ausdrückt.

- Der Entzug des Aufenthaltsbestimmungsrechts sei aufzuheben und die Obhut über S. der Mutter zuzuteilen.

Im Zivilverfahren gilt grundsätzlich die Dispositionsmaxime; das bedeutet, dass das Gericht an die Anträge der Parteien gebunden ist und nicht mehr oder etwas anderes zusprechen darf, als beantragt wurde. Wenn aber die Interessen von Kindern betroffen sind, gilt als Prozessmaxime der Offizialgrundsatz. Das Gericht ist diesem Fall nicht an die Parteianträge gebunden und ist frei, selber zu entscheiden, welche Maßnahmen und Entscheidungen es im Interesse des Kindes für richtig hält. Dieser Grundsatz entlastet die Kindesvertretung; sollte sich im Laufe des Verfahrens die Situation des Kindes verändern oder ergeben sich zusätzliche Fragen, können diese Anliegen in aller Regel auch noch berücksichtigt werden.

Anspruchsgrundlage

Die Kindesschutzmaßnahmen sind in den Art. 307ff. ZGB geregelt, die Grundlagen für die Regelungen in Trennung, Scheidung oder Unterhalt ebenfalls im ZGB. Die Grundlagen für Ansprüche in anderen Verfahren (Opferrechte oder Rechte als Beschuldigte, Rechte bei Kindesentführung, Aufenthaltsfragen etc.) finden sich in den entsprechenden Gesetzen. Kaum je sind lange Ausführungen zur gesetzlichen Regelung notwendig, weil die entscheidende Frage selten darin liegt, ob das Gesetz einen Anspruch gewährt oder nicht, sondern eher, wie das Gericht oder die Behörde ihr Ermessen ausüben soll, um zu einer Lösung zu kommen. Aber die Kindesvertretung muss doch sicher sein, dass das, was sie beantragt, rechtlich überhaupt möglich ist.

Begründung und Beweisanträge

Die Kindesvertretung muss dem Gericht bzw. der Behörde plausibel darlegen, weshalb sie ihre Anträge stellt. Nebst der Schilderung der Ausgangslage und der wichtigen aktuellen Faktoren interessiert stets, warum die gestellten Anträge im Interesse des Kindes liegen und was die Erforschung des Kindeswillens ergeben hat. Der Sachverhalt soll klar, so kurz wie möglich und so ausführlich wie nötig, ohne Wiederholungen und unter Angabe der Beweismittel (z.B. Berichte von Therapeut*innen, Arztzeugnisse etc.) dargestellt werden. Oft hat die Kindesvertretung eine vermittelnde Funktion; stark polarisierende Ausführungen sollten deshalb unterbleiben, wenn sich das Nötige auch mit weniger scharfen Worten klar genug sagen lässt. Gelegentlich ist die Darstellung von spezifischem Fachwissen erforderlich, etwa, wenn ein Kind an einer seltenen Krankheit leidet und sich dadurch besondere Anforderungen an die Betreuung (medizinisch, therapeutisch, zeitlich) ergeben. Ist der Sachverhalt noch nicht ausreichend geklärt, kann beantragt werden, dass weitere Beweismittel von der entscheidenden Instanz eingeholt werden (z.B. Polizeirapporte, Gutachten etc.). Aufgrund des Untersuchungsgrundsatzes erforscht das Gericht den Sachverhalt von Amtes wegen, wenn Kinderbelange betroffen sind; das Gericht kann also von sich aus Informationen einholen, Berichte in Auftrag geben und Weiteres mehr, bis die Grundlagen für einen Entscheid vorhanden sind.

Parteivorträge

Anlässlich von mündlichen Verhandlungen kann je nach Verfahrensart ein oder zwei Mal das Wort ergriffen werden. Im ersten Vortrag werden die gestellten Rechtsbegehren bestätigt; anschließend ist darzulegen, was sich seit der Einreichung der schriftlichen Ausführungen verändert bzw. entwickelt hat und womit sich dies belegen lässt. An dieser Stelle können letztmals neue Belege eingereicht oder Beweismaßnahmen beantragt werden (Einholen von Berichten etc.).

Nach Abschluss des Beweisverfahrens (alle Parteien wurden soweit nötig befragt, die Kinder soweit nötig angehört, alle Berichte verlangt etc.) können die Parteien und die Kindesvertretung im Schlussvortrag zum Beweisergebnis Stellung nehmen. An dieser Stelle werden erneut die Rechtsbegehren bestätigt oder allenfalls präzisiert (z.B., weil erst im Beweisverfahren die genauen Zahlen für die Unterhaltsberechnung ermittelt werden konnten). Es folgt eine Würdigung, weshalb die Beweise (Aussagen, Unterlagen etc.) einen bestimmten Sachverhalt bestätigen (»wie aus den Berichten der Beiständin, den Äußerungen von Kind A. und dem Schreiben des Schulleiters hervorgeht, hat sich die Situation von A. zuhause stabilisiert; die Mutter ist wieder in der Lage, die Betreuung von A. sicherzustellen und A. wünscht sich, bei der Mutter zu bleiben«).

4.4.4 Abschluss des Verfahrens

Wenn das Gericht bzw. die Behörde einen Entscheid gefällt hat, erklärt die Kindesvertretung diesen dem vertretenen Kind. Ist es mit dem Ergebnis nicht einverstanden, ist gemeinsam zu klären, ob ein Rechtsmittel ergriffen werden soll oder ob andere Schritte möglich sind, um das Ergebnis im Sinne des Kindes umzusetzen.

Kindesvertretungen sollen nicht nur sorgfältig begonnen, sondern auch bewusst und persönlich abgeschlossen werden. Dazu gehört, dass die Kindesvertretung dem Kind ein Abschlussgespräch anbietet, in dem es sich auch dazu äußern kann, wie es das Verfahren und die Vertretung erlebt hat.

Ausnahmsweise ist ein Fall vorzeitig abzuschließen: Ereignen sich im Verlauf des Verfahrens Vorfälle oder ergeben sich Erkenntnisse, welche die Vertretung veranlassen (müssen), die Entlassung aus dem Vertretungsverhältnis zu beantragen? Grund dafür könnte etwa eine bislang unentdeckte persönliche Verknüpfung sein, welche die Unabhängigkeit gefährdet.

4.5 Kommunikation mit Kindern

4.5.1 Voraussetzungen zur direkten Partizipation

Die Kindesvertretung hat die Aufgabe, sich mit dem Kind, seinen Bedürfnissen und seinem Willen auseinanderzusetzen. Dies soll insbesondere im direkten Kontakt erfolgen. Gewisse Teilaufgaben der Kindesvertretung können mit Kindern jeden Alters erfüllt werden. Es ist notwendig, einzuschätzen, wie weit ein Kind kognitiv, emotional und sozial bereits entwickelt ist, sodass eine für den Kontakt passende sprachliche Ebene und auch eine passende Form für die inhaltliche Auseinandersetzung angestrebt werden können. Bei Kindern mit Behinderungen empfiehlt es sich, bereits im Voraus ein besonderes Augenmerk darauf zu legen.

Die Sorge, man könnte ein Kind mit schwierigen Inhalten überfordern, muss die Arbeit nicht überschatten, auch wenn selbstverständlich immer ein behutsames Vorgehen angebracht ist. Für Kinder ist es wie für alle Menschen wichtig, Wahrheiten zu erfahren und zu merken, dass die wirklich entscheidenden Themen ihres Lebens auch mit ihnen besprochen werden.[7] Kinder zeigen in der Regel in ihren Reaktionen, wann sie von einem Inhalt überfordert werden. Spezielle Behutsamkeit ist bei traumatisierten Kindern angebracht. Zwar profitieren auch sie vom offenen Gespräch, jedoch können sie psychisch überfordert werden, wenn die besprochenen Inhalte ihr Trauma berühren. Es ist ratsam, hierfür eine Fachperson beizuziehen, beispielsweise den Psychotherapeuten oder die Psychotherapeutin des Kindes. Dies gilt ebenfalls für

7 Dolto (1996, dt. Übers.), S. 124ff.

Kinder mit anderen psychiatrischen Diagnosen, speziellen Bedürfnissen oder Behinderungen.

Bei heiklen Themen, die vielleicht gar zu einem »Familiengeheimnis« geworden sind, ist es nötig, mit den Eltern zu klären, wann und wie das Ansprechen beim Kind passend sein könnte. Umgekehrt ist bei jedem Gespräch mit einem Kind zu klären, inwiefern die Inhalte zu seinen Eltern und anderen Personen gelangen dürfen.

Folgende Aufgaben erfüllt die Kindesvertretung im direkten Kontakt mit dem Kind:

Tabelle 3: Aufgaben der Kindesvertretung im direkten Kontakt mit dem Kind

Aufgabe der Kindesvertretung	Alter des Kindes
Das Kind kennen lernen – ein konkretes Bild vom Kind, seiner Persönlichkeit und seiner Lebenssituation gewinnen – Einschätzen von Befindlichkeit, konkreten Bedürfnissen, entwicklungsabhängigen Möglichkeiten zur Partizipation und allfälligem Schutzbedarf – Beziehung herstellen	**ab Geburt**
Informationen und Erklärungen abgeben zur fraglichen Situation, zu den Aufgaben der Kindesvertretung und zum Verfahren	**ab Geburt** Je jünger bzw. kognitiv weniger entwickelt ein Kind ist, desto mehr sind die Erklärungen im Hier und Jetzt zu verorten; je älter bzw. kognitiv entwickelter ein Kind ist, desto komplexer können die Sachverhalte erklärt werden.
Hilfestellungen für die Willensbildung zu regelnde Situationen diskutieren, Klärungshilfen anbieten	**ab ca. 4. Lebensjahr** Je älter bzw. kognitiv entwickelter ein Kind ist, desto umfassender kann die Verständigung für die Willensbildung erfolgen.

Erfassen des Kindeswillens – Nonverbale, psychosomatische Willenstendenzen und Verhaltensäußerungen (Affinitäten und Ablehnungen) – Verbale Willensäußerungen – Erfassen, wozu das Kind sich nicht äußern kann/will	**ab Geburt** **ab ca. 4. Lebensjahr**
Planung der nächsten Schritte der Kindesvertretung über nächste Schritte informieren bzw. Wünsche des Kindes aufnehmen, diskutieren	je nach vorangegangener Besprechung

4.5.2 Allgemeines zur Gesprächsführung

Im Verlauf der Kindheit vollzieht sich eine rasante Entwicklung und selbstverständlich gestaltet sich ein Gespräch mit einem jungen Kind anders als mit einem älteren. Es ist für eine gute Gesprächsführung jedoch weniger zentral, ob eine Person viel Erfahrung mit Kindern hat und deren Entwicklungsstand gut einschätzen kann, als vielmehr, dass sie das Kind als ernst zu nehmende Persönlichkeit anerkennt, so jung oder so eigen es auch sein mag. Sowohl ein Säugling, der etwa mit Weinen auf sich aufmerksam macht, als auch ein Jugendlicher, der vielleicht in einem wütenden Monolog seine Haltung vertritt, teilt damit etwas von sich, seinen Wünschen und seiner Befindlichkeit mit.

Auch wenn dies vielleicht gerade für die Kindesvertretung etwas paradox anmutet: Kinder haben keine Pflicht, bei rechtlichen Verfahren zu kooperieren, auch nicht im Kontakt mit der Kindesvertretung. Die erwachsenen Entscheidungsträger müssen passende Lösungen im Sinne des Kindeswohls finden, auch wenn ein Kind nicht mitmacht. Die Kindesvertretung kann das Kind auch bei Verweigerung vertreten und z.B. diese Verweigerung darlegen.

Deshalb kann mit Kindern im direkten Kontakt ganz ohne Falldruck gearbeitet werden. Vielleicht hat das Kind klare Vorstellungen und Wünsche, vielleicht mag es sie mit der Kindesvertretung diskutieren und schärfen, vielleicht mag es sich aber auch nicht einlassen und sich möglicherweise keine Gedanken zum laufenden Verfahrensgegenstand machen. Wie auch immer, die Kindesvertretung hat im direkten Kontakt mit dem Kind lediglich die Aufgabe, ihr

»Angebot« und ihre Fragen möglichst gut an das Kind heranzutragen bzw. das Kind möglichst gut zu erfassen und zu verstehen.

Die von Carl Rogers formulierten Grundsätze für die professionelle Gesprächsführung sind auch für Kinder gültig:

I. Empathie: Einfühlendes Verstehen, nicht bewertend, echtes Verständnis
II. Akzeptanz: bedingungslose, positive Zuwendung
III. Kongruenz: Echtheit, Unverfälschtheit, Transparenz im eigenen Handeln[8]

4.5.3 Phasen eines professionellen Gesprächs

Das professionelle Gespräch mit Kindern kann in eine Einstiegsphase, eine Gesprächs-/Kontaktphase und eine Abschlussphase eingeteilt werden. Folgende Grafik zeigt stichwortartig die Bestandteile der einzelnen Phasen:

8 Rogers (1983).

Abbildung 6: Phasen eines professionellen Gesprächs

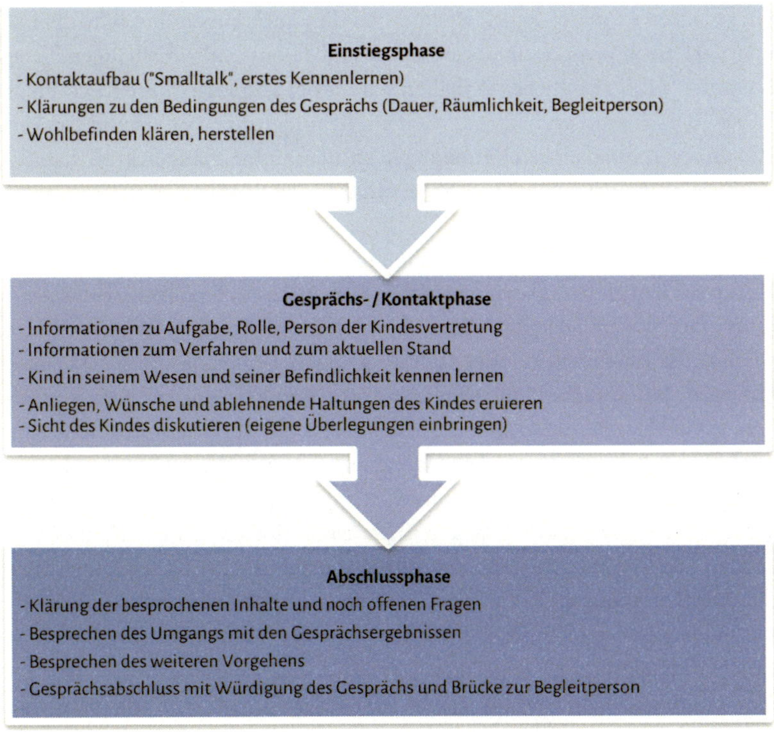

4.5.4 Gesprächsführung und Alter des Kindes

Bei der Gesprächsführung mit jüngeren Kindern ist zu beachten, dass die zu besprechenden Inhalte möglichst konkret formuliert werden. Das Sprechtempo soll langsam sein, Sätze sollen kurz gehalten, Fremdwörter und schwierige Formulierungen können zwar verwendet, müssen aber gleichzeitig auch umschrieben werden. Erklärungen sollten möglichst am Erfahrungshintergrund des Kindes anknüpfen, so kann das Kind sie am ehesten verstehen. Junge Kinder schätzen eine freundliche, spielerische Atmosphäre.

Je älter ein Kind wird, desto eher kann die Gesprächsführung sich derjenigen mit erwachsenen Personen annähern. Kinder und Jugendliche erwarten nun auch zunehmend, als gleichwertige Gesprächspartner anerkannt zu werden. Keinesfalls möchten sie als jünger behandelt werden, als sie es nach ihrem Entwicklungsstand sind. Jugendliche haben ein Denkvermögen, das ihnen erlaubt, sich auch mit komplizierten Sachverhalten auseinanderzusetzen. Sie schätzen es in der Regel, wenn ihnen dies auch zugemutet wird. Bei all dem darf nie in Vergessenheit geraten, dass alle Kinder, also auch Jugendliche, Anspruch auf fürsorgliches Verhalten seitens der gesprächsführenden Person haben. Bei Kindern und Jugendlichen mit Behinderungen ist sehr oft das Verständnis von sprachlichen Mitteilungen und Zusammenhängen größer als die Ausdrucksmöglichkeiten. Dies gilt es sorgsam abzuklären.

Nonverbale Kommunikation und Signale

Neben sprachlichen Äußerungen zeigen Menschen auch nonverbal etwas von ihrer inneren Wirklichkeit. Man könnte sagen, es gebe auch im Schweigen kein »Sich-nicht-Ausdrücken«, oder nach Watzlawick: *»Man kann nicht nicht kommunizieren«*[9]. Mit Sprache kann lediglich ausgedrückt werden, was bereits verarbeitet und verstanden worden ist. Außerdem kann Sprache nur so weit zum Tragen kommen, als sie tatsächlich beherrscht wird. Speziell junge Kinder, Kinder, die eine andere Sprache sprechen, oder auch Kinder mit Behinderungen oder psychischen Problemen (z.B. Mutismus) haben bisweilen keine Möglichkeit, sich verbal genügend auszudrücken. Selbstverständlich haben auch diese Kinder Anliegen, Bedürfnisse und Wünsche beziehungsweise gibt es Situationen, die sie nicht ertragen können. Über ihre nonverbalen Signale teilen sie uns dies alles mit.

Bei der Kindesvertretung gilt es deshalb, sich auch mit der para- und nonverbalen Kommunikation auseinanderzusetzen. Grundsätzlich können wir darauf vertrauen, dass alle Menschen gute Fähigkeiten darin besitzen, nonverbale Äußerungen aufzunehmen und zu verstehen. Unsere Beziehungen bauen auf einer umfassenden Kommunikation miteinander auf und wir wären verloren, wenn wir uns alleine auf den verbalen Ausdruck beziehen müssten. Vielmehr als sich diesbezüglich eine Fähigkeit anzueignen, gilt es, sich bewusst zu machen, wie para- und nonverbale Kommunikation funktioniert.

Beobachtet werden können para- und nonverbale Äußerungen in:

- Lautstärke, Sprechtempo, Tonhöhe (sog. parasprachliche Marker von Emotion)
- Mimik (z.B. starrer, wütender oder fröhlicher Gesichtsausdruck)

---

9 Watzlawick (2011).

- Gestik (z.B. sich ab- oder hinwenden, unruhige Bewegungen)
- Gefühlsausdruck (z.B. weinen, lachen)
- Verhalten (z.B. wegrennen, sich anschmiegen)
- psychosomatische Signale (z.B. Kopfschmerzen, Ess- und Verdauungsprobleme, Schlafschwierigkeiten, Krankheitsneigung)

Kinder zeigen mit ihrem Wohlbefinden und ihrem guten Gedeihen, dass eine Situation für sie gut ist. Auch wenn Wohlbefinden und gutes Gedeihen grundsätzlich etwas sehr Persönliches sind und sich je nach Charakter, Entwicklungsstufe und Situation bei Kindern unterschiedlich zeigen, gibt es doch auch allgemeine Anhaltspunkte: körperliches Wohlbefinden, eine grundsätzliche Freude am Zusammensein, der Altersstufe entsprechende Fähigkeiten des Kindes, die Neugierde, Dinge zu lernen und zu entdecken, einen Willen zur Autonomie, der sich durchaus auch in Abgrenzung und Durchsetzungskraft zeigt. Zusätzlich ist die Fähigkeit zu nennen, sich bei Aufregungen, Ärger und Konflikten wieder zu beruhigen oder beruhigen zu lassen.[10]

Bei Kindern, die sich verbal ausdrücken, können die nonverbalen Äußerungen das Gesagte untermalen oder in Inkongruenz dazu stehen. Bei Kindern, die keine Worte zur Verfügung haben, sind die nonverbalen Äußerungen das Einzige, das zur Verfügung steht.

Selbstverständlich lassen nonverbale Äußerungen und psychosomatische Reaktionen mehr Interpretationsspielraum offen als Worte. Deshalb kann diesbezügliches Verständnis nur mit Vorsicht hergestellt werden. Es braucht also eine gute Reflexion und eventuell auch Rücksprache mit entsprechend ausgebildeten Fachpersonen.

Eine spezielle Form der nonverbalen Kommunikation stellt das Sich-Ausdrücken mit nonverbalen Materialien dar, also etwa das Aufstellen von Figuren, das Zeichnen, Vorzeigen oder Vorspielen. Solche nonverbalen Ausdrucksweisen können verbale Möglichkeiten gut ergänzen oder sogar ersetzen und können auch in der Kindesvertretung angewendet werden. Vielfach besteht hier die Vorstellung, diese Ausdrucksformen des Kindes müssten unabhängig vom Kind interpretiert werden. Sie geht wohl zurück auf die in der Psychologie zu diagnostischen und therapeutischen Zwecken praktizierte Interpretation von nonverbalem Material. Die Arbeit der Kindesvertretung beinhaltet selbstverständlich keine solche Interpretationen. Vielmehr geht es darum, Be-

10 Blaser/Amstad (2016).

obachtungen und Hypothesen zum nonverbalen Material gemeinsam mit dem Kind zu erörtern.

Vignette:
Linus stellt seine Familie mit Figuren auf. Sich selbst stellt er eng neben seinen Vater. Die Mutter stellt er in einigem Abstand auf. Die Kindesvertreterin weist auf diese Beobachtung hin und fragt Linus, ob dies der Realität entspricht.

4.5.5 Wohlbefinden des Kindes und Setting

Die Kindesvertretung hat den Gesprächsrahmen zu verantworten. Das heißt: Sie muss sich vorgängig überlegen, welches Setting und welche (von der Kindesvertretung eingebrachten) Gesprächsinhalte passend sein könnten. Während des Gesprächs ist konstant darauf zu achten, dass das Kind sich körperlich wohlfühlt und dass die Gesprächssituation für es psychisch erträglich bleibt. Auf die Anliegen und Bedürfnisse des Kindes ist flexibel einzugehen und Grenzen sind klar und respektvoll aufzuzeigen. Wenn das Kind sich in einer Art und Weise verhält, mit der die Kindesvertretung keinen passenden Umgang findet, muss das Gespräch sorgsam beendet werden.

Drei Vignetten:
Der siebenjährige Frank wird von der Mutter als scheu beschrieben, deshalb besucht die Kindesvertretung ihn (bei der Mutter) zuhause. Indem Frank sein Zimmer zeigen darf, interessiert er sich langsam für die Person der Kindesvertretung und hört zu, worum es geht. Diese lässt sich für dieses Gespräch gerne auf das Spielangebot von Frank ein.

Die achtjährige Francine hat einen Drehbürostuhl im Büro der Kindesvertretung entdeckt. Die Kindesvertretung stört es nicht, wenn Francine sich daraufsetzt und sich um ihre eigene Achse dreht. Das Gespräch kann auch so gut weitergeführt werden. Ein nächstes Mal trifft die Kindesvertretung Francine allerdings bei einem Spaziergang, weil sie den Eindruck erhalten hat, dass es für das Kind schwierig war, seinen Bewegungsdrang bündeln zu müssen.

Der neunjährige Marco ärgert sich sehr über Entscheidungen, die getroffen werden sollen. Er schreit und schimpft, und als die Kindesvertretung ihn beruhigen möchte, will er aus dem Zimmer stürmen. Die Kindesvertretung bricht das Gespräch ab und benennt das auch, kann aber erreichen, dass Marco für den Abschluss im Zimmer bleibt und auf seinen Vater wartet. Und es kann auch noch besprochen werden, inwiefern Marco zukünftig partizipieren möchte.

Diese Beispiele weisen darauf hin, dass das Setting bei professionellen Gesprächen mit Kindern sehr unterschiedlich gestaltet werden kann. Welches Setting gewählt wird, hängt nicht nur von den Bedürfnissen und der Situation des Kindes ab, sondern ebenso von den Möglichkeiten der Kindesvertretung. Insbesondere soll das Setting auch dem Ziel des Gesprächs angepasst werden. Oft bietet es sich an, die Wahl des Settings mit dem vertretenen Kind zu besprechen und ihm damit auch auf der Ebene der Kontaktgestaltung Partizipation anzubieten.

Als Hilfestellung für die Kindesvertretung, bei welcher Aufgabe sich welches Setting eignet, hier einige Überlegungen zu Vor- und Nachteilen:

Tabelle 4: Setting für Gespräche mit Kindern

SETTING	Vorteile	Nachteile
Gespräch/Kontakt in den Räumen der Kindesvertretung	– Möglichkeit, in den eigenen Räumen zu arbeiten (Ausrüstung vorhanden, Kindesvertreter*in muss keinen Weg zurücklegen) – Der Gesprächsrahmen kann selbst verantwortet und gestaltet werden – Intimität und Verschwiegenheit gut herstellbar	– Kind (und Begleitung) muss Weg zurücklegen – evtl. zu »kühle« Büroatmosphäre und zu wenig vertraut – evtl. für das Kind zu wenig Möglichkeiten, sich im Spiel zu äußern

Hausbesuch	– Kind in eigener Umgebung kennen lernen – Kind muss keinen Weg zurücklegen – für das Kind vertraute Umgebung – spielerisches Zusammensein gut möglich	– Kindesvertretung ist Besucherin und kann den Rahmen nicht bestimmen – evtl. zu große räumliche Nähe zu den Schwierigkeiten, die besprochen werden sollen – kann als Eindringen in die Privatsphäre erlebt werden – evtl. zu wenig Möglichkeit für vertrauliche Gespräche
Gespräch/Kontakt im Außenraum (z.B. Café, Spaziergang)	– Bewegung und alltägliche Atmosphäre tun dem Gesprächsfluss oft gut – Kind kann den Rahmen mitbestimmen	– evtl. zu wenig Intimität – Ernsthaftigkeit der Angelegenheit wird evtl. nicht sichtbar – viele mögliche Störfaktoren (auftauchende Bekannte, Lärm, Unwetter etc.)
Gespräch in Räumen einer Institution des Kindes (Kinderheim, Schule etc.)	– Kind kann in dieser Umgebung kennen gelernt und beobachtet werden – pragmatische Lösung für ein Treffen – anstehende Gespräche mit zuständigen Fachpersonen können gleichzeitig vor Ort geführt werden	– Eindringen in einen für das Kind evtl. geschützten Raum – evtl. zu große räumliche Nähe zu Lebensschwierigkeiten des Kindes – Rahmenbedingungen für die Kindesvertretung oft nur teilweise steuerbar – Intimität manchmal nicht genügend herstellbar – evtl. gegenüber anderen anwesenden Kindern entstehender unerwünschter Erklärungsbedarf

Je nach Setting gestalten sich die Gespräche sehr unterschiedlich und es ist ratsam, die Passung des Settings für jedes Gespräch zu überdenken und dabei im Auge zu behalten, ob sich allenfalls negative Punkte störend auswirken könnten. Es bewährt sich manchmal, im Verlaufe einer Kindesvertretung verschiedene Gesprächssettings zu wählen, weil das Kind dann auch in mehreren

Lebensbereichen erlebt werden kann. Beispielsweise bietet sich dies auch an, wenn ein Kind bei getrennten Eltern lebt.

Bei Gesprächen im Büro ist es zumindest mit jüngeren Kindern ratsam, Malstifte, Papier und auch einige Spielfiguren bereit zu halten, welche zur Auflockerung oder auch als Hilfsmittel zur Kommunikation verwendet werden können.

4.5.6 Konkrete Tipps für die Gesprächsgestaltung

Es gibt einige konkrete Tipps, wie Gespräche sprachlich gestaltet werden können, damit auch Kinder, die (noch) nicht sehr viel Sprache verstehen, mitkommen. Je sprachgewandter und kognitiv entwickelter ein Kind ist, desto eher kann die Sprache derjenigen von Gesprächen mit Erwachsenen angeglichen werden.

- Einfache Sprache (kurze Sätze, nur ein Inhalt pro Satz, langsam sprechen, Pausen machen).
- Nach jeder Frage dem Kind Zeit für Antworten lassen und bei einem Thema bleiben.
- Offene Fragen ermöglichen eher ein Gespräch; allzu offene Fragen können Kinder manchmal jedoch überfordern; Fragen, die nur Ja- oder Nein-Antworten zulassen, verhindern ein flüssiges Gespräch.
- »Warum-Fragen« eignen sich schlecht, um die Meinung eines Kindes zu erfahren (zu komplex). Alle anderen W-Fragen (Wer, Wie, Was, Wann, Wo, Womit...?) zeigen mehr Erfolg.
- Hypothetische Fragen können ein Kind darin unterstützen, seine Wünsche und Ideen zu formulieren (»Wenn du alles bestimmen könntest, was würdest du...?«). Bereits jüngere Kinder kennen das »Tun-als-ob« aus dem Spiel und sind durchaus bereit, sich in der Fantasie alternative Möglichkeiten auszumalen. Entscheidend ist, dass die Fragen so formuliert werden, dass dem Kind klar ist, worauf sie zielen und welche Absicht sein Gegenüber verfolgt.
- Fragen zu den familialen Beziehungen des Kindes sollen sich *entweder* auf die Mutter *oder* den Vater bzw. andere Bezugspersonen beziehen. Zu vermeiden sind Vergleichsfragen, da diese das Kind in die schwierige Lage versetzen, sich mindestens indirekt gegen einen vertrauten Menschen aussprechen zu müssen.

- Um das Einverständnis oder das Verstehen des Kindes zu erfragen, kann man zwischendurch die Äußerungen des Kindes zusammenfassen oder nachfragen: »Habe ich richtig verstanden, dass du...?«
- Kommunikationsschwierigkeiten und Missverständnisse sollen als eigenes Missgeschick formuliert werden (»Das habe ich noch nicht verstanden...«, »Entschuldige, das habe ich falsch verstanden...«).[11]

4.6 Sozialgeflechtsarbeit

Der Begriff »Sozialgeflechtsarbeit« geht auf das »Dreidimensionale Handlungsmodell von Kindesinteressenvertretung« zurück, welches Heike Schulze im Rahmen einer 2002–2006 durchgeführten qualitativ-empirischen, rechts- und professionssoziologisch fokussierten Dissertation entwickelt hat.[12] Das Modell geht von den drei Handlungsebenen anwaltliche Vertretung, Aufdecken der Fallkonstellation und Sozialgeflechtsarbeit aus, die grundsätzlich gleichberechtigt nebeneinanderstehen. Je nach Fallkonstellation kann es sich ergeben, dass eine der drei Ebenen schwergewichtig zu bearbeiten ist. Zielgruppe dieser »Sozialgeflechtsarbeit« sind hier insbesondere die am Konflikt beteiligten Elternteile. Sie sollen im Rahmen von Gesprächen für die Situation des Kindes sensibilisiert werden. Dazu will die Kindesvertretung Perspektivenwechsel anregen und gegebenenfalls zwischen den Konfliktparteien vermitteln. Diese dritte Handlungskategorie stellt eine innerfamiliale Intervention dar, die an bestimmte Voraussetzungen gebunden ist.

Schulze hat ihr Modell ausschließlich anhand von Scheidungsverfahren entwickelt. Wir vertreten die Ansicht, dass das Dreidimensionale Handlungsmodell grundsätzlich für alle Situationen und Verfahren im Bereich familialer Konflikte anwendbar ist und seine Anwendung die Kindesvertretungsarbeit erleichtert und wirkungsvoller macht. Kindesinteressen wird man nur gerecht, wenn man neben dem Bedürfnis nach wachsender Autonomie des Kindes auch die zweite Seite – die generationale Verwiesenheit des Kindes auf seine Bezugspersonen – berücksichtigt. Als »Menschen in Entwicklung« sind Kinder stets auf die Einsicht und das Agieren ihrer primären Bezugspersonen angewiesen. Diese beiden Seiten finden auch im Gesetz ihren Niederschlag – so etwa in der Formulierung der Art. 296 und 301 Abs. 1 ZGB zu

11 Siehe dazu auch: Brunner/Trost (2014), S. 15.

12 Schulze (2007).

den Grundsätzen der elterlichen Sorge. Aufgrund unserer Erfahrung müssen mit Bezugspersonen nicht unbedingt nur Vater und Mutter gemeint sein, sondern immer diejenigen Personen, die sich dem Kind als enge Bezugspersonen zur Verfügung stellen und von ihm als solche akzeptiert worden sind. Für ihre gute Entwicklung benötigen Kinder eine enge Bindung an diese Personen. Die intervenierende Sozialgeflechtsarbeit mit diesem erweiterten Kreis von Personen kann – namentlich, aber nicht nur in Kindesschutzverfahren – ein sinnvoller und wichtiger Teil der Tätigkeit von Kindesvertretungen sein.

Der Einbezug der Eltern bzw. Bezugspersonen ist vor allem bei jüngeren Kindern auch für die Planung der Arbeit mit dem Kind angezeigt. Ihr Blick auf das Kind und ihr »Expertentum« liefern hierbei wertvolle Anhaltspunkte.

Zur konkreten Planung von Gesprächen mit Kindern, die nicht oder nur partiell in einem selbstständigen Kontakt mit der Kindesvertretung stehen, sollen mit den Bezugspersonen folgende Fragen geklärt werden:

- Wo und wann sollen Kontakte durchgeführt werden?
- Hat das Kind spezielle Bedürfnisse und gibt es Dinge, die zu beachten sind?

Bei der Durchführung eines Kindergesprächs im Büro der Kindesvertretung stellt sich die Frage der Begleitung des Kindes.

- Wer begleitet das Kind?
- Wie ist diese Person während des Gesprächs verfügbar, falls das Kind sie benötigt?

Beim Erstgespräch mit Kindern kann es insbesondere wichtig sein, dass die Kindesvertretung dieses Gespräch in Anwesenheit eines Elternteils oder einer anderen wichtigen Bezugsperson des Kindes führt. Dies ermöglicht einerseits, dass das Kind später bei dieser Person nachfragen kann, wenn es nicht alles verstanden hat oder etwas vergisst. Außerdem ist die Kindesvertretung darauf angewiesen, dass die wichtigen Bezugspersonen grundsätzliches Vertrauen in ihre Arbeit haben, und für dieses Vertrauen kann bei einem gemeinsamen Erstgespräch eine wichtige Grundlage geschaffen werden.

Bei getrennten Eltern und insbesondere im Rahmen von strittigen Scheidungs- und Trennungsverfahren ist es in der Regel sinnvoll, Gespräche mit dem Kind in abwechselnder Begleitung zu planen bzw. bei beiden Elternteilen in etwa gleicher zeitlicher Ausdehnung Hausbesuche zu machen. Damit kann auch der Befürchtung mancher Eltern begegnet werden, die Arbeit der Kindesvertretung werde zu stark von einem Elternteil beeinflusst.

Junge Kinder oder Kinder mit speziellen Bedürfnissen haben bisweilen erhebliche Mühe, sich von ihren Eltern zu trennen. Das Ausstrahlen von Sicherheit, Klarheit und Freundlichkeit, aber auch eine Flexibilität im Suchen nach geeigneten Settings hilft, damit umzugehen. Wenn es de facto nicht gelingt, mit dem Kind ohne Anwesenheit eines Elternteils zu sprechen, ist dies meist auch eine Erkenntnis, die der Kindesvertretung hilft, die Situation des Kindes zu verstehen bzw. das Mandat gut zu führen.

Gerade bei Kindern, mit denen Schwierigkeiten in der Verständigung auftreten können, können enge Bezugspersonen, die die Äußerungen besser verstehen, sich als hilfreich erweisen.

Die Kindesvertretung bespricht mit dem Kind zumeist höchstpersönliche Angelegenheiten, und es ist für Eltern oft nicht einfach, das Kind mit diesen Themen einer »fremden« Person zu überlassen. Sorgen und Befürchtungen darüber sind nur verständlich. Auch deshalb ist Respekt und Behutsamkeit den Eltern gegenüber vonnöten.

Vier Vignetten:

Ausgangslage: Ein Jahr nach der auf der Grundlage einer gemeinsam getroffenen Vereinbarung ausgesprochenen Scheidung der Eltern des 8-jährigen Jens stellt die Mutter beim Gericht den Antrag auf Umteilung der Obhut zu ihr, weil Jens ihr immer wieder sage, er möchte bei ihr wohnen, sonst wolle er nicht mehr weiterleben. *Sozialgeflechtsarbeit:* Der eingesetzte Kindesvertreter hat im Lauf des Verfahrens Kontakte und Gespräche mit den Eltern und nimmt gemeinsam mit ihnen an Gerichtsverhandlungen teil.

Ausgangslage: Scheidungsverfahren der Eltern der in der Schweiz geborenen 9-jährigen Andrea. Die Mutter beantragt beim Gericht die Bewilligung, mit Andrea in ihr Heimatland Ungarn zurückkehren zu können; diesem Wunsch steht Andrea zunächst ambivalent und zunehmend ablehnend gegenüber. *Sozialgeflechtsarbeit:* Im Lauf des mehrere Jahre dauernden Verfahrens führt die für Andrea eingesetzte Kindesvertreterin wiederholt Gespräche mit beiden Elternteilen und deren Rechtsvertreterinnen, um mit ihnen aus der Perspektive ihrer Tochter Lösungsmöglichkeiten außerhalb eines gerichtlichen Urteils zu diskutieren.

Ausgangslage: Noel ist im Rahmen einer freiwilligen Unterbringung durch die alleinerziehende Mutter in einem Schulinternat untergebracht. Das Internat sendet der KESB eine Gefährdungsmeldung, weil Noel zu oft in Schule und Internat fehle und seine Mutter die Internatslösung nicht mehr mittrage. *Sozialgeflechtsarbeit:* Die daraufhin von der KESB für das laufende Kindesschutzverfahren eingesetzte Kindesvertretung hat im Lauf des Mandats regelmäßig mit der Erziehungsbeiständin, der Mutter und dem Großvater von Noel, der Internatsleitung, dem Therapeuten von Noel Kontakt und bringt ihre Sicht als Kindesvertretung ein.

Ausgangslage: Ramon wurde im Alter 15 Jahren von einem Mann aus dem familiären Umfeld sexuell missbraucht und erstattet im Alter von 17 Jahren über einen von ihm beauftragten Kindesvertreter Strafanzeige gegen den Täter. *Sozialgeflechtsarbeit:* Im Laufe des längeren Strafverfahrens hat der Kindesvertreter (mit Ramons Einverständnis) verschiedentlich Kontakte mit den Eltern und den zwei Brüdern von Ramon, welche diesen in einer für ihn schwierigen Zeit unterstützen und selber viele Fragen haben. Diese beantwortet der Kindesvertreter zur Entlastung aller.

Sozialgeflechtsarbeit von Kindesvertreter*innen mit Drittpersonen sollte stets wohlüberlegt sein und muss im Rahmen des Mandats die Interessen des Kindes vertreten sowie eine konkrete Funktion erfüllen. Außerdem gibt es immer wieder Situationen oder Verfahren, in denen der Kontakt der Kindesvertretung mit Eltern(teilen) nicht sinnvoll oder gar kontraindiziert ist.

Abbildung 7: Das dreidimensionale Handlungsmodell[13]

Handlungsmodell Kindesinteressenvertretung

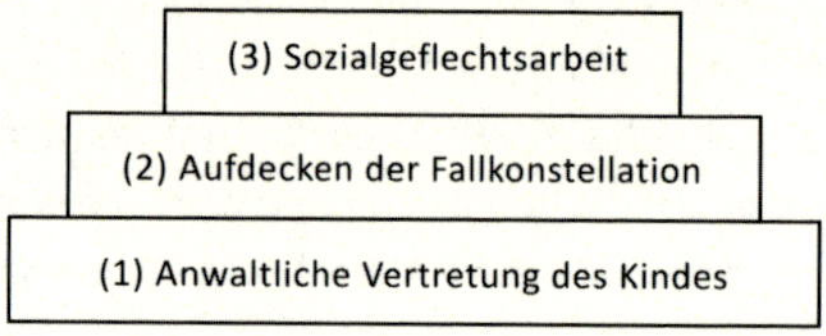

Handlungsebene (1):
Als grundlegende Aufgabe der Kindesinteressenvertretung gilt es, in jedem Fall den Willen des Kindes zu ermitteln und dem Gericht vorzutragen. Klient*in ist das Kind und Adressat der Informationen das familiengerichtliche Verfahrenssystem.
Dies lässt sich als *'anwaltliche Vertretung'* kategorisieren.

Handlungsebene (2):
Umfasst auch weiterführende Sachverhaltsermittlungen, um den Willensbildungsprozess nachvollziehbar werden zu lassen sowie Kindeswohlaspekte zu beleuchten und abzuwägen. Adressat ist auch hier primär das Familiengericht; die Bezugspersonen fungieren als Informanten.
Diese zweite Handlungsebene habe ich als *'Aufdecken der Fallkonstellation'* kategorisiert.
Der Auftrag lässt sich als Pendant der familienrichterlichen Untersuchungsmaxime (Amtsermittlungsgrundsatz) begreifen, somit als eine verfahrensrechtliche Strategie, um dem Anspruch des Kindeswohls als 'Individualgerechtigkeit' gerecht zu werden.

Handlungsebene (3):
Adressat*innen bzw. Klient*innen sind hier insbesondere die am Konflikt beteiligten Bezugspersonen. Sie sollen im Rahmen von Gesprächen für die Situation des Kindes sensibilisiert werden. Dazu will der/die Kindesinteressenvertreter*in den Perspektivenwechsel anregen und gegebenenfalls zwischen den Konfliktparteien vermitteln.
Diese dritte Handlungskategorie stellt eine innerfamiliale Intervention dar, die ich als *'Sozialgeflechtsarbeit'* bezeichnet habe.
Eine solche – 'friedensstiftende' – professionelle Bearbeitungslogik ergibt sich in erster Linie aus dem zugrundeliegenden lebenspraktischen Problem und dem kindschaftsrechtlichen Verfahrensziel, die Situation der Kinder, ihre zukünftigen Entwicklungschancen so gut es geht zu sichern.

Während die Handlungsebenen (1) und (2) in jeder Kindesinteressenvertretung umgesetzt werden müssten, ist die Ebene (3) ('Sozialgeflechtsarbeit') nur möglich, wenn sich die Bezugspersonen darauf einlassen.

Die Kindesvertretung stellt ein transdisziplinäres 'juristisch – psychosozialpädagogisches' Arbeitsfeld dar.

13 Text in Zusammenarbeit mit Prof. Dr. Heike Schulze, »überarb. Modell«, 2011.

4.7 Reflexion

4.7.1 Reflexion als Mittel zur Professionalität

Sei es bei der Planung der Schritte einer Kindesvertretung, dem Verstehen der Anliegen und Bedürfnisse des Kindes oder dem Einordnen von Reaktionen aus dem Umfeld – für ein professionelles Vorgehen ist fortwährende Reflexion gefordert. Man muss sich gewahr sein, dass man auch handeln kann, ohne zu reflektieren. Dann wird man von Gewohnheiten, persönlichen Meinungen, eigenen Gestimmtheiten und Vorurteilen geleitet. Erst die Reflexion und das bewusste planvolle Vorgehen auf der Basis von Wissen und Erfahrung machen die professionelle Haltung aus.

4.7.2 Einbettung der Reflexion in die Fallarbeit

Die Reflexion des eigenen Handelns ist eingebettet in verschiedene weitere Arbeitsschritte, welche während einer Fallbearbeitung in einem ständigen Wechsel stehen. So steht zu Beginn einer Fallübernahme vielleicht das Lesen von Akten (verschriftlichte Ergebnisse der Fallarbeit anderer Fachpersonen). Danach setzt die Reflexion ein: Man macht sich Gedanken darüber (Reflexion zu den Akten), plant daraufhin seine Arbeitsschritte, die eventuell in einem ersten Gespräch mit dem zu vertretenden Kind bestehen (Planung), ist daraufhin in Besitz verschiedener Informationen, wie etwa den verbal geäußerten Wünschen des Kindes und dem eigenen Eindruck, den man vom Kind gewonnen hat (erste eigene Arbeitsergebnisse). Diese gilt es wiederum zu reflektieren, sowohl fallbezogen als auch bezogen auf die eigene Rolle und die eigene Mitwirkung an den Ergebnissen. Wiederum entstehen daraufhin nächste Schritte in der Arbeitsplanung. Man kann sich dies als Spirale vorstellen, die sich während der Fallbearbeitung fortwährend dreht, bis man zum Fallabschluss kommt (Endergebnis).

Abbildung 8: Spirale der Fallarbeit[14]

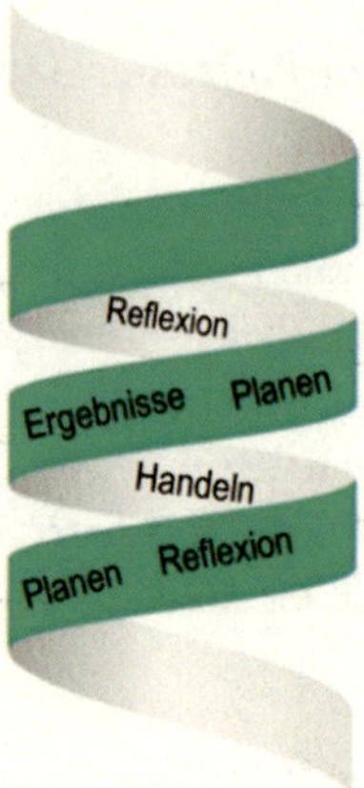

Diese Spirale der Fallarbeit kann bei Bedarf auch auf sehr kleine Einheiten der professionellen Arbeit angewendet werden, beispielsweise auf das Vorgehen innerhalb eines Gesprächs mit dem zu vertretenden Kind. Eine verbale Äußerung des Kindes ist dann eine »Ergebniseinheit«, die »Reflexion« bezieht sich auf das Verstehen des Gesagten und das »Planen« bzw. »Handeln« bezieht sich auf die eigenen Gesprächsäußerungen. Die Reflexion der eigenen Arbeit kommt auf den Ebenen der Fallreflexion und der persönlichen Reflexion zur Anwendung und umfasst verschiedene Themen:

Tabelle 5: Themen der Reflexion

Fallreflexion	– zum Verfahren und den einzelnen Akteuren, z.B. Gericht, Behörde, Anwält*innen – zum Kind – zur sozialen Umgebung des Kindes und den darin herrschenden Beziehungsdynamiken
Persönliche Reflexion	– zur eigenen Beziehungsgestaltung zum Kind/zur sozialen Umgebung des Kindes – zur eigenen Rolle und Persönlichkeit

14 Grafikdesign Sarah von Känel.

4.7.3 Reflexion des Verfahrens

Reflexionen zum Verfahren können alle Aspekte eines Verfahrens betreffen: Gründe, zeitliche Aspekte, Eskalationsstufe, Perspektive, besondere Umstände etc.

Als Reflexionsinhalte bieten sich etwa an:

- *Gründe:* Von wem wurde das Verfahren aus welchem Grund eingeleitet? Inwieweit sind diese Gründe für die Vertretung des Kindes relevant (z.B. Gewalt, Gesundheit etc.)? Erlebt das Kind eine vermutete Gefährdung auch als solche? Gibt es neben den im Verfahren thematisierten Gründen noch andere, welche aus Sicht des Kindes relevant sind?
- *Zeitliche Aspekte:* Warum wurde das Verfahren im erfolgten Zeitpunkt eingeleitet? Besteht dringender Handlungsbedarf oder ein Bedarf, Regelungen für die Dauer des Verfahrens zu treffen? Kommt das Verfahren schnell oder langsam voran und weshalb? Gibt es Gründe, die für eine Beschleunigung oder Verlangsamung sprechen?
- *Eskalationsstufe:* Wie intensiv und konflikthaft werden Auseinandersetzungen geführt? Wie weit liegen Lösungsvorstellungen der Beteiligten auseinander?
- *Perspektive:* Zeichnen sich aus Sicht des Kindes resp. des Kindeswohls bereits Auswege aus dem Konflikt, aus der Gefährdung ab? Bestehen schon gute Grundlagen für eine Entscheidung oder müssen diese mit Informationen, welche noch nicht zur Verfügung stehen, erst noch erarbeitet werden (z.B. Abklärung von Platzierungsvarianten, Gutachten etc.)?
- *Besondere Umstände:* Liegen Umstände vor, welche besondere Umsicht verlangen (z.B. schwere Erkrankung, große Gewaltbereitschaft, bevorstehender Wegzug ins Ausland etc.)?

4.7.4 Reflexion zum Kind

Aus den Kontakten mit dem zu vertretenden Kind ergeben sich eine Vielzahl von Gesprächsergebnissen und Beobachtungen, die es von Verfahrensschritt zu Verfahrensschritt zu reflektieren gilt. Zu den Beobachtungen gehören beispielsweise die gezeigte Befindlichkeit des Kindes, Überlegungen zum Entwicklungsstand des Kindes etwa auf die Frage bezogen, inwieweit das Kind die Erläuterungen zum Verfahren verstehen kann. Zu den Beobachtungen gehören im Weiteren auch eine Aufmerksamkeit gegenüber jeglichen Handlungen des Kindes. All dies ist auf einer Metaebene in einen Zusammenhang zu stellen und es ist zu bedenken, was dies alles im Erleben des Kindes bedeutet bzw. bedeuten könnte. Insbesondere sind auch Widersprüche (in den Äußerungen oder im Handeln gegenüber den verbalen Äußerungen des Kindes) zu bedenken und zu verstehen.

> **Vignette:**
> Der achtjährige Tim äußert im ersten Gespräch mit der Kindesvertreterin fast nichts, ist bleich, wirkt in der Mimik maskenhaft und in seinen Bewegungen wie erstarrt. Die Kindesvertreterin nimmt dies wahr und macht sich Überlegungen dazu: Hat Tim eine Anfangsschwierigkeit, sich zu öffnen? Fühlt er sich mit ihr als Person nicht wohl? Ist es das Thema, das ihm Mühe macht? Sie überlegt sich, ob sie Tim ihre Aufgabe noch besser erklären, das Setting ändern oder Tim beim nächsten Mal anders begegnen sollte, damit er sich leichter öffnen kann.

4.7.5 Reflexion zur sozialen Umgebung des Kindes und den darin herrschenden Beziehungsdynamiken

Um die Situation des Kindes zu verstehen und an deren Neugestaltung mitzuwirken, muss sich die Kindesvertretung auch ein Bild von der sozialen Umgebung machen.

Über welche Ressourcen verfügen die Eltern und andere wichtige Bezugspersonen? Wie stehen sie zueinander und inwieweit sind sie in der Lage, konstruktiv zusammenzuarbeiten? Erkennen sie die Aspekte, welche das Kindeswohl gefährden, oder können sie in die Lage versetzt werden, diese zu erkennen? Werden die Bedürfnisse des Kindes überhaupt wahrgenommen oder gibt es Bedürfnisse des Kindes, welche vom sozialen Netz weder erkannt noch gedeckt werden und welche zusätzlicher Interventionen bedürfen?

4.7.6 Persönliche Reflexion

Professionelles Handeln verlangt, dass sich die Kindesvertretung immer wieder Rechenschaft darüber gibt, ob resp. inwieweit ihre Einschätzungen von persönlichen Wertvorstellungen, Gefühlen und Erfahrungen beeinflusst sind und ob sie deswegen die Bedürfnisse und Anliegen des vertretenen Kindes aus dem Fokus zu verlieren droht. Kindesvertretungen im familienrechtlichen

Kontext laufen zudem regelmäßig Gefahr, als Verbündete eines Elternteils wahrgenommen zu werden, wenn die Anträge oder Lösungsvorstellungen in eine ähnliche Richtung zielen.

Gerade in der Kindesvertretung ist der Zugang zur Klientel oft heikel und es braucht viel Geschick, um mit den verschiedenen Ansprüchen und den bestehenden Konflikten umzugehen. Die Beziehungsgestaltung der Kindesvertretung zeichnet sich gegenüber den Erwachsenen aus durch ein adäquates Maß an Zugewandtheit und Abgrenzung. Dem Kind gegenüber braucht es, wie bereits an verschiedenen Stellen ausgeführt, vertrauensbildende Vorgehensweisen, die vielleicht am ehesten als interessierte Freundlichkeit gepaart mit ernsthafter Auseinandersetzung umschrieben werden können. Die Kindesvertretung hat also die Aufgabe, ihre eigene Beziehungsgestaltung immer wieder auf diese Aspekte hin zu überprüfen. Sie kommt hierbei nicht umhin, eigene Gefühle, Neigungen, Haltungen oder Charaktereigenschaften, die im aktuellen Fall eine Rolle spielen könnten, mitzubedenken.

Ein Kind zu vertreten ist als prozesshafter dynamischer Zustand zu verstehen, in dem sich die beteiligten Personen nicht nur in ihren Handlungen gegenseitig beeinflussen, sondern wo insbesondere auch Gedanken und Gefühle eine wichtige Rolle spielen. Die innere Vorstellungswelt ist das, was ein Mensch aus seiner Situation macht; sie wird ebenso aus vergangenen Erfahrungen genährt wie aus dem Geschehen im Hier und Jetzt. Man könnte überspitzt sagen, dass man es in Kontakten mit Menschen nie einfach mit einer konkreten Situation zu tun hat, sondern immer auch mit den Vorstellungen darüber – und zwar gegenseitig.

Als hilfreich haben sich folgende Fragestellungen erwiesen:

- Welche (Ideal-/Wert-)Vorstellung habe ich von Familie, von guten Eltern, von Rollenteilung, vom Umgang mit einer Trennung, einer Patchworksituation etc.?
- Erinnert mich die Situation des vertretenen Kindes an eigene Erfahrungen?
- Empfinde ich gegenüber einem oder beiden Elternteilen Ablehnung wegen ihrer Erziehungsauffassung, ihrem Umgang mit dem Kind, ihrer Opferhaltung, ihrer Arroganz, ihrer patriarchalischen Haltung, ihrer politischen oder religiösen Überzeugung etc.?
- Fühle ich mich einem Elternteil besonders verbunden aufgrund von Ähnlichkeiten im Lebensverlauf, in der aktuellen Lebenssituation, in den Wertvorstellungen etc.?

- Wie sähe meine Wunschlösung aus und weshalb? Befriedigt sie meine Vorstellungen oder diejenigen des Kindes?

Im Bereich des Kindesschutzes, in welchem in der Regel entweder die besonderen Bedürfnisse eines Kindes oder die eingeschränkten Ressourcen der Eltern das zentrale Thema sind, stellen sich zusätzlich Fragen wie:

- Welche Lebensbedingungen bezüglich Beziehung, Versorgung, Förderung etc. halte ich persönlich für zumut- oder aushaltbar, wo besteht die Notwendigkeit nach einem objektiveren Maßstab?
- Für welche Einschränkungen von Eltern habe ich wenig oder viel Verständnis?

Vignette:
Mina ist 13 Jahre alt und ihre Eltern haben sich getrennt. Es irritiert Mina sehr, dass der Vater ihr in seinem neuen Zuhause vieles erlaubt, was er zuvor rigide verboten hat: So darf sie nun beispielsweise plötzlich das Handy über Nacht in ihrem Zimmer behalten. Bei der Kindesvertreterin schimpft Mina über den Vater, er wolle sie kaufen und sich besser als die Mutter hinstellen. Die Kindesvertreterin kann zunächst wenig Verständnis für Mina aufbringen und ärgert sich über deren Haltung. Die Zusammenarbeit gestaltet sich schwierig. Erst beim Nachdenken wird die Kindesvertreterin sich ihrer Verärgerung bewusst. Ihr wird klar, dass in ihrem eigenen Leben sich gerade Ähnliches abspielt. Nun kann sie sich besser auf Minas Sicht einlassen und Mina reagiert ihr gegenüber mit deutlich mehr Offenheit. Ihre Haltung, ihre Gefühle dem Vater gegenüber können nun ebenfalls reflektiert werden.

4.7.7 Umgang mit Hypothesen

Als spezieller Prozess der Reflexion ist der bewusste und umsichtige Umgang mit Hypothesen zu nennen. Grundsätzlich ist damit der Umgang mit unseren Annahmen gemeint, also den Schlüssen darüber, was wir gesehen oder gehört haben, warum dies so gezeigt wurde und wie dies mit weiteren Erkenntnissen zusammenhängt. Wir sind in unserem professionellen Handeln zumindest implizit konstant mit dem Bilden und Überprüfen von Hypothesen beschäftigt. Dies geschieht jedoch oft nahezu automatisch, also ohne dass wir uns dies direkt bewusst machen. Dabei orientieren wir uns an eigenen früheren Erfahrungen. Lassen wir es dabei bewenden, bauen wir unser Verständnis, unser Urteil auf vorschnellen Einschätzungen, auf Vorurteilen mit persönlicher Färbung auf. Professionalität in der Arbeit mit Menschen bedingt als Erstes, sich bewusst zu machen, dass wir es nicht mit Gewissheiten, sondern mit Annahmen zu tun haben, indem wir sie mit alternativen Deutungen konfrontieren, also als Hypothesen behandeln. Nun werden die Hypothesen mit dem vorhandenen Erfahrungs- und Fachwissen sowie zur Verfügung stehenden Theorien überprüft (z.B. entwicklungspsychologische Konzepte, Beziehungs- und Konfliktdynamik, Systemtheorien). Bei genügend Einsicht wird die plausibelste Hypothese ausgewählt, auf welcher die weiteren Arbeitsschritte aufgebaut werden. Eine Hypothese, das impliziert das Wort, kann auch jederzeit wieder umgestoßen werden zugunsten einer besser passenden.

Häufig werden Hypothesen zu Ursachen oder Zwecken eines bestimmten Verhaltens bzw. zu bestimmten Äußerungen gebildet. Man differenziert dabei zwischen kausalen Gründen (warum?) und intentionalen Gründen (wozu?). Überdies ist auch die Form des beobachteten Verhaltens/der Äußerung (wie?) von Interesse. Diese kann beispielsweise wichtige Hinweise darüber geben, ob ein Kind noch nach seiner Position sucht und seine Äußerungen Ausdruck dieser Vergewisserung sind, ob die Äußerungen überzeugend wirken und mit welchem emotionalen Anteil sie vorgetragen werden.

Vignette:
Der zehnjährige Ben äußert im Gespräch mit der Kindesvertretung, nicht mehr bei der Mutter leben, sondern zum Vater wechseln zu wollen. Er blickt dabei starr vor sich hin und nimmt keinen Blickkontakt auf. Die Kindesvertreterin überlegt, wie Bens Äußerung mit seinem Verhalten in Zusammenhang steht. Braucht es für Ben viel Mut, dies zu äußern? Oder fühlt er sich mit seiner Äußerung nicht wohl? Ist er etwas unsicher, ob das, was er äußert, für ihn tatsächlich stimmt? Oder fühlt er sich einfach mit der Person der Kindesvertreterin noch nicht wohl? Weshalb möchte Ben zum Vater wechseln? Erscheint ihm das Leben mit dem Vater tatsächlich als passender als dasjenige bei der Mutter? Oder glaubt er, auf diese Weise etwa einen Konflikt mit der Mutter lösen zu können? Möchte er dem Vater etwas zuliebe tun? Oder befürchtet er im Gegenteil, seine Beziehung zur Mutter zu zerstören, wenn er seinen Wunsch äußert? Die Kindesvertreterin entschließt sich zu einem baldigen zweiten Gespräch mit Ben, es kommen zu viele ungeklärte Fragen auf. Beim zweiten Mal

> erklärt Ben, doch bei der Mutter leben zu wollen. Nun entsteht bei der Kindesvertreterin der Eindruck, dass Ben zwischen verschiedenen Wünschen und Nöten hin- und hergerissen ist. Diese, so beschließt sie, möchte sie besser kennen lernen.

4.7.8 Reflexion im Austausch mit anderen Fachpersonen

Learning Communities: Der Verein Kinderanwaltschaft Schweiz organisiert in mehreren Regionen der Deutschschweiz 6–10-mal pro Jahr Treffen von Kindesvertreter*innen. Dabei stehen der Wissensaustausch und das Besprechen von Problemkonstellationen, insbesondere bei Unsicherheiten bezüglich des eigenen Vorgehens, im Vordergrund. Learning Communities sind vom Verein für Mitglieder organisierte Intervisionen.

Intervisionen können selbstverständlich auch außerhalb des Vereins unter Kindesvertreter*innen stattfinden. Sie sind gekennzeichnet durch den fachlichen Austausch von beruflich Gleichgestellten; im Rahmen von kollegialen Beratungen werden Fragen und Dilemmata erörtert sowie Lösungen für ein konkretes Problem gesucht.

Supervision schließlich bedeutet Reflexion unter der Leitung eines Supervisors oder einer Supervisorin. Der/Die Supervisor*in stellt sicher, dass die Reflexion genügend Raum erhält. Dies ist beispielsweise hilfreich, wenn ein Druck oder Dilemmata bestehen. Nicht selten dreht man sich in solchen Situationen mit seinen eigenen Überlegungen im Kreis und kommt nicht weiter. Eine Supervision hilft, die Situation besser zu verstehen und neue Perspektiven zu entwickeln. Eine Supervision kann in Gruppen oder im Einzelsetting durchgeführt werden. Dass der/die Supervisor*in über Fachverständnis bezüglich Kindesvertretung verfügt, ist bisweilen hilfreich, aber nicht unbedingt notwendig. Zur Sicherung der Qualität der eigenen Arbeit kann es angezeigt sein, in regelmäßigen Abständen Supervisionsstunden in Anspruch zu nehmen. Möglich sind auch Supervisionseinheiten bei Bedarf.

Tabelle 6: Reflexion

Reflexion zum Verfahren	Wer hat das Verfahren weshalb ausgelöst? Wie ist das Verfahren bezüglich zeitlicher Aspekte einzuordnen – was verläuft zu schnell, was zu langsam, wie kann darauf Einfluss genommen werden? Wie positionieren sich die Anwält*innen und die Eltern, wie sind die Tonalität und die Kadenz der Anträge etc.? Was verlangt hier ein kindgerechtes Verfahren und wie kann ich darauf hinwirken?
Reflexion zum Kind: Beziehung zum Kind, Situation des Kindes	Kann ich die Beziehung zum Kind so gestalten, dass es sich wohlfühlt und sich äußern kann? Informiere und begleite ich das Kind so, dass es mich versteht, dass es sich vertreten fühlt? Verfüge ich über genügend Informationen zur Lebenssituation, zum Beziehungsgefüge, zur Befindlichkeit des Kindes? Welche Partizipationsmöglichkeiten hat das Kind in Anbetracht seines Entwicklungsstandes, seiner Rolle im Konflikt der Eltern etc.? Ist eine (weitere) Anhörung angezeigt oder reicht die indirekte Partizipation durch Vertretung aus?
Reflexion zur Sozialgeflechtsarbeit	Wie komme ich in einen guten Kontakt mit den Eltern, wie kann ich sie für ein Arbeitsbündnis gewinnen? Welche neuen Ansätze kann ich verfolgen, wenn meine bisherigen Vermittlungsversuche nicht erfolgreich waren? Von welchen Werten und Normen lässt sich der Vater, von welchen die Mutter leiten? Für welche Einschränkungen von Eltern habe ich wenig oder viel Verständnis?
Persönliche Reflexion: Haltung, Wertvorstellungen, Gefühle	Bin ich dem Kind gegenüber offen, interessiert und erwartungslos? Welche Lebensbedingungen bezüglich Beziehung, Versorgung, Förderung etc. halte ich persönlich für zumut- oder aushaltbar, wo besteht die Notwendigkeit nach einem objektiveren Maßstab? Verspüre ich Gefühle von Abneigung, Zuneigung, Ärger, Anziehung; ist mein Handeln von solchen Empfindungen beeinflusst? Wie sieht meine Wunschlösung aus? Verfolge ich diesbezüglich einen Plan oder lasse ich mich von den Vorstellungen des Kindes leiten? Inwiefern bin ich tatsächlich dem Partizipationsrecht des Kindes verpflichtet, was könnte ich dafür zusätzlich tun?

Abbildung 9: Die Arbeit der Kindesvertretung[15]

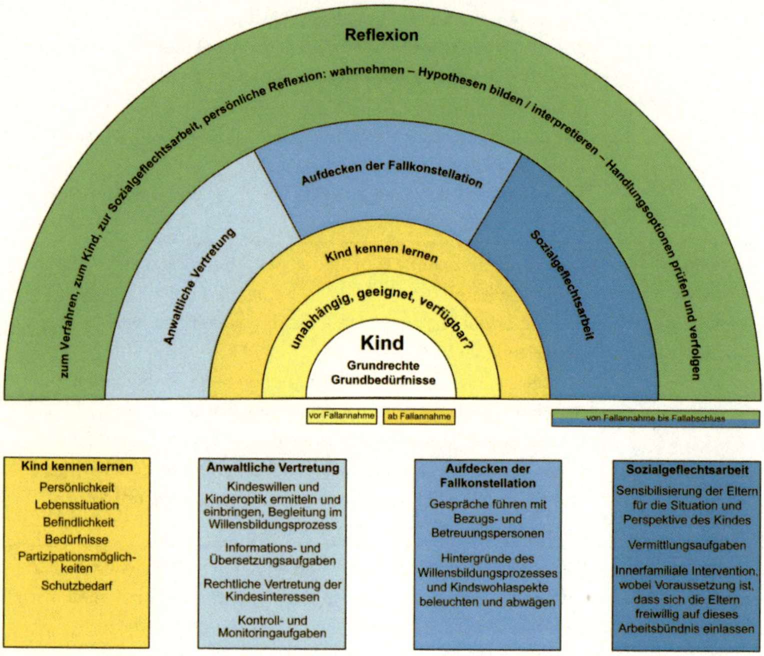

4.8 Gutachten und Kindesvertretung

4.8.1 Wissenswertes zu Gutachten in Kindesschutz- und familienrechtlichen Verfahren

Gutachten sind begründete Beurteilungen einer Situation oder einer Person durch Sachverständige. Sie sollen Behörden und Gerichten als Entscheidhilfen dienen in Fragen, bei denen bisher keine Klarheit entstanden ist und für welche dem Gericht oder der Behörde selber das Fachwissen fehlt. Die begutachtende Person muss mit dem verlangten Fachwissen resp. dem »nötigen Sachverstand« ausgestattet sein. Sie muss in der Lage sein, ein verlässliches Gutachten zu liefern, welches sich formal durch einen klaren Aufbau

15 Grafikdesign Sara Mühlematter.

auszeichnet und materiell vollständig, nachvollziehbar und schlüssig ist.[16] In Kindesschutz- und familienrechtlichen Verfahren werden Gutachten in der Regel durch Entwicklungspsychologinnen und -psychologen mit besonderer Erfahrung in systemischer Psychologie und klinisch psychologischer Diagnostik erstellt. Auch andere Berufsgruppen wie etwa Psychiater*innen mit entsprechenden professionellen Grundlagen werden manchmal als Gutachter*innen eingesetzt.

Das Vorgehen kann mit folgenden Arbeitsschritten umschrieben werden:

- Aufarbeiten der Akten
- Abklärungsgespräche mit den Referenzpersonen (Kinder und Erwachsene)
- Beobachtungen und Augenscheine (kindliches Verhalten, Befindlichkeiten, Interaktionen, Wohnsituationen etc.)
- Durchführung von Tests
- Initiieren und Überprüfen von Prozessen
- Zusammentragen der fachlichen Einschätzungen von involvierten Fachpersonen

Die Gewichtung dieser Schritte kann von Gutachten zu Gutachten variieren. Die begutachtende Person ist relativ frei in der Wahl ihres Vorgehens. Daneben wird vieles geprägt durch die zu begutachtenden Personen, ihre Mitarbeit und ihre Beziehungsdynamiken, die gerade in Kindergutachten einen großen Platz einnehmen, denn hier stehen immer auch Beziehungen zur Diskussion.

Die konkrete Fragestellung für das Gutachten steuert das Vorgehen der begutachtenden Person. Kernbestandteil von Begutachtungen in familienrechtlichen oder Kindesschutz-Verfahren sind die Erfassung und Beurteilung von:

- familialen Beziehungen und Bindungen
- Ressourcen und Risikofaktoren in der Familie
- Kompetenzen der Eltern/Sorgeberechtigten bezüglich der Erziehung ihres Kindes, Kooperationsbereitschaft und Bereitschaft zur Verantwortungsübernahme

16 Vgl. dazu: Staub/Grütter/Reardon-Kofmel (2020), S. 7.

- Entwicklungsstand, Bedürfnissen des Kindes, Kindeswille, Kompetenzen und aktuelle Situation des Kindes, besonderen Belastungen, Beeinträchtigungen und Bedürfnissen.[17]

Gutachten können entscheid- oder interventionsorientiert ausgerichtet sein: Sie sollen entweder als Grundlage für einen Entscheid dienen oder aber während der Begutachtung eine oder mehrere Lösungsvarianten probeweise abklären. In der Regel werden hierzu spezifische Fragen formuliert: Soll eine Rückplatzierung eingeleitet oder eine alternierende Obhut aufgebaut werden? Was sind Gelingensbedingungen bzw. Risikofaktoren?

4.8.2 Wann drängt sich ein Gutachten auf?

Die Erstellung eines Gutachtens benötigt in der Regel einige Monate und ist mit erheblichem zeitlichem und finanziellem Aufwand verbunden. Indem die begutachtende Person aufgefordert wird, Empfehlungen zur Situation des Kindes abzugeben, wird den Eltern zudem ein Stück Verantwortung aus der Hand genommen. Es sollte deshalb gut überlegt werden, wann ein Gutachten sich aufdrängt. Als Erstes ist zu klären, ob es für das weitere Begleiten der Familie und das Wohlergehen des Kindes tatsächlich notwendig ist, die bestehenden Fragen zu beantworten. Oft entsteht in Situationen, die für ein Kind nicht optimal sind, der Wunsch nach Abklärung. Bei genauerer Betrachtung wird jedoch klar, dass eine Abklärung kaum neue Erkenntnisse bringen würde. Nicht selten existieren schon viele Akten beziehungsweise es waren in Vergangenheit schon viele Fachpersonen involviert, welche ihre Fachmeinung bereits abgegeben haben. Manchmal reicht ein Überblick über diese Einschätzungen, vielleicht unter Hinzuziehen einer Fachperson. Manchmal bleiben Aspekte in der Situation eines Kindes unklar, jedoch spielt dies für die Entscheide keine große Rolle oder es kann von einem Gutachten nicht erwartet werden, dass es Licht ins Dunkel bringt.

Nur wenn erhebliche Unklarheiten bzw. spezielle Fragen, die dringend geklärt werden müssen, bestehen und es realistisch erscheint, dass ein Gutachten diese beantworten kann, soll ein Gutachten beantragt werden.

---

17 Vgl. dazu: Arbeitsgruppe Familienrechtliche Gutachten (2015). Mindestanforderungen an die Qualität von Sachverständigengutachten im Kindschaftsrecht. www.psychologenverlag.de

4.8.3 Wann soll die Kindesvertretung ein Gutachten beantragen?

Nach unserer Auffassung ist es die erste Aufgabe der Kindesvertretung, die Perspektive des Kindes zu erfassen und einzubringen; Kindeswohlaspekte kann das Gericht, die Behörde dank Offizialmaxime und Untersuchungsgrundsatz jederzeit von sich aus prüfen und abklären. Gleichwohl kann auch die Kindesvertretung ein Gutachten beantragen, wenn sie es für hilfreich und/oder nötig hält. Dies kann etwa der Fall sein, wenn sie bis jetzt noch nicht aktenkundige Gefährdungsaspekte vermutet oder wenn sie Kenntnis von relevanten Vorfällen hat, welche das Kind belasten, diese aber wegen der zugesicherten Vertraulichkeit nicht selber bekannt machen darf.

4.8.4 Zur Fragestellung eines Gutachtens

Die Kindesvertretung hat die Möglichkeit, bei der Auftragserteilung an die Gutachter*innen die vorgeschlagenen Fragen zu kommentieren oder eigene Fragen zu stellen. Nach Vorliegen des Gutachtens kann sie ebenso wie die anderen Parteien Ergänzungsfragen stellen. Dabei lässt sie sich stets davon leiten, ob resp. inwieweit die Perspektive des Kindes, seine Bedürfnisse und die Möglichkeiten, diese zu befriedigen, bereits ausreichend erfragt oder beantwortet sind.

Damit nicht unnötige Abklärungen durchgeführt werden und die Klientel nicht grundlos durchleuchtet wird, sollten bei einem Gutachten lediglich diejenigen Fragen gestellt werden, bei denen tatsächlich Klärungsbedarf besteht. Als außerordentlich zielführend haben sich aus unserer Sicht Fragen bewährt, welche vom Kind her formuliert werden. Nicht nur kommt man mit ihnen am direktesten zur Antwort, wie das zu klärende Thema aus der Perspektive des Kindes aussieht. Auch stellt man damit am ehesten die Partizipation des Kindes sicher, sind Kinder doch bei der Frage, wie die Situation für sie aussieht, auch immer selbst gefragt. Nicht zuletzt werden Eltern/Betreuungspersonen mit Formulierungen vom Kind her nicht unnötig in ihrer Erziehungskompetenz angezweifelt.

Dies zeigt sich speziell beim Thema der »Erziehungsfähigkeit«. Wird in einem Gutachten die Frage nach der Erziehungsfähigkeit gestellt, steht die begutachtende Person vor der Aufgabe, Eltern diesbezüglich zu beurteilen. Dies stellt ein kritisches Unterfangen dar, da Erziehung je nach kultureller oder gesellschaftlicher Zugehörigkeit sehr unterschiedlich aussehen kann und auch stark persönlichkeitsabhängig ist. Zudem ist Erziehung keine

Einbahnstraßen-Tätigkeit, sondern beruht auf wechselseitiger Beziehung zwischen Kind und Mutter bzw. Vater. Allzu schnell werden aber bei Fragen nach der Erziehungsfähigkeit verschiedene Erziehungsstile gegeneinander abgewogen.[18] Aus Sicht des Kindes stellt sich nicht die Frage, ob seine Eltern/Bezugspersonen über eine ausreichende Erziehungsfähigkeit verfügen, sondern wie sie mit ihm ganz persönlich umgehen, wie sie ihre Fürsorge-Aufgaben bei ihm wahrnehmen und welche Beziehungsmöglichkeiten sie ihm bieten. Es ist durchaus möglich, dass der Umgang der Eltern mit einem Geschwister gelingender ist als mit einem anderen. Das kann von verschiedenen Faktoren abhängen, etwa von der Persönlichkeit des Kindes, von der Beziehungsdynamik, von der Stellung des Kindes in der Geschwisterreihe, von seinem Geschlecht, vom Zeitpunkt, in dem es zur Welt gekommen ist etc. Für das Wohl des Kindes ist es also lediglich wichtig, wie sich die Eltern zu ihm stellen. Anstatt in Gutachtensfragen die vielzitierten »Erziehungsfähigkeit« zu bemühen, könnten diesbezügliche Fragen also etwa folgendermaßen formuliert werden: *Wie gestaltet sich die Beziehung zwischen dem Kind und seiner Mutter, seinem Vater? Was benötigt das Kind von seiner Mutter, seinem Vater und werden seine Entwicklungsbedürfnisse befriedigt? Erlebt das Kind Schädigendes seitens der Mutter, des Vaters?*

4.8.5 Kontakt zwischen Kindesvertretung und Gutachter*innen

Die Kindesvertretung kann sich bereits zu Beginn als Auskunftsperson zur Verfügung stellen bezüglich Informationen, welche sich nicht in den Akten befinden (z.B. Angaben zu anderen, parallel laufenden [Straf-]Verfahren, persönliche Einschätzungen und Feststellungen, allenfalls neue Entwicklungen etc.). Gegebenenfalls kann sie das Kind an ein Gespräch begleiten. Auch während des Gutachtensprozesses kann ein Austausch sinnvoll sein, wenn sich für die begutachtende Person Fragen stellen, zu deren Klärung die Kindesvertretung beitragen kann. Nicht alle Gutachter*innen sind gleichermaßen am Austausch mit Kindesvertreter*innen interessiert; wenn sich jedoch die Möglichkeit bietet, Aspekte, welche für das Verständnis der kindlichen Perspektive wichtig sind, einzubringen, sollten diese stets genutzt werden.

18 Vgl. dazu auch: Kling (2009), S. 612–633.

4.9 Kindesvertretung und Beistand[19]

Die Aufgabengebiete von Beistand[20] und Kindesvertretung decken sich nicht; gleichwohl gibt es nicht nur Berührungspunkte, sondern gelegentlich gewisse Überschneidungen. Hinzu kommt, dass es Akteuren in familienrechtlichen Verfahren immer wieder schwerfällt, die beiden Rechtsinstitute Kindesvertretung und Beistandschaft und deren Rolle und Aufgaben auseinanderzuhalten. Aus diesen Gründen ist es bedeutsam, die beiden Rechtsinstitute einander gegenüberzustellen und die unterschiedlichen Funktionen bzw. Aufgabenbereiche im Folgenden herauszuarbeiten, um sodann die Gemeinsamkeiten und Unterschiede aufzeigen und im Anschluss daran eine gelingende fachliche (und interdisziplinäre) Zusammenarbeit skizzieren zu können.

4.9.1 Funktionen und Aufgabenbereiche der Beistandschaft

Bei einer Beistandschaft handelt es sich um eine zivilrechtliche Kindesschutzmaßnahme (i.e.S.), die in der Regel auf Dauer angelegt ist (und im Unterschied zur Kindesvertretung sich keineswegs auf die Dauer eines Verfahrens beschränkt) und deren Einsetzung eine Kindeswohlgefährdung voraussetzt. Die Beistandschaft ist die häufigste zivilrechtliche Kindesschutzmaßnahme und wird regelmäßig auch als Erziehungsbeistandschaft bezeichnet. Die feine Abstufung, die Möglichkeit zur Kombination sowie (idealerweise) die Maßschneiderung machen die Maßnahme zu einem vielgestaltigen Mittel, um auf unterschiedlichste Kindeswohlgefährdungslagen reagieren zu können. Der generelle Auftrag an die Beistandsperson ist, die Eltern in ihren Erziehungsaufgaben zu unterstützen. Dabei sollen die Fähigkeiten und die Verantwortung der Eltern wenn immer möglich ergänzt und nicht etwa (vollständig) verdrängt werden. Die KESB bzw. das Gericht kann der Beistandsperson lediglich beratende Aufgaben zuweisen[21], ihr (i.d.R. kumulativ zu den beratenden Aufgaben) genauer umschriebene Aufgaben übertragen, gegebenenfalls mit konkreten Vertretungsrechten[22], oder diese Aufgaben mit Einschränkungen der elterlichen Sorge[23] verbinden. Für die Errichtung der

19 Vgl. hierzu auch LEUTHOLD/SCHWEIGHAUSER (2016), S. 463ff.

20 Gemäß Art. 308 ZGB.

21 Art. 308 Abs. 1 ZGB.

22 Art. 308 Abs. 2 ZGB.

23 Art. 308 Abs. 3 ZGB.

Maßnahme ist grundsätzlich die KESB, in einem laufenden familiengerichtlichen Verfahren jedoch das Gericht zuständig. Die KESB ist zudem für die Aufsicht über die Beistandsperson respektive ihre Mandatsführung zuständig und die Beistandsperson ist gegenüber der KESB rechenschaftspflichtig und weisungsgebunden. Die KESB (bzw. das Gericht) ist gegenüber der Beistandsperson die Auftraggeberin und muss im Errichtungsentscheid die Aufgaben und Bereiche, in denen die Beistandsperson tätig ist, umschreiben. Die KESB (bzw. das Gericht) kann der Beistandsperson die Vertretung von elterlichen Befugnissen für bestimmte Aufgaben, beispielsweise die Unterzeichnung eines Ausbildungsvertrages, übertragen. Anstelle der Eltern handelt dann die Beistandsperson in Vertretung des Kindes, jedoch ohne dass die elterliche Sorge zwingend beschränkt wird. Die Beschränkung der elterlichen Sorge[24] drängt sich dort auf, wo die parallel ausgeübte Kompetenz des Beistandes bzw. der Beiständin von den Eltern aktiv vereitelt wird. Da die Beistandschaft eine Kindesschutzmaßnahme ist, deren Errichtung zwingend eine Kindeswohlgefährdung voraussetzt, müssen sich Beiständ*innen bei ihrer Mandatsführung jeweils eng am Kindeswohl orientieren.

Insbesondere bei Konstellationen, wo die Beistandsperson der Ansicht ist, dass Kindeswohl und Kindeswille (falls der/die Mandatsführer*in sich überhaupt mit dem Kind diesbezüglich ausgetauscht und den Kindeswillen sorgfältig abgeklärt hat[25]) nicht kongruent sind, werden die Wünsche, Äußerungen und die Meinung des Kindes in die Überlegungen und Begründungen der Beistandsperson zwar regelmäßig miteinfließen, die Übermittlung des Kindeswillens wird jedoch in aller Regel in eine langfristig angelegte und am Kindeswohl orientierte Perspektive umgeformt respektive relativiert. Unter Umständen wird dem Kind bereits bei der Erfragung seines Willens (falls dies überhaupt geschieht) eine bestimmte Zurückhaltung für die Übermittlung von abweichenden Äußerungen signalisiert. Demzufolge stellt sich in diesem Zusammenhang die drängende Frage, ob sich das Kind in seinen Äußerungen tatsächlich gehört und ernst genommen fühlt. Die Beistandsperson wird dem Kind aus diesen Gründen oftmals nicht die Sicherheit geben können, dass seine Wünsche und Meinungen im laufenden Kindesschutz- oder Gerichtsverfahren mit Nachdruck eingebracht werden.[26] Dies gilt umso mehr, da häufig weder Eltern noch Kind die KESB und die Beistandsperson (klar)

---

24 Art. 308 Abs. 2 i.V.m. Abs. 3.

25 Dies ist in der Praxis leider mitnichten stets sichergestellt.

26 Vgl. LEUTHOLD/SCHWEIGHAUSER (2016), S. 468ff.

auseinanderhalten können (oder die Beistandsperson als Handlangerin der Behörden erleben) und sich überdies regelmäßig mehr oder weniger bewusst sind, dass das Mandat nicht behördenunabhängig geführt wird.

4.9.2 Funktionen und Aufgaben der Kindesvertretung in Abgrenzung zur Beistandschaft

Demgegenüber wird eine Kindesvertretung immer »nur« für ein Kindesschutz- oder Gerichtsverfahren angeordnet, um während der Dauer des Verfahrens die Interessen des Kindes zu vertreten und dem Kind im Verfahren eine Stimme zu geben. Spätestens wenn das Verfahren durch einen rechtskräftigen Entscheid der KESB bzw. des Gerichts abgeschlossen wird, endet im Gegensatz zur Beistandschaft (die unter Umständen bereits vor Eröffnung des Verfahrens bestand oder durch den Entscheid errichtet wird) auch die Kindesvertretung. Es ist im Rahmen der Rechtsvertretung des Kindes im Verfahren elementar, dass der/die Kindesvertreter*in bei der Ausübung aller Aufgaben die Optik des Kindes einbringt bzw. der KESB respektive dem Gericht und den anderen Verfahrensbeteiligten vermittelt. Denn nur allzu oft geht diese Optik, obwohl es eigentlich um das Kind geht, vollständig verloren, was zu einer Degradierung des Kindes in eine Objektrolle führt und die Kindeswürde (siehe 3.1.1 Menschenwürde) verletzt. Der Gesetzgeber will mit der Kindesvertretung die verfahrensrechtliche Position des Kindes stärken. Daraus folgt, dass sämtliche Aufgaben, die mit der verfahrensrechtlichen Vertretung von Kindern im Zusammenhang stehen, von der Kindesvertretung erfüllt werden müssen. Dazu gehören insbesondere eine umfassende Abklärung des Sachverhalts mit Berücksichtigung sämtlicher Erkenntnisquellen. Diese bildet nämlich eine zwingende Voraussetzung für Stellungahmen, Antragstellung und allfällige Rechtsmitteleinlegung (im Gegensatz zur Kindesvertretung kann ein Beistand kein Rechtsmittel gegen einen KESB- bzw. Gerichtsentscheid ergreifen). Die Kindesvertretung hat eine von den Behörden (bzw. Gerichten) und Eltern unabhängige und sorgfältige Abklärung über das Kind und dessen Lebensumstände und -umfeld vorzunehmen. Zudem muss sie über vollständige Kenntnis der Akten verfügen, weshalb ihr ein uneingeschränktes Akteneinsichtsrecht zu gewähren ist. Auch der direkte Kontakt mit möglichst allen involvierten Personen bildet einen wichtigen Bestandteil der Sachverhaltsabklärung (siehe 3.4 Die Kindesvertretung: Person, Rolle, Aufgaben).[27]

4.9.3 Gemeinsamkeiten und Unterschiede zwischen Kindesvertretung und Beistandschaft

Gestützt auf die vorstehenden Erläuterungen zu den Aufgaben und zur Funktion der Kindesvertretung und der Beistandsperson lässt sich festhalten, dass sich beide Rechtsinstitute im (teilweise vermeintlichen) »Spannungsfeld« zwischen Kindeswille, Kindeswohlüberlegungen, Kinder- und Elternrechten bewegen und dann eingesetzt werden, wenn die Eltern nicht mehr in der Lage sind, die Interessen ihrer Kinder angemessen wahrzunehmen. Insofern kann es bei der konkreten Tätigkeit zu Überschneidungen kommen. Der anordnenden KESB (bzw. dem Gericht) kommt ein großes Ermessen bei der Frage zu, ob die Rechtsinstitute angeordnet werden sollen. Bei beiden Rechtsinstituten kann und muss bei der Frage, welche Person eingesetzt wird, auf die Wünsche des urteilsfähigen Kindes nach Möglichkeit Rücksicht genommen werden. Sowohl Beistandschaft als auch Kindesvertretung haben bei der Ausübung ihrer Tätigkeit das Kindeswohl zu beachten. Ein fundiertes inter- oder gar transdisziplinäres Verständnis im juristischen, fürsorgerischen und psycho-sozialen Bereich bildet die Grundlage für eine gewinnbringende Mandatsführung, weshalb Zusatzausbildungen für die jeweiligen Mandatsträger*innen notwendig sind und auch angeboten werden.

Ähnlich wie es für eine Beistandsperson zur Wahrnehmung ihrer Aufgaben wichtig ist, kann es für die Kindesvertreterin oder den Kindesvertreter unter Umständen unabdingbar sein, zumindest an wichtigen Standortgesprächen von Kinder- und Jugendheimen teilzunehmen und direkt vor Ort in der Institution und aus erster Hand durch die Bezugsperson des betroffenen Kindes im Heim über den Verlauf des Heimaufenthalts und die Entwicklung des Kindes informiert zu werden und sich über den weiteren Verlauf bzw. mögliche Perspektiven auszutauschen (siehe 3.4 Die Kindesvertretung: Person, Rolle, Aufgaben).

Der Auftrag der Beistandschaft muss und soll jeweils für den Einzelfall möglichst maßgeschneidert und konkretisiert werden; schwerpunktmäßig steht dabei die Arbeit mit den Eltern im Vordergrund. Gerade der Austausch mit dem Kind kommt in der Praxis relativ selten vor und steht entsprechend

---

27 Vgl. Leuthold/Schweighauser (2016), S. 475f.

regelmäßig nicht im Vordergrund. Demgegenüber steht bei der Kindesvertretung die Arbeit mit dem Kind im Zentrum. Der Auftrag der Kindesvertretung ergibt sich aus deren Funktionen und aus dem Gesetz (Vertretung des Kindes in einem laufenden Verfahren) und kann von der Behörde auch nicht eingeschränkt werden (z.B. Auftrag, lediglich eine Abklärung über das Kind zu machen). Sofern die Eltern mit der Mandatsführung der Beistandsperson nicht einverstanden sind, können sie jederzeit die KESB anrufen (Art. 419 ZGB) oder sogar die Abberufung (oder den Wechsel) der Beistandsperson beantragen (Art. 423 Abs. 1 ZGB). Beides ist bei der Kindesvertretung nicht möglich, da die Unabhängigkeit gewährleistet sein muss. Bei der Kindesvertretung beschränkt sich die Interventionsmöglichkeit der Eltern auf eine allfällige Beschwerde im Zeitpunkt der Einsetzung der Vertretungsperson, die sich gegen die Einsetzung als solche oder dann gegen die Person, die eingesetzt wird (z.B. ungenügende fachliche Fähigkeiten), richten kann. Bei groben Pflichtverstößen kann die Kindesvertretung auch von Amtes wegen ausgetauscht werden. Beistände sind im Verfahren nicht im eigentlichen Sinn Verfahrensbeteiligte. Sie können zwar durch einen Antrag ein Verfahren anstoßen; sie haben jedoch keinerlei Möglichkeit, vom Antrag abweichende Beschlüsse der KESB bzw. des Gerichts anzufechten. Überdies haben die Beistandspersonen periodisch Rechenschaft über ihre Tätigkeit zu erstatten (Art. 411 ZGB). Im Unterschied dazu ist die Kindesvertretung im Verfahren vor der KESB bzw. vor dem Gericht verfahrensrechtlich den anderen Parteien »gleichgestellt«: Sie kann Anträge stellen, Rechtsmittel einlegen bzw. wird, soweit von einer anderen Partei ein Rechtsmittel eingelegt wird, das Kind auch im Beschwerdeverfahren weiter vertreten. Einer Rechenschaftspflicht analog zu Art. 411 ZGB unterliegt sie nicht; auch können ihr keine verbindlichen Weisungen erteilt werden, wie sie die Rechtsvertretung des Kindes auszuüben hat. Während die Tätigkeit der Kindesvertretung auf die Einbringung des Kindeswillens unter Berücksichtigung des Kindeswohls ins Verfahren gerichtet ist, geht es bei der Erziehungsbeistandschaft, die eine klassische und weit verbreitete Kindesschutzmaßnahme ist, im Wesentlichen um die Abwendung einer Kindeswohlgefährdung. Die Einsetzung einer Kindesvertretung setzt zwingend ein laufendes Verfahren voraus und das Mandat endet mit dem rechtskräftigen Abschluss des Verfahrens. Demgegenüber ist die Erziehungsbeistandschaft als Dauerauftrag konzipiert; oft besteht sie bereits vor einem neuen Verfahren oder nimmt die Tätigkeit erst nach dem Verfahren auf, in welchem die Kindesvertretung aktiv war. Die Beistandschaft bleibt so lange bestehen, bis sie nicht mehr notwendig ist oder das Kind volljährig wird, wobei der Beistand im Gegensatz zur Kindesvertretung einen Schluss- bzw. Rechenschaftsbericht zuhanden der KESB zu erstellen hat.

4.9.4 Austausch zwischen Kindesvertretung und Beistandsperson

Zur umfassenden Abklärung der Situation des Kindes bzw. zur Sozialgeflechtsarbeit gehört in der Regel auch der Kontakt mit einem bereits eingesetzten Beistand, der das Kind und die relevanten Fragestellungen oft schon länger kennt. Als weisungsgebundene Person, die in der Regel mit der Umsetzung bereits getroffener Entscheidungen betraut ist und nicht nur das Kind, sondern das Familiensystem im Blick hat (wobei auch die Kindesvertretung dieses im Blick haben muss), unterscheidet dieser sich aber von der Kindesvertretung, welche nur den Interessen des Kindes verpflichtet ist. Zudem ist das Kind gelegentlich mit Handlungen und Entscheidungen der Beistandsperson ausdrücklich nicht einverstanden und sucht gerade deshalb die Unterstützung durch eine Kindesvertretung. Rollenklärungen, im Interesse des Kindes zu treffende Absprachen und kooperatives Verhalten helfen, eine konstruktive (und interdisziplinäre) Zusammenarbeit auch dann zu etablieren, wenn sich die Vorstellungen über die gute Lösung für das Kind unterscheiden. Es ist in der Regel von großer Wichtigkeit, dass sich die Kindesvertretung mit der Beistandsperson austauscht und bereits zu Beginn gegenseitig eine Rollenklärung vorgenommen wird. Namentlich in Konstellationen, in welchen die eingesetzten Fachpersonen einen unterschiedlichen beruflichen Werdegang aufweisen, können bei einer professionellen und interdisziplinären Zusammenarbeit der Fachpersonen beide vom jeweiligen Fachwissen der anderen Person profitieren, was letztlich dem betroffenen Kind zugutekommt. Weiter ist wichtig, auch mit dem Kind die eigene Rolle altersgerecht zu definieren, damit nicht falsche Erwartungen geweckt bzw. enttäuscht werden. Soweit – was bei komplexen Fällen oft zutrifft – auch andere Verfahrensbeteiligte (Gutachter*innen, Familienbegleiter*innen, Therapeut*innen u.a.m.) involviert sind, sollten diese über das Ergebnis dieser Rollenklärung aufgeklärt werden. Findet keine Rollen- und Aufgabenklärung statt, kann dies zu Konfusion, Unverständnis und Missverständnissen insbesondere beim Kind, den beiden Eltern und bei anderen Verfahrensbeteiligten führen, was statt Entlastung und wirksamer Partizipation (inkl. Stärkung der Resilienz) für das Kind eine zusätzliche Belastung, verbunden mit Orientierungslosigkeit, hervorrufen kann. Der fachliche Austausch sollte bei längeren Kindesvertretungsmandaten regelmäßig erfolgen. Dabei geht es einerseits darum, Doppelspurigkeiten zu vermeiden und damit Ressourcen zu schonen, andererseits Unklarheiten in Bezug auf die Arbeit mit dem Kind und den Eltern zu verhindern. Regelmäßig wird die Beistandsperson das umsetzen müssen, was im Verfahren unter Berücksichtigung der Stellungnahmen und Anträge der Kindesvertretung entschieden wird. Insoweit kann es unter Umständen Sinn machen, gewisse Stellungnahmen und Anträge im Hinblick auf die Umsetzung mit der Beistandsperson vorgängig zu besprechen, um gegebenenfalls im Interesse des Kindes Anpassungen vornehmen zu können: Es macht keinen Sinn, etwas zu beantragen, was danach wegen divergierender rechtlicher und/oder faktischer Vorgaben nicht umgesetzt werden kann. Werden die Rollen und Aufgaben zweckmäßig wahrgenommen, kann durch die Kombination beider Rechtsinstitute eine optimale Partizipation von Kindern (als Rechtssubjekt, siehe 2.2 Einblick in die Praxis der Kindesvertretung in Europa, Schweiz) und Schutz in Verfahren gewährleistet werden. In diesem Sinne sind die beiden Rechtsinstitute zueinander komplementär.[28]

4.10 Zusammenarbeit verschiedener Fachpersonen

Zumeist gibt es mehrere Fachpersonen, die ein Kind gut kennen, sei es, weil sie es viele Stunden am Tag betreuen bzw. beschulen (Kita-Mitarbeitende, Betreuungspersonen in stationären Institutionen, Lehrpersonen), weil sie mit dem Kind in einem engen Setting arbeiten (therapeutisch arbeitende Fachpersonen) oder weil sie das Kind schon lange punktuell sehen (z.B. Kinderärzt*innen). Alle diese Personen können für die Arbeit der Kindesvertretung wertvolle Anhaltspunkte liefern. Ein Austausch mit ihnen hilft, eine passende Planung vorzunehmen und die Situation des Kindes zu verstehen. Manchmal widersprechen sich die Vorstellungen verschiedener Fachpersonen. Es erscheint hilfreich, hier weniger die Idee zu verfolgen, dass eine Meinung stimmiger sei als die andere, sondern dass es sich um wertvolle Bausteine eines »Ganzen« handelt.

Im Austausch mit Fachpersonen achtet die Kindesvertretung darauf, dass sie Informationen, für welche das vertretene Kind Vertraulichkeit einfordert, auch entsprechend behandelt.

---

28 Vgl. LEUTHOLD/SCHWEIGHAUSER (2016), S. 482f.

Vignette:
Bei der 10-jährigen Karina steht der Verdacht im Raum, dass sie sexuelle Übergriffe durch ihren Vater erlebt hat. In der Folge wurden vorerst die Besuche Karinas beim Vater gestoppt. Karina wünschte daraufhin, telefonischen Kontakt mit dem Vater aufzunehmen. Der Vater möchte sofort wieder zu unbegleiteten Kontakten mit seiner Tochter übergehen und lässt sich auf einen telefonischen Kontakt mit Karina nicht ein. Bevor der Kindesvertreter dies mit Karina bespricht, klärt er mit ihrer Therapeutin, ob es für das Mädchen aus psychologischer Sicht zumutbar wäre, direkte Kontakte mit dem Vater ins Auge zu fassen.

»Guten Tag
Ich wollte Ihnen noch ein Feedback bezüglich Ihrer Unterstützung geben.
Ich bin sehr froh, dass ich Ihre Hilfe bekommen habe. Ohne Sie würde ich nicht an dem Punkt stehen, wo ich jetzt bin. Dafür möchte ich mich herzlich bedanken. Dass Sie mich vertreten, ist mir eine große Hilfe, und ich möchte mir nicht vorstellen, wie es wäre, ohne Anwalt dazustehen. Ich bin froh, von jemandem Unterstützung zu bekommen, der mich versteht und auch ernst nimmt, was ich sage. Ich fühle mich bei Ihnen in guten Händen und besser machen geht fast nicht.
Vielen Dank für Ihre Unterstützung
Liebe Grüße«

Julia

5. Fallbeispiele

In diesem Kapitel wird mit mehreren Fallbeispielen dargelegt, wie professionelles Handeln in der Kindesvertretung konkret aussehen kann. Reflexive Anteile bei den Schilderungen verweisen auf die zentrale Stellung der Reflexion in der professionellen Arbeit, zeigen aber auch auf, dass die Arbeit der Kindesvertretung immer wieder mit Abwägungen und Unsicherheiten verbunden ist. Wie bereits in den Vignetten sind die Namen und Situationen, den Datenschutz und den Respekt gegenüber den betroffenen Personen berücksichtigend, selbstverständlich verändert.

5.1 Fallbeispiel Nora, »Wegzug der Mutter ins Ausland« – Bedeutung langjährige Vertrauensperson/Entlastung

Ausgangslage

Die Eltern der 10-jährigen Nora sind Parteien in einem Scheidungsverfahren. Nora wohnt bei der Mutter, der Vater hat ein ausgedehntes Besuchs- und Ferienrecht, die Wohnungen der Eltern liegen im gleichen Quartier. Das Eheschutz- und Scheidungsverfahren wird im Bereich der Kinderbelange dominiert vom Wunsch und Antrag der Mutter, die gerichtliche Erlaubnis zu erhalten, ihren Wohnsitz mit Nora nach Brünn/Tschechien zu verlegen, wo die Mutter geboren wurde und einen Großteil ihres Lebens verbracht hat. Begründet wird der Antrag u.a. damit, dass die Mutter seit Jahren keine Arbeit finde, die ihr entspreche, und nur in Tschechien wieder eine Stelle finden könne. Nora kennt Tschechien von Ferienaufenthalten her. Der erstinstanzliche Eheschutzrichter hat den Wohnsitzwechsel gegen den Antrag des Vaters gutgeheißen, dieser Entscheid wurde indessen in der Folge durch das Obergericht aufgehoben. Nachdem sich Nora in einer Anhörung und über ihre Kindesvertreterin gegen einen Umzug nach Tschechien ausgesprochen hat, erteilt der

Scheidungsrichter die Zustimmung zum Wegzug nicht, das Verfahren ist nun am Obergericht hängig. Nora ist mittlerweile dreizehn Jahre alt.

Fallverständnis

Nora zeigt gegenüber der Kindesvertreterin und dem Gericht von Anfang an eine eher ablehnende Haltung bezüglich des Wegzugs aus der Schweiz. Immer wieder äußert sie sich aber auch ambivalent, was nicht erstaunlich ist, da sie mit beiden Eltern emotional eng verbunden wirkt. Dass die Alternative des Hierbleibens in der Schweiz für die Mutter keine denkbare Alternative darstellt, macht es für Mutter und Tochter umso schwieriger, über diesen Punkt zu sprechen. Nora sagt, dass sie über dieses Thema fast ausschließlich mit ihrem liebsten Stofftier spricht. Das Verfahren zieht sich schon jahrelang hin, sodass sich der Disput um diesen Punkt immer stärker zum Damoklesschwert entwickelt, das permanent über Nora und der ganzen Familie schwebt, obwohl die Eltern über die anderen Themen rund um die Scheidung recht gut miteinander sprechen können.

Intervention der Kindesvertreterin

Die Kindesvertreterin führte während den neuralgischen Verfahrensphasen mehrere längere Gespräche, wofür Nora sich dankbar zeigte. Dazwischen lagen Monate ohne Aktivität (Schriftenwechsel mit mehreren Fristerstreckungen etc.). Die beteiligten Richter setzten immer wieder längere Einigungsverhandlungen mit den Parteien an, an denen auch die Kindesvertreterin teilnahm und sich dann darauf konzentrierte, die zulasten von Nora laufende und sich mit den Jahren verschärfende Dynamik aufzuzeigen (Zuschiebung der Verantwortung für das »Schicksal« der Mutter). In diesen mehrstündigen Gesprächen kam jeweils keine Einigung zustande. Der Kindesvertreterin war es im Gespräch mit Nora wichtig, die Bedeutung des Gerichtsverfahrens einzuordnen, ihr kurz- und mittelfristige Perspektiven aufzuzeigen und klarzustellen, dass sie nicht für das Schicksal ihrer Mutter verantwortlich ist, um Nora zu entlasten.

Reflexion

In langjährigen Gerichtsverfahren, welche durch die Uneinigkeit in einem einzigen, aber alle anderen Themen an den Rand drängenden Punkt von einem Elternteil durch alle Instanzen gezogen werden, rückt die Rolle der Kindesvertretung als erklärende und das Geschehen permanent gemeinsam mit dem Kind einordnende Begleitung oft in den Vordergrund. Dies kann sich auf das

Kind entlastend auswirken. Die Kindesvertreterin erkannte, dass sie immer wieder mit ambivalenten Äußerungen von Nora rechnen und dann sorgsam damit umgehen musste. Es ging darum, den sich teils widersprechenden Äußerungen Raum zu geben, ohne gegen außen sofort zu reagieren. Für die Kindesvertreterin erwies es sich als hilfreich, das Spannungsverhältnis, in welchem sich Nora befindet, immer wieder zu reflektieren.

5.2 Fallbeispiel Drei Söhne, »Umzug vom Dorf in die Stadt« – Bedeutung Erstkontakt

Ausgangslage

Drei Söhne, 11, 9 und 7, leben seit der Trennung ihrer Eltern unter der Obhut der Mutter. Der Vater betreut die Kinder im Rahmen eines erweiterten Besuchsrechts nebst jedem zweiten Wochenende jeden Freitag. Die Mutter ist russisch-schweizerische Doppelbürgerin, Chirurgin und spielt Cello. Der Vater ist Schweizer, betreibt einen Reitstall und züchtet und verkauft Pferde. Nach der Trennung hat die Mutter mit den Kindern ein kleines Häuschen im gleichen Dorf wie der Vater bezogen; alle drei Buben sind sich den Umgang mit Pferden gewohnt und reiten gelegentlich. Die drei Buben werden im Scheidungsverfahren vom Richter angehört. Sie äußern die Befürchtung, dass die Mutter mit ihnen aus dem Dorf wegziehen könnte, ohne dies mit dem Vater abzusprechen, sie wollen aber unbedingt in ihrer bisherigen Schule bleiben. Die Mutter sei im Spital, in welchem sie operiert, befördert worden und liebäugle nun mit einer Wohnung ganz in der Nähe des Spitals (Distanz zum Dorf rund 25 km). Das Gericht setzt eine Kindesvertretung ein.

Fallverständnis

Die Kindesvertreterin sichtet die Akten. Die Mutter wirft dem Vater häusliche Gewalt und fehlende Förderung der Kinder in schulischen und musischen Belangen vor. Das Reiten hält sie eher für Zeitverschwendung. Der Vater behauptet, die Mutter sei regelmäßig am Rande ihrer Kräfte und schreie die Kinder an, welche deswegen lieber mehr Zeit bei ihm verbringen möchten. Beide haben Strafanzeigen gegen den anderen eingereicht. Die Schule hat eben eine Gefährdungsmeldung gemacht. Die Schulsozialarbeiterin berichtet, dass sich vor allem die beiden älteren Kinder (welche die dritte und die fünfte Klasse besuchen) von der Mutter unter Druck gesetzt fühlen; die beiden Älteren hatten die Schulsozialarbeiterin aus eigener Initiative aufgesucht.

Die Kindesvertreterin wählt für den Erstkontakt üblicherweise den Ort, an dem die Kinder die meiste Zeit leben. Da die Kinder vor Gericht der Mutter einen überstürzten Wegzug zugetraut haben und weil zudem die Schulsozialarbeiterin einen erheblichen Druck der Mutter auf die Kinder beschrieben hat, entschließt sich die Kindesvertretung in diesem Fall dazu, die Kinder zuerst beim Vater zu besuchen. Sie hat bereits verschiedene Hypothesen erarbeitet: Die Kinder sind ambivalent zwischen den eigenen Wünschen und denjenigen ihrer Eltern mit je starken und stark unterschiedlichen Vorstellungen; es handelt sich um eine ehrgeizige Mutter, welche ihre Kinder vom bäuerlichen in ein urbanes Umfeld versetzen möchte; der Vater ist möglicherweise gewaltbereit, weil er gewohnt ist, sich durchzusetzen.

Erstkontakt

Der Vater ist nur zu Beginn anwesend und begibt sich dann auf einen Ausritt. Die Kinder erzählen in der Folge offen vom unmittelbar bevorstehenden Umzug der Mutter, von welchem der Vater nichts wissen dürfe. Es ist Mitte Mai; die Mutter hat bereits Schnuppertage im neuen Schulhaus für alle drei Kinder vereinbart und will, dass sie noch vor den Sommerferien in die neue Schule wechseln. Der Schulbesuch in der jetzigen Schule ist von der neuen Wohnung der Mutter aus zwar möglich, aber mit erheblichem Fahraufwand verbunden. Alle drei Kinder betonen, dass sie auf keinen Fall die Schule wechseln möchten und ihnen auch das Reiten wichtig ist.

Angesichts der hohen zeitlichen Dringlichkeit kann die Kindesvertretung keinen zweiten Besuch, diesmal bei der Mutter, machen und hat auch nicht die Möglichkeit, die Mutter sonst kurz kennen zu lernen. Obwohl sie sich bewusst ist, dass ihr Blick auf die Situation der Kinder deshalb unvollständig ist und sie diesen Aspekt reflektiert, prägt der Erstkontakt gleichwohl ihre Wahrnehmung der Situation der Kinder während des ganzen Verfahrens.

Die Mutter erfährt davon, wie sich die Kinder geäußert haben. Kurze Zeit später rufen die Kinder die Kindesvertretung an und teilen ihr mit, dass sie nun doch gerne umziehen möchten.

Intervention der Kindesvertreterin

Angesichts des hohen Zeitdrucks – der Umzug steht unmittelbar bevor, die Kinder wollen nicht umziehen – verzichtet die Kindesvertreterin auf einen zweiten Kontakt mit den Kindern. Sie geht davon aus, dass die Mutter die Zustimmung des Vaters für den Umzug nicht benötigt, da das bisher gelebte Kontaktrecht weiterhin möglich ist, wenn auch mit größerem Fahraufwand.

Sie hat den Eindruck gewonnen, dass die Kinder von ihrem Wunsch, im Dorf zu bleiben, überzeugt sind. Die Kindesvertreterin stellt beim Gericht superprovisorisch den Antrag, die Kinder seien für die Dauer des Scheidungsverfahrens unter die Obhut des Vaters zu stellen. Das Gericht heißt diesen Antrag gut.

Weiterer Fallverlauf und Reflexion

Das vom Gericht in Auftrag gegebene Gutachten kommt zum Schluss, dass die Verwurzelung der Kinder im Dorf wichtig und der Vater zurzeit der verlässlichere Elternteil ist. Es empfiehlt vorläufig die Weiterführung der Obhut beim Vater, den Eltern eine Mediation und bei deren Gelingen eine alternierende Obhut.

Die Kindesvertreterin beurteilt ihre Intervention im Rückblick als angemessen, weil nur so den Kindern der Schulstandort, der ihnen so wichtig war, erhalten werden konnte. Gleichzeitig hat das Superprovisorium heftige Reaktionen der Mutter bewirkt (eigenes Superprovisorium, Verhärtung im Konfliktverhalten). Wäre das Zeitfenster größer gewesen, hätten unbedingt ausführliche Gespräche mit den Eltern und ein zweites Gespräch mit den Kindern am Wohnort der Mutter stattfinden müssen, bevor ein Antrag ans Gericht gestellt wurde. Es ist gut möglich, dass auf diese Weise schon damals die Ambivalenz der Kinder, die vielleicht mit dem Willen verbunden ist, auch den Anliegen der Mutter zu genügen, stärker sichtbar geworden wäre.

5.3 Fallbeispiel Maja »Adoption Kleinkind« – Kindeswohl, nicht Kindeswillensvertretung

Ausgangslage

Eine serbische Schwangere reist zu ihrer Cousine in die Schweiz und bittet sie um Hilfe für eine Abtreibung. Sie gibt an, von einem Bekannten vergewaltigt worden zu sein. Eine Rückkehr in ihre Heimat mit dem Kind sei nicht möglich, da sie mit einem Ehrenmord rechnen müsse.

Die werdende Mutter kommt in Kontakt mit einer Freikirche. Diese bietet ihr an, geeignete Adoptiveltern für das Ungeborene zu suchen. Sie lässt sich überzeugen und unterzeichnet bereits vor der Geburt eine Adoptionserklärung, wonach sie ihr Kind zur Adoption freigibt, wenn das von der Freikirche vorgeschlagenen Paar Pflege- resp. Adoptiveltern wird. Die vor der Geburt abgegeben Erklärung ist indessen nicht gültig, das ausgewählte Paar verfügt zudem über keine Pflegeplatzbewilligung, weshalb das Baby nach der Geburt in ein Kinderheim kommt. Die Mutter gibt ihm den Namen Maja. Im Alter von sechs Monaten wird Maja zu Pflegeeltern platziert, die sie auch adoptieren möchten. Die Mutter hat Maja nach der Geburt einmal – nach etwa zehn Wochen – besucht. Sie möchte immer noch, dass das von der Freikirche vorgeschlagene Paar ihr Kind adoptieren kann, ansonsten ist sie nicht bereit, ihre Zustimmung zur Adoption zu erteilen. Die KESB setzt eine Kindesvertreterin ein.

Fallverstehen und weitere Entwicklung

Die Kindesvertreterin besucht Maja, welche inzwischen einige Monate bei ihren Pflegeeltern lebt. Maja ist sehr vertraut mit ihren Pflegeeltern und ein äußerst zufriedenes Kind. Bezüglich ihrer Entwicklung bestehen keine Auffälligkeiten.

Die leibliche Mutter beantragt, ihre Tochter sei nun zu den Pflegeeltern ihrer Wahl umzuplatzieren; unter diesen Umständen wäre sie nach wie vor mit einer Adoption einverstanden. Die Kindesvertreterin unterstützt diesen Antrag nicht, weil die vorgeschlagenen Pflegeeltern keine Pflegeplatzbewilligung haben und ihr das Kind bei seinen aktuellen Pflegeeltern gut aufgehoben scheint. Interesse an einer Beziehung zu ihrer Tochter hat die Mutter weiterhin keine.

Zehn weitere Monate später ändert die Mutter ihre Meinung. Sie möchte Maja nun zu sich nehmen. Maja hat inzwischen eine enge Bindung an ihre Pflegeeltern entwickelt.

Intervention der Kindesvertreterin, Entscheide von KESB und Obergericht

Die Kindesvertreterin vertritt im Verfahren vor der KESB die Meinung, dass Maja (zumindest zurzeit) bei ihren Pflegeeltern bleiben soll; sie hält eine Rückplatzierung zur Mutter für destabilisierend und die Mutter in ihren Absichten zu unstet. Die KESB schätzt die Situation gleich ein, nicht aber das Obergericht, welches das mittlerweile zweijährige Kind nach einer schrittweisen Angewöhnung zur Mutter zurückplatziert. Die Kindesvertreterin konnte das Kind kennen lernen, bezüglich ihrer Anträge muss sie sich aber in erster Linie auf Überlegungen zum Kindeswohl stützen.

Reflexion

Die Kindesvertreterin schätzt die Situation auch im Rückblick so ein, dass die enge Bindung Majas an ihre Pflegeeltern stark zu gewichten war. Die Pflegeeltern zeigten sich Maja gegenüber als deutlich verlässlicher, vertrauter und verfügbarer als die leibliche Mutter. Immerhin scheint die Mutter zwei Jahre nach der Geburt wesentlich stabiler zu sein und in ihrem Entschluss, ihre Mutterrolle nun übernehmen zu wollen, so weit gefestigt. Es kommt nun darauf an, ob Maja im Verlauf der schrittweisen Angewöhnung auch zu ihrer Mutter eine genügend vertraute Beziehung aufbauen und somit vom Wechsel profitieren kann.

5.4 Fallbeispiel Leo und Lia »Kontaktregelung nach häuslicher Gewalt« – Positiver Effekt der expliziten Berücksichtigung der Meinung der Kinder

Ausgangslage

Leo, 10, und Lia, 8, ziehen bei der Trennung ihrer Eltern zusammen mit der Mutter zuerst zur Großmutter mütterlicherseits. Während des Zusammenlebens der Eltern haben sie vielfach miterlebt, wie der Vater die Mutter schlug, einmal stieß er sie die Treppe hinunter. Kurz nach dem Auszug verschafft sich der Vater mit Gewalt Zutritt zum neuen Zuhause: Er klettert über den Balkon, schlägt die Glastür ein und verlangt ultimativ, seine Kinder zu sehen. Diese verbarrikadieren sich in ihrem Zimmer und stehen große Ängste aus, als der Vater an die Tür poltert. Lia flüchtet mit einem Sprung aus dem Fenster im ersten Stock. Das jahrelange Miterleben von häuslicher Gewalt und das Erfahren der als akute und massiv empfundenen Gewalt durch den Vater gegen sie selber führt nach Einschätzung der behandelnden Kinderpsychologin zu einer posttraumatischen Belastungsstörung bei Leo und Lia. Die Mutter beantragt im Eheschutzverfahren, dass die Kinder unter ihre Obhut gestellt werden und bis auf Weiteres kein Kontakt zwischen dem Vater und den Kindern stattfindet. Der Vater beantragt, die Kinder seien unter seine Obhut zu stellen, weil die Mutter generell überfordert, ein »Messie« und nicht in der Lage sei, angemessen für die Kinder zu sorgen.

Fallverstehen

Der Kindesvertreter kann auch Einsicht in das Protokoll des Polizeieinsatzes sowie die Zwischenberichte der Psychologin, welche Leo und Lia therapeutisch begleitet, nehmen. Er plädiert zusammen mit der Psychologin für ein Zuwarten mit Kontakten, bis die Traumabearbeitung erfolgreich abgeschlossen ist. Im Gespräch mit den Kindern erfährt der Kindesvertreter, dass Leo seinen Vater unbedingt möglichst rasch wiedersehen möchte, Lia dagegen ist dazu noch nicht bereit. Auch bei einem zweiten Gespräch bleiben beide Kinder bei ihrer jeweiligen Meinung.

Intervention des Kindesvertreters

Aus zeitlichen Gründen sind Gespräche mit den Eltern nicht möglich, weil zwei Wochen nach der Einsetzung bereits die Eheschutzverhandlung stattfindet und sich der Kindesvertreter zuerst mit den Kindern unterhalten wollte. Im Rahmen der Einigungsverhandlung ist es aber gut möglich, die Wünsche der Kinder in einer Vereinbarung mit den Eltern so zu regeln, dass Leo vorerst bei den Besuchen begleitet wird und Lia bis auf Weiteres mit Kontakten zuwarten kann.

Reflexion und weiterer Verlauf

Das schrittweise Vorgehen und die Berücksichtigung der Bereitschaft der Kinder hat sich bewährt. Trotz großer Belastung der Kinder durch die häusliche Gewalt vermag Lia ein Jahr nach der Trennung begleitete Kontakte mit dem Vater aufzunehmen, die Begleitung kann ein weiteres Jahr später aufgehoben werden. Leo verbringt inzwischen Wochenenden und Ferien mit dem Vater, Lia unbegleitete Halbtage, welche sie demnächst auf Übernachtungen ausweiten möchte. Die Kinder erlebten die Kindesvertretung als Möglichkeit, ihre Vorstellungen einzubringen.

5.5 Fallbeispiel Drei Töchter »Kontaktverweigerung« – fehlendes Gehörtwerden verstärkt die Konflikthaftigkeit

Ausgangslage

Drei Töchter, 10, 8 und 5, sind im Zeitpunkt der Scheidung ihrer Eltern immer noch durch das Verhalten des Vaters während des Zusammenlebens der Eltern belastet. Der Vater litt an gravierenden Depressionen, war immer wieder schwer suizidal und suchte dann jeweils Trost vor allem bei der jüngsten Tochter. In der Phase der Trennung verhielt er sich den Kindern gegenüber sehr vorwurfsvoll, wenn sie sich ihm nicht so zuwenden mochten, wie er sich das wünschte. Alle drei wollten nach mehreren begleiteten Kontakten, welche von

Spannungen und Vorwürfen geprägt waren, den Vater nicht mehr besuchen. Die Kindesvertreterin konnte die drei Mädchen an mehreren Gesprächen bei der Mutter zuhause und bei ihr in der Kanzlei kennen lernen; sie konnten sich bezüglich ihrer Wünsche klar äußern. Der Vater willigte schließlich in eine Regelung ein, wonach die Kinder bei ihm stets willkommen seien, er sie aber niemals drängen werde, ihn zu besuchen.

Drei Jahre später verlangte der Vater, die KESB solle nun doch eine Kontaktregelung festlegen. Die Kinder reagierten verständnislos; für sie kam diese Forderung einem schweren Vertrauensbruch gleich, weil sie darauf vertraut hatten, dass ihre ausdrückliche Zustimmung zum Kontakt erforderlich sei.

Fallverstehen

Die Kindesvertreterin kennt die Kinder schon vom Scheidungsverfahren her. Schon damals hat sie insbesondere die Älteste in ihrer Sicht und auch ihrer Abneigung gegenüber dem Vater als sehr eigenständig wahrgenommen. Die Mutter versucht ihr Bestes, die Kontakte zu unterstützen. Sie kann aber nicht verbergen, dass sie selber ihren Ex-Mann nicht mehr erträgt. Die Ablehnung des Vaters durch die Kinder sitzt tief. Der Vater schätzt sich als genesen ein und erwartet, das ihm die Kinder eine zweite Chance geben.

Intervention der Kindesvertreterin

Die Kindesvertreterin begleitet die Kinder an die Gespräche mit der Beiständin und einer speziell eingesetzten Fachperson, welche die Kinder zu einem Kontaktversuch motivieren will. Das mehrmalige vorsichtige Nachfragen der Kindesvertreterin, unter welchen Umständen sie sich eine Begegnung vorstellen könnten, führt immer zu demselben Ergebnis: Alle drei wollen sich unter keinen Umständen auf ihren Vater einlassen.

Reflexion und weiterer Verlauf

Das Versprechen des Vaters, keinen Zwang anzuwenden, und das Brechen dieses Versprechens haben den letzten Goodwill der Kinder zerstört. Sie sind absolut nicht bereit, auf ihren Vater zuzugehen. Die Bemühungen der KESB dauern rund zwei Jahre; das Verfahren ist eine nachhaltige Belastung für die Kinder. Angesichts des erbitterten Widerstands der Kinder hätte dieses Verfahren früher beendet werden müssen; die daraus resultierenden Belastungen hatten für niemanden positive Auswirkungen. Entscheidend für die unterstützende Wirkung der Kindesvertreterin war das Vertrauen, dass die Kinder in sie hatten.

5.6 Fallbeispiel Emma »Sexualdelikte innerhalb der Familie« – Begleitung im Verfahren durch außenstehende Person hilft der Entflechtung

Ausgangslage

Emma, knapp 6, erzählt der Mutter, der getrenntlebende Vater sei beim letzten Besuch nackt hinter ihr hergerannt und habe komische Geräusche dazu gemacht. Die Mutter ist alarmiert. Sie organisiert eine Befragung bei der Kinderschutzgruppe. Die KESB setzt eine Kollisionsbeiständin ein.

Fallverstehen

Die Mutter ist aufgrund eigener schlechter Erfahrungen mit dem Vater im sexuellen Kontakt überzeugt, dass es zu sexuellen Handlungen mit Emma kam. Der Vater streitet dies ab. Im Kontakt mit dem Kindesvertreter verhält sich Emma zurückhaltend. Für diesen ist die Frage offen, ob etwas strafrechtlich Relevantes vorgefallen ist.

Intervention des Kindesvertreters

Der Kindesvertreter begleitet Emma an die zweite Anhörung bei der Kinderschutzgruppe und vertritt sie im Strafverfahren.

Reflexion und weiterer Verlauf

Der Vater wird freigesprochen, was aufgrund der Beweislage nicht überraschend ist. Die Aufgabe des Kindesvertreters beschränkt sich auf die Wahrnehmung der Rechte im Strafverfahren; Emma selbst hat sich gegenüber der Kindesvertretung an keinem der drei Kontakte dahingehend geäußert, dass etwa Schlimmes vorgefallen sei. Ob sie im Kontakt mit dem Kindesvertreter zurückhaltend war, weil sie keine Anliegen hatte, oder ob sie sich aus anderen Gründen nicht öffnen konnte, bleibt unklar.

5.7 Fallbeispiel Nina »Fremdplatzierung« – Kindesvertretung stärkt Selbstwirksamkeit

Ausgangslage

Nina, 16, wohnte seit der Trennung ihrer Eltern im Alter von 3 Jahren überwiegend bei der Mutter. Beide Eltern sind nicht nur untereinander, sondern auch mit ihren neuen, wechselnden Beziehungen oft in heftige Konflikte verstrickt.

Die Eltern sind nur ungenügend in der Lage, Ninas Bedürfnis nach einem verlässlichen Zuhause zu befriedigen. Nina zeigt in der Schule ein sehr auffälliges Verhalten. Als der Vater zu seiner neuen Frau auf die Philippinen auswandert, reagiert Nina mit Schulverweigerung. Sie wird mit 12 zuerst in ein Kinderheim, später in eine psychiatrische Institution platziert, von da wiederum in eine Jugendeinrichtung mit sehr striktem Regime. Schon mehrfach war sie »auf Kurve« (riss aus der Institution aus). Kurz vor ihrem 16. Geburtstag meldet sie sich selber bei der KESB, sie will aus der Jugendeinrichtung austreten und sich von einer Kindesvertreterin begleiten lassen.

Fallverstehen

Die Kindesvertreterin knüpft erste Kontakte mit Nina über Telefonate und Whatsapp, weil diese sich zu Beginn des Mandats gerade auf Kurve befindet. Sie kann Nina über den Verlauf des Verfahrens und die aus Sicht der KESB zwingend nötige Erstellung eines Gutachtens als Grundlage für eine Veränderung informieren. Nina wendet sich gelegentlich auch mit Alltagsfragen an die Kindesvertreterin. Der Wunsch von Nina nach einer neuen Unterbringung, nach mehr Freiheit, nach mehr selbstgestaltetem Leben ist unmissverständlich. Offen ist zu Beginn, welche Form von Unterbringung ihr nicht nur genügend Freiheit, sondern auch die nötige Unterstützung bietet.

Intervention der Kindesvertreterin

Der Antrag der Kindesvertreterin auf Aufhebung der Unterbringung sowie auf Rückplatzierung zur Mutter wird abgelehnt. Daraufhin besucht die Kindesvertreterin zusammen mit Nina weitere Institutionen und stellt den Antrag, Nina in der von ihr gewünschten Institution unterzubringen. Außerdem kümmert sich die Kindesvertreterin um die Finanzierung der Institution und motiviert Nina, sich am inzwischen in Auftrag gegebenen Gutachten zu beteiligen und nicht wieder auf Kurve zu gehen.

Reflexion und weiterer Verlauf

Die prompten und konkreten unterstützenden Handlungen der Kindesvertreterin haben es ermöglicht, dass Nina Vertrauen aufbauen konnte und Ratschläge zunehmend besser annimmt. Das Gutachten unterstützt einen offeneren institutionellen Rahmen bei Nina, was ihrem Wunsch nach mehr Freiheit entgegenkommt. Nina fühlt sich von der Kindesvertreterin und auch durch die Empfehlungen des Gutachtens auf ihrem Weg unterstützt und kann unter diesen neuen Umständen deutlich besser kooperieren. Sie wird von Schule, Institution, Beiständin und ihrem Psychologen nach wenigen Monaten als erheblich gereifter und verlässlicher wahrgenommen. Die Kindesvertretung geht davon aus, dass die Tatsache, dass sie nicht nur mit ihrem grundsätzlichen Wechselwunsch, sondern auch mit ihrem Einbezug in die Abklärungen gehört wurde, einen wesentlichen Anteil an dieser positiven Entwicklung hatte.

»Die einzige Person, welche meine Interessen vertreten und durchgesetzt hat, war meine Kinderanwältin. Die Beiständin und auch die meisten anderen Personen bei der KESB waren aus meiner Sicht nicht wirklich an meinem Wohl interessiert. Während meiner ganzen Zeit bei der KESB fühlte ich mich nie wirklich ernst genommen und meine Interessen und Wünsche wurden ewig nicht durchgesetzt. Auch waren für mich die Gespräche mit der Beiständin sehr belastend und sie und auch andere Leute der KESB machten auf mich keinen wirklich kinderfreundlichen Eindruck.«

Petra

6. Erfahrungen von Fachpersonen und Entscheidungsträgern

In diesem Kapitel sind Stellungnahmen und Einschätzungen von Fachpersonen und Entscheidungsträgern versammelt, die in ihrem beruflichen Alltag mit Kindesvertreter*innen zu tun haben. Wir haben allen Personen dieselben drei Fragen gestellt und ihre Antworten werden ohne Veränderung durch uns Autor*innen wiedergegeben:

- »Welche Erfahrungen haben Sie mit Kindesvertretungen gemacht?
- Können Sie sich zu Best Practices äußern?
- Haben Sie Wünsche oder Verbesserungsvorschläge bezüglich der Praxis der Kindesvertretung?«

Die Antworten sind weder repräsentativ noch müssen sie mit der Meinung und Haltung von uns Autor*innen übereinstimmen. Sie zeigen eindrücklich, wie heterogen das Institut der Kindesvertretung auch heute noch verstanden wird, wie unterschiedlich die Rolle und Funktion der Kindesvertretung zum Teil interpretiert werden und wie wenig festgelegt die Mandatsausübung der Kindesvertretung in der schweizerischen Praxis (noch) ist.

6.1 Erfahrungen und Einschätzungen von zwei Berufsbeiständinnen und einer im behördlichen Kindesschutz tätigen Person

Nicole Marthaler, Dipl. Sozialarbeiterin FH, Berufsbeiständin

Erfahrungen

In einem meiner komplexen Kindesschutzfälle hat die zuständige Kindes- und Erwachsenenschutzbehörde (KESB) einen Kinderanwalt beauftragt. Die Kinder hatten sich selber Hilfe geholt, weil sie von einem Elternteil psychische und physische Gewalt erlebten. Im Rahmen der Platzierung und der anschließenden Suche nach längerfristigen Lösungen wurde die Kindesvertretung eingesetzt.

In der Praxis ist die Zurückhaltung, Gespräche mit Kindern zu führen, leider immer noch recht ausgeprägt. Dies ist sehr schade, weil selbst kleinste Kinder, Säuglinge, schon gut ihren Willen und ihre Bedürfnisse zum Ausdruck bringen können. Eindrücklich war auch das Beispiel eines kognitiv eingeschränkten Kindes, welches mittels Bewegungen und einzelnen Wörtern auf die sexuellen Übergriffe innerhalb der Familie hingewiesen und damit einen Stein ins Rollen gebracht hat. Vielleicht ist es auch Furcht, in den Gesprächen mit Kindern etwas falsch zu machen, methodisch zu wenig versiert zu sein, die dazu führt, dass Kinderrechte missachtet werden und Anhörungen von Kindern in Kindesschutzverfahren oftmals immer noch zögerlich oder manchmal gar nicht durchgeführt werden.

Aus diesem Grund ist die Arbeit einer Kindesvertretung äußerst wichtig. Kinder erhalten eine Stimme und haben dadurch die Möglichkeit, sich Gehör zu verschaffen. Ihr Wille wird auf- und ernst genommen. Im eingangs erwähnten Fall konnten die Kinder die Erlebnisse schildern und auch aktiv mitwirken an der Suche nach Anschlusslösungen. Ein großer Vorteil einer Kindesvertretung ist, dass sich diese ausschließlich auf die Kinder und deren Willen konzentrieren kann. Dies ist in der Rolle als Abklärende in einer Kindesschutzabklärung oder als Beistandsperson oftmals anspruchsvoller. Die systemische Arbeitsweise bringt zwar verschiedene Sichtweisen ein, zeigt dadurch aber auch unterschiedlichste Bedürfnisse auf. Auch hat eine abklärende Person oder auch die Beistandsperson häufig schon längere Zeit mit dem Familiensystem zu tun oder bleibt auch länger involviert als eine Kindesvertretung. Dies kann dazu führen, dass die Interessen der Erwachsenen einen größeren Platz erhalten als die Interessen der Kinder. Die Grundlage vom rechtlich unterschiedlich ausgelegten Begriff des »Kindeswohls« wird dann auch je nach Bedürfnissen interpretiert. So werden oft gegensätzliche Argumente mit dem Begriff des »Kindeswohls« untermauert. Dies macht die Arbeit im Kindesschutz zusätzlich herausfordernd.

Ich habe die Zusammenarbeit mit dem Kinderanwalt in diesem Fall sehr geschätzt. Es war stets eine gegenseitige Wertschätzung spürbar und dadurch kam es zu einer echten gegenseitig unterstützenden Zusammenarbeit. Als Beiständin war es zudem ein entlastender Faktor, dass ein Kinderanwalt in einem komplexen Fall mit unterschiedlichsten Interessen als neutrale außenstehende Person den Kindeswillen formell korrekt erfassen und wiedergeben konnte. Es war ein fortlaufender Prozess und es kam zu vielen Gesprächen, Telefonaten und E-Mails. Aktuell ist in diesem Fall vorläufig zumindest das Mandat für den Kinderanwalt abgeschlossen. Ich kann mir aber gut vorstellen, dass je nach Weiterentwicklung, wenn wieder wichtige Entscheidungen anstehen sollten, erneut auf den Kinderanwalt zugegangen werden könnte, um dann abermals gemeinsam die Kinder zu unterstützen und die für sie bestmögliche Lösungen zu finden.

Wunsch

Mein Wunsch wäre es, dass in Zukunft die Zurückhaltung, Gespräche mit Kindern zu führen, etwas reduziert werden kann und die Hauptpersonen in Kindesschutzverfahren zu Wort kommen. Kindesvertretungen können mit ihrer alltäglichen Arbeit mithelfen, dass der Fokus immer wieder auf den Willen der Kinder gelenkt wird.

Angela Tschanz, Sozialarbeiterin MAS, Bereichsleiterin Kindes- und Erwachsenenschutz, Sozialdienst Region Wattenwil

Konkreter Fall

An einem konkreten Beispiel soll gezeigt werden, wie Kindern mit besonderen Bedürfnissen dank gelingender Kooperation und Rollenaufteilung zwischen Beistandsperson und Kindesvertretung im Rahmen eines Scheidungsverfahrens eine Stimme gegeben werden kann.

Die Beiständin gem. Art. 308 Abs. 1 und 2 ZGB der Geschwister Lila (15), Lasse (13) und Lovisa (11)[1] wurde vom Zivilgericht um eine Stellungnahme ge-

1 Alle Namen geändert.

beten. Der zuständige Richter teilte sinngemäß mit, dass er davon absehen wolle, die drei Kinder im Rahmen des Scheidungsverfahrens ihrer Eltern anzuhören. Lila und Lasse würden an einer Störung aus dem Autismusspektrum leiden und wären durch eine persönliche Anhörung überfordert. Lovisa werde aufgrund ihres jungen Alters nicht angehört.

Gestützt auf Erfahrungen aus der bisherigen Zusammenarbeit erachtete es die Beiständin jedoch durchaus als möglich, die Kinder in einem alters- und bedürfnisadäquaten Rahmen am Verfahren partizipieren zu lassen. Gerade in Bezug auf die Regelung und spätere Umsetzbarkeit der Vater-Kinder-Kontakte schien es der Beiständin wichtig, dass die Vorstellungen der Kinder vom Zivilgericht mitberücksichtigt werden können, insbesondere auch deshalb, weil sich die Kinder aufgrund des konflikthaften Kommunikationsverhaltens sowie der fehlenden Absprachefähigkeit der Eltern hinsichtlich der Vater-Kinder-Kontakte in einem Loyalitätskonflikt befanden.

Mit der Unterstützung des Kindesvertreters, welcher auf Antrag der Beiständin vom Zivilgericht eingesetzt wurde, konnten sich die Kinder in Folge ihren jeweiligen Möglichkeiten entsprechend einbringen und am Verfahren teilhaben. Ihre individuellen Vorstellungen und Wünsche in Bezug auf die Ausgestaltung der Vater-Kinder-Kontakte konnten in Erfahrung gebracht und schließlich in der Scheidungsvereinbarung der Eltern berücksichtigt werden. Damit einhergehend erfolgte eine Anpassung und Konkretisierung der Aufgaben der Beiständin, sodass diese die Familie bei der künftigen Umsetzung der erarbeiteten Lösung bestmöglich begleiten kann.

Die Kinder erhielten durch den Kindesvertreter die Möglichkeit, sich in einem passenden Rahmen mitzuteilen und ihre Bedürfnisse zu artikulieren. Hilfreich dabei war, dass der Kindesvertreter den Kindern Sicherheit vermittelte, indem er sie vorgängig über die Gestaltung der Gespräche informierte, sich Zeit für den Vertrauensaufbau nahm und die Eltern als wichtigste Bezugspersonen miteinbezog. Die respekt- und rücksichtsvolle Vorgehensweise des Kindesvertreters, sein Interesse an der Lebenswelt der Kinder sowie seine Authentizität dürften das »In-Kontakt-Kommen« mit den Kindern ebenfalls positiv beeinflusst haben.

Zwischen dem Kindesvertreter und der Beiständin etablierte sich eine funktionierende Zusammenarbeit sowie ein bereichernder interdisziplinärer Fachaustausch. Kennzeichnend dafür waren eine transparente und verlässliche Kommunikation auf Augenhöhe sowie die zeitnahe Absprache und Information über die jeweilige Vorgehensweise. So informierte sich der Kindesvertreter beispielsweise bei der Beiständin über (autismus)spezifische

Aspekte der kindlichen Kommunikation und Entwicklung und berücksichtigte diese bei der Herstellung des Kontakts zu den Kindern.

Die Beiständin profitierte in Bezug auf Verfahrensaspekte und die rechtliche Umsetzbarkeit von Empfehlungen vom Fachwissen des Kindesvertreters. Zu wissen, dass die Kinder im Scheidungsverfahren kompetent und einfühlsam begleitet werden, war zudem entlastend für die Beiständin.

Hinsichtlich der Zusammenarbeit zwischen der Familie und der Beiständin brachte die klare Aufgaben- und Rollenaufteilung zwischen dem Kindesvertreter und der Beiständin einen deutlichen Mehrwert.

Die Beiständin war bereits vor dem Scheidungsverfahren involviert. Sie war somit mit der familiären Situation vertraut, kannte Verhaltens- und Kommunikationsmuster und die Lebenswelt von Eltern und Kindern. In der vorliegenden konflikthaften Trennungssituation gestaltete sich der Vertrauensaufbau zu den Eltern jedoch als Balanceakt. Positionierte sich die Beiständin in Bezug auf die Ausgestaltung der Vater-Kind-Kontakte, bestand stets die Gefahr, dass sich ein Elternteil benachteiligt fühlte. Negative Auswirkungen auf die weitere Zusammenarbeit mit den Eltern zeichneten sich ab. Eine konsequente Orientierung an den Bedürfnissen der Kinder war erschwert.

Mit der Einsetzung des Kindesvertreters konnte diesem Umstand wirkungsvoll begegnet werden. Der Kindesvertreter hatte einen klaren und zeitlich begrenzten Auftrag im Rahmen der Scheidung, welcher explizit die Wahrung der Interessen und Bedürfnisse der Kinder beinhaltete. Der Aufbau einer Vertrauensbeziehung zu den Eltern spielte dabei lediglich eine untergeordnete Rolle.

Die Bereitschaft zur Kooperation zwischen Kindesvertreter und Beiständin spiegelte sich folglich in einem gelingenden Fallverlauf wider. Der Kindesvertreter interessierte sich für die Erfahrungen der Beiständin in der Zusammenarbeit mit der Familie und ließ die Einschätzungen der Beiständin in seine Arbeit einfließen. So konnte gemeinsam ein Vorschlag zur Regelung der Vater-Kinder-Kontakte und zur Anpassung der beistandschaftlichen Aufgaben erarbeitetet werden, welcher sowohl bewährte Vorgehensweisen als auch mögliche Stolpersteine berücksichtigte. Das Engagement des Kindesvertreters bereitete der Beiständin somit guten Boden für eine wirkungsvolle Weiterführung des Mandats nach der Scheidung.

Andreas Schnegg, Sozialarbeiter, Sektionsleitung Kindesschutz, Stadt Bern

Der Bereich Kindesschutz des EKS hat bereits verschiedentlich Erfahrungen in der Zusammenarbeit mit Kinderanwältinnen und -anwälten sammeln können.

Wir schätzen die Arbeit der kinderanwaltschaftlichen Vertretung ausgesprochen, da das Interesse des Kindes durch diese in einen besonderen Fokus genommen wird und sich dies erfahrungsgemäß auch im Entscheid der Gerichte entsprechend niederschlägt. Die Entscheide fallen unserer Einschätzung nach zunehmend zugunsten der individuellen persönlichen kindlichen Bedürfnisse aus, wenn eine kinderanwaltschaftliche Vertretung involviert ist.

Besonders lohnenswert hat sich für uns der Einsatz von kinderanwaltlichen Vertretungen bei Jugendlichen gezeigt, die dadurch befähigt wurden und Eigeninitiative übernommen haben, indem sie beispielsweise selber einen Antrag bezüglich ihrer Anliegen verfasst haben.

Aufgrund unserer Erfahrung wissen wir, dass die verschiedenen Kinderanwältinnen und –anwälte unterschiedliche Qualifikationen mitbringen, sich ihre Haltungen teilweise auch unterscheiden. So liegt es nahe, dass wir den Argumentationen der Kindesvertretungen einmal mehr und einmal weniger zustimmen. Wir finden es hilfreich, wenn vor allem auf die individuellen, persönlich geprägten Bedürfnisse des einzelnen Kindes eingegangen wird und generelle entwicklungspsychologische Ansätze eher als grundsätzliche sekundäre Orientierungspunkte dienen. Wir gehen davon aus, dass die Dynamiken in Familien und bisherige Prägungen eines Kindes sehr unterschiedlich sein können und eine systemische Herangehensweise sich lohnt.

Bezüglich der Zusammenarbeit von Kinderanwältinnen und -anwälten mit unserer Stelle sehen wir ein von Beginn des Verfahrens an stattfindenden Austausch als sehr hilfreich an. Eine transparente Zusammenarbeit scheint uns zielführend, wenn es um die bestmöglichen Entwicklungsperspektiven der betroffenen Kinder geht. Wir denken aber auch, dass es sich dabei nicht um ausführliche Fallbesprechungen handeln sollte, damit der jeweilige Auftrag nicht aus dem Fokus gerät. Dies auch mit dem Ziel, dass die Kinderanwältin oder der Kinderanwalt eine neutrale Person für das Kind und seine Anliegen bleiben kann. Wir schätzen diesen Austausch mit Kinderanwältinnen- und anwälten auf Augenhöhe und sehen uns nicht als Empfänger von allfälligen Aufträgen.

Dies wurde von einzelnen Sozialarbeitenden in Einzelfällen so erlebt und entspricht unserer Ansicht nach nicht den vorgesehenen Zuständigkeiten der verschiedenen Fachpersonen.

6.2 Erfahrungen und Einschätzungen von Personen, die bei der KESB tätig sind

Raphaela Zürcher Kramer, Dr. iur., Präsidentin KESB Uster (ZH)

Gute und weniger gute Erfahrungen

Die Erfahrungen der KESB Uster mit Kindesvertretungen nach Art. 314a^{bis} ZGB sind bisher insgesamt sehr positiv. Der Sinn und Zweck der Kindesvertretung, dem unmittelbar betroffenen Kind oder Jugendlichen im Verfahren vor der KESB eine Stimme zu geben, wird nach Auffassung der KESB Uster grundsätzlich erfüllt. Die Verankerung dieses Rechtsinstrumentes auch im Kindesschutzrecht und nicht nur in der Zivilprozessordnung war dringend nötig. Generell in Bezug auf Kinderbelange erhalten Kinder und Jugendliche eine von der Verfassung garantierte Parteistellung. Schon nur deswegen war es Zeit, die Kindesvertretung ins ZGB aufzunehmen, und ist die Prüfung einer eigenen Vertretung gemäß Art. 314a^{bis} ZGB im konkreten Verfahren rechtlich zwingend. Insbesondere in Fällen einer Fremdplatzierung oder bei Besuchsrechtsstreitigkeiten – beides für das Kind oder den Jugendlichen sehr belastende Situationen – sind die Erfahrungen der KESB Uster mit der eigenen Verfahrensvertretung der Kindesinteressen resp. des Kindeswohls sehr gut.

Die KESB Uster setzt sich in Fällen von strittigem Besuchsrecht oder in Fällen einer außerfamiliären Platzierung standardmäßig mit der Frage der Bestellung einer Kindesvertretung nach Art. 314a^{bis} ZGB in ihren Entscheiden auseinander, was nicht zuletzt auch der Vorgabe der Aufsichtsbehörde der KESB entspricht. In anderen Fällen wird die Bestellung einer Kindesvertretung je nach Umständen erwogen. Jugendliche werden zur Beantwortung dieser Frage regelmäßig in ihrer Anhörung beigezogen. Die Praxis der letzten Jahre zeigte, dass sich die meisten Jugendlichen, die u.a. in einem Loyalitätskonflikt stecken, eine eigene Rechtsvertretung wünschen. Die Jugendlichen fühlen sich mit der eigenen Rechtsvertretung ernst genommen und erhalten damit allgemein die ihnen zustehende Partizipationsform als eigene Rechtssubjekte im Verfahren vor der KESB.

Die eingesetzten Fachpersonen werden mit nur wenigen Ausnahmen als engagiert und systemisch arbeitend wahrgenommen. Auch sind die fachlichen Grundsteine vorhanden, nämlich fundierte Rechtskenntnisse im Kindesschutz und im Verfahrensrecht der KESB und ebenso fundierte Kenntnisse in der Sozialen Arbeit (Kindesschutz). Zu erwähnen ist ferner, dass die Kindesvertretung prinzipiell in der Lage ist, zwischen dem Kindeswohl und dem Kindeswillen zu unterscheiden. Zumeist werden beide Aspekte in den Stellungnahmen an die KESB aufgenommen und sauber voneinander getrennt. Der Wille des Kindes ist auch gemäß aktueller bundesgerichtlicher Rechtsprechung nicht in erster Linie durch die Kindesvertretung nach Art. 314a^{bis} ZGB zu ermitteln, sondern das objektive Kindeswohl, das es im Verfahren vor der KESB auch durchzusetzen gilt. Der Kindeswille dient, wenn er überhaupt ermittelt werden soll, der Findung einer kindergerechten Perspektive der KESB; er nimmt daher eine sekundäre Rolle in der Kindesvertretung ein. Denn je gefährdeter das Kindeswohl ist, umso wichtiger ist dessen Übermittlung an die zuständige Instanz. Daher wird die Aufnahme beider Aspekte durch die Kindesvertretung begrüßt, aber mit einer klaren Differenzierung, die sich aus der Stellungnahme ergibt.

Negativ wirkt sich die Solidarisierung der Kindesvertretung mit einem Elternteil aus, was zwar selten, aber gleichwohl schon vorgekommen ist. Ein klares Rollenverständnis und dessen Vermittlung an die anderen Verfahrensbeteiligten (insbesondere die Eltern und deren Rechtsvertreter*innen) wirkt der Gefahr, sich auf die eine Seite der Eltern zu schlagen, effektiv entgegen (vgl. dazu auch die Bemerkungen unter Best Practices.

Problematisch ist die Auffassung der Kindesvertretung im Verfahren als Formalität oder als eine Form der Pflichtverteidigung, wird sie doch insbesondere für Verfahren angeordnet, die für das Kind ohnehin schon belastend sind. Die Kindesvertretung ist vielmehr eine Form der Rechtsvertretung. Die mit dem Mandat einer Kindesvertretung betraute Fachperson hat sich aktiv in das Verfahren einzubringen. Insbesondere sollen Kindesvertretungen nicht mit Nachdruck zur Einreichung einer Stellungnahme aufgefordert werden müssen, während die Vertretungen der Eltern längst ihre Eingaben an die KESB getätigt haben. Die Kindesvertretung soll mehr sein als eine von den Eltern und der Behörde unabhängige Stimme für das Kind: Die Kindesvertretung soll den verfassungsmäßig und völkerrechtlich verankerten Anspruch des Kindes auf Partizipation im Verfahren verwirklichen. Die Veranschaulichung dieses zentralen Punktes hilft der Kindesvertretung, die eigene Rolle und die Wichtigkeit des Mandats zu erfassen.

Die Kindesvertreterin oder der Kindesvertreter muss sich somit mit dem vertretenen Kind oder Jugendlichen aktiv auseinandersetzen und persönlich im Kontakt stehen. Das Abfassen einer Stellungnahme an die KESB nur gestützt auf die Akten entspricht nicht dem Grundsatz eines fairen Verfahrens für das Kind und widerspricht seinem Partizipationsrecht. Ein solcher Verzicht müsste gut begründet sein und ausschließlich im (objektiven) Interesse des Kindes liegen.

Gleichzeitig hat die Kindesvertretung eine objektive und professionelle Distanz zum Kind und dessen Schicksal zu wahren. Nicht nur das Sympathisieren mit einem Elternteil, sondern auch das Sympathisieren mit dem Kind steht dem Zweck der Kindesvertretung nach Art. 314a^{bis} ZGB entgegen.

Best Practices

Aus den dargelegten Gründen folgt als Best Practice vorderhand die Rollenklarheit während des ganzen Verfahrens, worin auch die Abgrenzungsfähigkeit gegenüber den Eltern/Elternteilen enthalten ist. Es folgt unmittelbar die Notwendigkeit von fundierten Rechtskenntnissen, insbesondere der Kinderrechte und im Kindesschutz sowie im Verfahrensrecht der KESB resp. der oberen Gerichte. Kenntnisse der Sozialen Arbeit sind aus Sicht der KESB Uster für die Aufgabenstellung einer Kindesvertretung ungleich wichtiger als Erfahrung aus dem Bereich der Medizin oder Psychologie. Gegenüber dem Kind wird die Fähigkeit erwartet, mit ihm Gespräche zu führen und sich mit ihm auf Augenhöhe zu bewegen, auch um sein Vertrauen zu gewinnen. Dabei soll eine klare Haltung vermittelt werden können, was verhandelbar ist und was nicht. Um Missverständnisse zu vermeiden, sollte bei Mandatierung seitens der KESB eine Art Instruktionsgespräch stattfinden, insbesondere zur Klärung der Erwartungen seitens der KESB, damit kritische Situationen, wie oben beschrieben, gar nicht erst entstehen.

Die KESB Uster darf heute feststellen, dass die Qualität der Kindesvertretungen insgesamt hoch ist und die aufgeführten Punkte in den Kindesvertretungen vielfach vorhanden und auch sichtbar sind. Wo aber der Kindeswille, wenn, dann nur in zweiter (oder dritter) Linie von der Kindesvertretung beachtet wird, nämlich um eine kindsgerechte Perspektive einnehmen zu können, und wo strikt das Kindeswohl ermittelt und vermittelt wird, werden die Rechte des Kindes im Verfahren am allerbesten vertreten und diese Best Practice gilt es im Bereich der Qualitätskontrolle und bei Aus- bzw. Weiterbildungen anzustreben.

Wünschenswertes und Verbesserungsvorschläge

Auf der Webseite des Vereins Kinderanwaltschaft Schweiz erachtet die KESB Uster den mehrfach wiederholten Hinweis (in den Rubriken Aufgaben und Arbeitsweise), dass eine der Aufgaben der Kindesvertretung die Ermittlung und Vertretung des subjektiven Kindeswillens ist, als problematisch, wie vorne ausgeführt. Vielmehr sollte im Bereich der Aufgaben der Kindesvertretung ausschließlich von der Ermittlung und Vertretung des Kindeswohls gesprochen werden und nur in zweiter Linie von der Vertretung des Kindeswillens (zur Findung einer kindergerechten Perspektive).

Im Bereich der Finanzierung ist sodann der Vermerk anzubringen, dass es sich bei Mandaten nach Art. 314a^{bis} ZGB nicht immer um unentgeltliche handelt und wenn, wird die Unentgeltlichkeit den Eltern zugesprochen, nicht dem Kind. Die Kosten einer Kindesvertretung werden in der Regel subsidiär von der KESB übernommen, die aber die Kosten als Teil der Unterhaltsverpflichtung den Eltern weiterverrechnet, es sei denn, diese selber haben Anspruch auf unentgeltliche Rechtsvertretung (Rechtspflege). Mithin müssen die Eltern unter Eingabe der entsprechenden Belege über ihre finanziellen Verhältnisse Antrag auf unentgeltliche Rechtsvertretung (Rechtspflege) stellen.

Last but not least ist (de lege ferenda) eine einheitliche Entschädigungsrichtlinie für die Kindesvertretung wünschenswert, und zwar analog zur Entschädigung der unentgeltlichen Rechtsvertretung. Die Ablehnung einer gleichwertigen Entschädigung wie für die unentgeltliche Rechtsvertretung durch eine Anwaltsperson widerspricht nach Auffassung der KESB Uster dem Institut der Kindesvertretung nach Art. 314a^{bis} ZGB und dem Qualitätsanspruch an die Kindesvertretung. Es gibt nur eine gleichwertige Qualität in der Vertretung der Kinder und Jugendliche wie in der Vertretung ihrer Eltern, wenn der Aufwand dafür auch entsprechend entschädigt wird.

Silvio Imhof, MSc Soziale Arbeit, Präsident KESB Emmental (BE): Ein Kinderanwalt bzw. eine Kinderanwältin im Kindesschutzverfahren ist eine Person mehr, die weiß, was das Beste für das Kind ist!?

Kinderanwältinnen und Kinderanwälte haben sich im Kindesschutz (noch) nicht etabliert. Sie sind in der Selbstfindung. Nicht überall wird ihnen im Verfahren eine Rolle zugestanden. Wo dies geschieht, ist ihre Rolle und die Abgrenzung zu anderen Akteur*innen nicht immer klar ausdifferenziert.

In diesem Sinne erlaube ich mir in aller Kürze eine persönliche, auf meiner Erfahrung basierende kritische Würdigung.

Seit 2013 sind die neuen Bestimmungen zum Kindes- und Erwachsenenschutzrecht (Teil des ZGB) in Kraft. Die entscheidenden Behörden sind seither interdisziplinär zusammengesetzt. Professionalität und Routine in der Fallarbeit zeichnen sie aus. Die Vereinheitlichung von Abläufen und Vorgaben hat gleichzeitig zu einer verstärkten Professionalisierung in der Mandatsführung geführt, die im Kindesschutz heute mehrheitlich durch dafür ausgebildete, hauptberuflich in dieser Tätigkeit angestellte Personen ausgeübt wird. Gleiches gilt auch für die Abklärungen. In heutigen Kindesschutzverfahren bei einer Kindesschutzbehörde, wie sie der Verfasser kennt (Kanton Bern) und auch selber instruiert, werden die Sachverhaltsabklärungen bei komplexeren Situationen an die Sozialdienste delegiert und auf der Basis von Vorgaben der KESB als prozessorientierte Abklärungen geführt. Eine gute Abklärung hat dabei den Ansprüchen einer fundierten empirisch unterlegten Diagnostik ebenso zu genügen wie den Ansprüchen der Prozessorientierung. Dazu gehört insbesondere das Herstellen von Arbeitsbeziehungen, das Initiieren von Bewusstseinsprozessen, das Bereitstellen von Reflexionsmöglichkeiten, das Vermitteln von Hilfestellungen, das Führen von Schlichtungsversuchen und die Begleitung von Versuchen zur Selbsthilfe.

Bei besonders komplexen Fallkonstellationen ordnet die KESB ein Fachgutachten an. Neben der Beurteilung der Betreuungs- und Erziehungsfähigkeit der erwachsenen Bezugspersonen eines Kindes – nach sorgfältiger Analyse ihrer Ressourcen und Defizite – hat ein Gutachten im Kindesschutz dabei oft auch die Frage des konkreten Kindeswillens zu beantworten. Die Unterscheidung zwischen dem objektiven und subjektiven Kindeswillen, die Herausarbeitung des autonomen Kindeswillens und das Aufzeigen allfälliger manipulativer Beeinflussungen des Kindes bedarf dabei eines strukturierten und differenzierten Vorgehens. Vor einer allzu schnellen diesbezüglichen Beurteilung sei an dieser Stelle explizit gewarnt.

Der altersgerechte Einbezug von Kindern und Jugendlichen in die sie betreffenden Verfahren und Mandate gehört heute weitgehend zum Standard, auch wenn diesbezüglich sicherlich weiterhin ein Verbesserungspotential besteht. Dies gilt während der Sachverhaltsabklärung ebenso wie beim persönlichen rechtlichen Gehör bei der KESB oder später in der Mandatsführung. Im Zentrum des Handelns aller Akteur*innen im Bereich des Kindesschutzes steht stets das Wohl des Kindes im Zentrum. Der Kinderanwalt bzw. die Kinderanwältin ist somit lediglich eine weitere Person mit dem gleichen Hauptziel, der eine spezifische Rolle zur Erreichung dieses Ziels zukommt.

Die KESB hat gemäß Art. 314a^{bis} ZGB die Anordnung einer Kindesvertretung insbesondere bei einem Entzug des Aufenthaltsbestimmungsrechts der Eltern und der Unterbringung eines Kindes zu prüfen sowie dann, wenn die Eltern bezüglich der Regelung der elterlichen Sorge oder wichtiger Fragen des persönlichen Verkehrs (Besuchsrecht) unterschiedliche Anträge stellen. Diese Prüfung erfolgt dabei jeweils bewusst unter der Fragestellung, ob die Einsetzung einer Kindesvertretung für das Kind im Verfahren einen konkreten Mehrwert ergibt.

Best Practices

Ich durfte schon mehrfach erfolgreich mit Kinderanwält*innen zusammenarbeiten. Anbei eine nicht abschließende Aufzählung vorstellbarer Situationen, in denen aus meiner Sicht die Einsetzung einer Kindesvertretung einen Gewinn darstellt. Bei sich um die Kinderbelange streitenden Eltern in Trennungsprozessen kann eine parteiliche Vertretung des Kindes durch ein*e Kinderanwält*in Sinn machen. Dies gilt umso mehr, wenn die Eltern ihrerseits durch Anwält*innen vertreten werden. Auch kann es vorkommen, dass ein Kompromiss zwischen den Eltern nicht immer zwingend im Interesse des Kindes liegt. Ebenfalls sinnvoll ist die Beiordnung ein*er Kinderanwält*in, wenn ein Kind Stellung gegenüber einem Elternteil oder gegenüber beiden Eltern bezieht. Wenn Verfahren länger dauern, sich über Monate hinziehen, ist es für Kinder zudem hilfreich, wenn sie durch ein*e Kinderanwält*in altersentsprechend über das Verfahren und dessen Ablauf informiert werden. Dadurch können ihre Verunsicherung und der Druck, der auf ihnen lastet, gelindert werden. Rechtlich informiert und aufgeklärt sowie fachlich und strategisch beraten zu werden, liegt ebenso im Interesse von Kindern und Jugendlichen wie von Erwachsenen.

Fazit

Ausblickend darf erwartet werden, dass sich Kinderanwält*innen ihrer Rolle und individuellen Fähigkeiten, aber auch ihrer Grenzen bewusst sind und diese stets reflektieren. Tun sie dies, versalzen sie nicht einfach als ein*e weitere von bereits vielen involvierten Köch*innen die Suppe, sondern können im Verfahren tatsächlich einen Mehrwert für das Kindeswohl generieren.

Armin Müller, Sozialarbeiter FH, Behördenmitglied KESB Oberland Ost (BE)

In Bezug auf die Frage, ob in einem Verfahren eine Kindesvertretung notwendig und zielführend ist, gilt es aus meiner Sicht zu prüfen, ob sie effektiv zusätzliche Unterstützung und Entscheidhilfen bieten kann. Beseht bereits eine Beistandschaft nach Art. 308 ZGB und kann die Beiständin oder der Beistand ein umfassendes und neutrales Bild (unter Einbezug weiterer Fachstellen wie Erziehungsberatung, Familienbegleitung, Kinder- und Jugendpsychologie u.a.) einer Situation darstellen, bedarf es, wie das Bundesgericht ausgeführt hat, keiner Verdoppelung der Informationsquelle durch einen Beitrag einer Kindesvertretung (Bundesgerichtsurteil vom 17.12.2015 (5A_52/2015).

Eine wichtige Rolle kommt der Kindesvertretung in meinem Berufsalltag in Verfahren zu, in denen eine (vorübergehende) stationäre Unterbringung, die Neuzuteilung von Obhut oder Teile der elterlichen Sorge Inhalt des Verfahrens darstellen und die Eltern nicht bereit sind, in Kooperation mit der Beistandsperson und den weiteren involvierten Fachpersonen zu einer einvernehmlichen Lösung Hand zu bieten. Auch wenn die Eltern aus ihrem subjektiven Verhalten heraus das Richtige tun, widersprechen ihre Einschätzung der Situation sowie ihr daraus resultierendes Verhalten oft den Bedürfnissen und dem Wohl der Kinder. In diesen einschneidenden Situationen ist es Aufgabe der Beistandsperson nach Art. 308 ZGB, die Interessen des Kindes in Bezug auf seine positive Entwicklung rund um Gesundheit, Wohnen, Schule, Ausbildung u.a. wahrzunehmen. Die Kindesvertretung vertritt die Interessen im Verfahren vor der Behörde. Diese Grenzen sind meiner Ansicht nach nicht starr, sondern ergänzen sich zu einem Gesamtbild.

Eine standardmäßige, ja beinahe inflationäre Einsetzung einer Kindesvertretung, wie dies in gewissen Kantonen Praxis zu sein scheint, erachte ich als wenig hilfreich; sie schmälert den Wert des Instruments Kindesvertretung. In unserer Behörde besprechen wir bei nicht eindeutigen Situationen jeweils im Team, ob eine Kindesvertretung einzusetzen ist oder nicht.

In einigen Verfahren konnte ich feststellen, dass die Kindesvertretung verschiedenen Erwartungshaltungen ausgesetzt ist. Auch wenn der Auftrag klar definiert ist, verstehen Eltern häufig eine Kindesvertretung auch als ihre Vertretung in der Auseinandersetzung mit dem Gericht oder der Behörde. Wiederholt bestätigten Eltern nach Abschluss eines Verfahrens, dass die Kindesvertretung sie unterstützt und verstanden habe, dies auch, wenn der Entscheid der Behörde letztlich nicht ihren Erwartungen entsprochen hatte. Ich erkläre mir diese Tatsache damit, dass die Eltern profitieren, wenn die Kindesvertretung ihnen ihre Rolle ausführlich erklärt und ihnen gegenüber bei Bedarf auch »Übersetzungsarbeit« leistet, etwa in Bezug auf einzelne Verfahrensschritte.

Eine Kindesvertretung ist für meine Arbeit in der Behörde wertvoll, weil sie tatsächlich und ausschließlich die Interessen des Kindes vertritt und damit auch im Interesse des Kindeswohls handelt und insbesondere auch die Kinder und Jugendlichen im Meinungsbildungsprozess unterstützt. Im Gegensatz dazu stehen die Parteienvertretungen. In 2-Parteien-Vefahren strapazieren die Anwälte und Anwältinnen häufig den Begriff Kindeswohl, gemeint ist jedoch prioritär das »Elternwohl«, sprich die Eigeninteressen des von ihnen vertretenen Elternteils.

In anspruchsvollen Verfahren nehme ich die Mitwirkung der Kindesvertretung als unterstützend wahr.

Eine Best Practice benötigt es aufgrund meiner Erfahrungen nicht. Zu Beginn stellt sich der Behörde die Frage der Notwendigkeit einer Kindesvertretung in einem bestimmten Verfahren. Anschließend erfolgt die Kontaktaufnahme, bei einer Zusage die Einsetzung per Entscheid. Hilfreich ist die Internetseite »kinderanwaltschaft.ch«, dort können Fachpersonen entsprechend den Anforderungen eines Verfahrens ausgewählt werden.

Thomas Nydegger, Sozialarbeiter/Sozialpädagoge HFS, Systemischer Familienberater ZAK (Vizepräsident der KESB Seeland [BE])

Im Rahmen der behördlichen Arbeit bei der KESB Seeland wurde in den vergangenen Jahren zunehmend auf das Institut der Kindesvertretung zurückgegriffen und für betroffene Kinder und Jugendliche in verschiedenen Konstellationen eine Vertretung angeordnet. Mehrheitlich handelte es sich dabei um Verfahren von Besuchsrechts- oder Obhutskonflikten von Eltern, Verfahren bezüglich Fremdplatzierungen oder um die Frage einer Rückplatzierung zu den Eltern. In einem Einzelfall wurde auch eine Vertretung des Kindes bezüglich der Frage einer medizinischen Behandlung angeordnet.

In den meisten Fällen wurde die Kindesvertretung von Amtes wegen von der KESB angeordnet, in wenigen Fällen aufgrund von Anträgen eines oder beider Elternteile. In einer Minderheit von Fällen stellten Kinder und Jugendliche selbst einen Antrag oder hatten sich bereits selbstständig um eine Vertretung bemüht.

Erfahrungen

Grundsätzlich sind die Erfahrungen mit Kindesvertretungen positiv. Entscheidend für eine gelingende und gewinnbringende Vertretung ist, dass die anordnende Behörde sowohl gegenüber dem Kind als auch gegenüber den Eltern das Instrument der Kindesvertretung transparent und verständlich erklärt und frühzeitig allfällige Fragen oder Missverständnisse klärt. Mehrfach zeigte sich, dass Eltern davon ausgingen, dass die Kindesvertretung auch ihre Anliegen aufnimmt und vertritt, was weder Aufgabe noch Ziel der Kindesvertretung sein kann.

Wichtig ist zudem auch, dass vor der Einsetzung mit den Kindern oder Jugendlichen geklärt wird, ob diese eine Kindesvertretung wollen und bereit sind, sich auf anstehende Gespräche einzulassen. Es musste einmalig eine Kindesvertretung wieder aus dem Amt entlassen werden, nachdem sich der Jugendliche Gesprächen mit der Kindesvertretung verweigert hatte und das Institut als solches grundsätzlich ablehnte.

Bereits bei der Auswahl ist zudem zu klären, ob ein Mann oder eine Frau, eine ältere oder jüngere Person für die Vertretung besser geeignet ist, wobei allenfalls die Haltung der Eltern mitzuberücksichtigen ist. Im Fall großer Ablehnung oder Nichtakzeptanz der Eltern und der daraus folgenden negativen Beeinflussung des Kindes in seiner Haltung gegenüber der Kindesvertretung besteht die Gefahr, dass diese sich dementsprechend auch weniger gewinnbringend in das Verfahren einbringen kann.

Entscheidend ist zudem, dass die Kindesvertretung über die notwendigen zeitlichen Ressourcen verfügt. Es benötigt Zeit, eine vertrauensvolle Beziehung zum Kind aufzubauen und dieses vielleicht auch mehrfach in seinem Lebensumfeld zu besuchen. Die Chance für eine vertrauensvolle Zusammenarbeit mit den Kindern und Jugendlichen wird so erhöht und damit gelingt es auch, sich gewinnbringend in das Verfahren einzubringen. Die Kindesvertretung muss für das Kind erreichbar und präsent sein und die Rolle und Aufgabe wie auch die Grenzen müssen für das Kind klar sein. Besonders hervorzuheben ist die Wichtigkeit der deeskalierenden Wirkung, welche die Kindesvertretung auch gegenüber Eltern haben kann, wenn der Fokus auf die Interessen des Kindes gelegt werden können. Mehrfach haben wir festgestellt, dass durch die Arbeit einer Kindesvertretung mit dem Kind, aber auch gegenüber den Eltern die Akzeptanz von behördlichen Maßnahmen erhöht und Ängste gegenüber der KESB abgebaut werden konnten.

Fazit

Für die KESB ist die Kindesvertretung insbesondere ein Gewinn, wenn sie es schafft, sowohl die Lebenswelt und Realität des Kindes als auch einen Einblick in seinen Alltag einzubringen und damit das Kind sichtbarer zu machen. Es besteht sonst die Gefahr, dass das Kind, welches im Zentrum des Verfahrens stehen muss, gerade bei Elternkonflikten, wo beide Eltern anwaltlich vertreten sind und von beiden Eltern lange Eingaben gemacht werden, zur Randnotiz verkommt.

Selbstverständlich hat sich die Kindesvertetung nebst der Vertretung der Interessen und Wünsche des Kindes am Kindeswohl zu orientieren, was auch geschieht. Hier wird teilweise, auch von KESB-Vertretern, argumentiert, dass die KESB per se das Kindeswohl im Fokus hat und damit eine Kindesvertretung nicht notwendig scheint. Dem kann entgegengehalten werden, dass der unbefangene Blick von außen, der Fokus auf das Kind und der persönlichere Kontakt für das Verfahren ein Gewinn sein kann. Zwar wird das Verfahren aufwändiger und es besteht die Gefahr, dass das Verfahren weniger schlank abgewickelt werden kann und es zu zeitlichen Verzögerungen kommt, da sich eine weitere Partei einbringt und Anträge stellt oder Eingaben macht. Letztendlich hilft es aber der KESB bei der Entscheidfindung, wenn die Anliegen, Wünsche und Sorgen umfassend eingebracht werden, was mit einer von den Eltern unabhängigen Vertretung des Kindes sichergestellt werden kann.

6.3 Erfahrungen und Einschätzungen von an Gerichten tätigen Personen

Philipp Weber, Sozialarbeiter FH, Supervisor SSAZ, Fachrichter, Kindes- und Erwachsenenschutzgericht Bern

Beim Begriff *Kindesvertretung* kommen mir unweigerlich die Begriffe *Kindeswohl* und *Kindesschutz* in den Sinn. Beide haben mich während meiner Berufszeit als Berufsbeistand, Sozialarbeiter, als Leiter einer Jugend-, Eltern- und Suchtberatungsstelle und als Supervisor während mehrerer Jahrzehnte begleitet. Als Fachrichter am Kindes- und Erwachsenenschutzgericht des Kantons Bern KESG (gehört zum Obergericht, nächste Instanz ist das Bundesgericht) seit 2013 ist meine Funktion weniger begleitend als vielmehr mitentscheidend in einem Richtergremium (Dreierkammer).

Im Bereich des Kindesschutzes sind verschiedene Player vorhanden. Einerseits die »natürlichen«, wie die Eltern, allfällige Geschwister, das familiäre Umfeld, Freunde, Nachbarn usw., andererseits die »amtlichen«, wie die Kindes- und Erwachsenenschutzbehörden (KESB), Sozial- und Gesundheitsdienste, Erziehungsberatungsstellen, familienergänzende Angebote, Jugendarbeit, Schulen/Schulsozialarbeit usw. In diesen professionellen Systemen gibt es verschiedene freiwillige Akteure, z.B. die BeraterInnen der verschiedenen Kinder-, Jugend- und Familienberatungsstellen. Daneben gibt es Akteur*innen mit einem formellen Auftrag, z.B. einer Abklärung oder dem Führen einer Beistand- oder Vormundschaft. In dieses Umfeld gehört auch die Kindesvertretung, wobei ich diesem Begriff gerne noch *anwaltlich* voranstellen möchte, weil ja auch eine Beistandsperson oder ein Vormund bzw. eine Vormundin eine Vertretungsfunktion haben. Alle diese Akteur*innen haben den Auftrag und die Aufgabe, sich für das Wohl eines Kindes einzusetzen.

Die nachfolgenden Gedanken und Überlegungen beziehen sich auf die Organisation des Kindesschutzes im Kanton Bern. Die KESBs sind im Kanton Bern keine Gerichtsinstanz, sondern eine Verwaltungsbehörde. Ihre Entscheide können ans Obergericht und diese ans Bundesgericht weitergezogen werden.

Erfahrungen

In der Vorbereitung für diesen Text habe ich mich mit mehreren ehemaligen Kolleg*innen mit Hintergrund Berufsbeistandschaft und KESB unterhalten. Interessanterweise konnten sie mir nicht oder nur vage von Erfahrungen mit Kindesvertretungen berichten. Dies lässt sich einerseits damit erklären, dass die Kindesvertretung vor allem im Rahmen eines Gerichtsverfahrens eingesetzt wird. Ich vermute aber auch, dass bei den KESBs mehrheitlich davon ausgegangen wird, dass eine Beistandschaft ausreicht, die Interessen und das Wohl eines Kindes zu wahren. Dies scheint mir problematisch, da eine Beistandsperson oft einen »übergeordneten« Auftrag hat, das heißt, dass sie zwar die Interessen des Kindes schützen, gleichzeitig aber auch die Eltern unterstützend begleiten soll. Dies führt zwangsläufig zu einem Rollenkonflikt, besonders dann, wenn die Eltern untereinander in einen Konflikt verstrickt sind. Dann wird schon eine Besuchsregelung zur Herausforderung und verlangt von der Beistandsperson eine Allparteilichkeit und Neutralität, unter der dann das Kindeswohl leiden kann. So erlebte ich kürzlich in einem Gerichtsfall, dass die

Beistandsperson für ein $2\frac{1}{2}$-jähriges Mädchen vorschlug, es könnte alternierend jede Woche die Obhut wechseln – und dies bei einer Distanz von 600 km!

Dieses vielleicht etwas drastische, hoffentlich auch seltene Beispiel zeigt dennoch eindrücklich, dass eine Kindesvertretung, die ihren Fokus *ausschließlich* auf das Wohl des Kindes richtet, korrigierend intervenieren kann. Und da komme ich zur Funktion einer Kindesvertretung. Unter »Funktion« verstehe ich Folgendes:

Aufgaben der Kindesvertretung

Gemäß Bundesgericht besteht die zentrale Aufgabe der Kindesvertretung darin, *»den einschlägigen Prozessstoff im Hinblick auf die in Frage stehende Rechtsanwendung zu sammeln, zu sichten und aus Sicht des Kindesinteresses einzuordnen«* und die Ergebnisse verschiedener Abklärungen dem Gericht zu vermitteln.[2]

Die Kindesvertretung ist somit gewissermaßen »Rechtsanwältin/ Rechtsanwalt« des Kindes. Dies wird gerade dann augenscheinlich, wenn sich Eltern anwaltlich vertreten lassen. Welch ein Unterschied, ob in einem Verfahren vor dem KESG die Anwältinnen und Anwälte der Eltern über das Kindeswohl »streiten« (resp. ihre Rechtsvertretung die Interessen ihrer jeweiligen Mandant*innen vertreten) oder ob eine dritte Rechtsvertretung die Interessen des betroffenen Kindes vertritt! Es macht durchaus auch Sinn, eine solche Vertretung bereits im Entscheidprozess einer KESB einzubeziehen, besonders in hochkonfliktiven Situationen, bei denen Eltern die Sicht auf das Wohl ihrer Kinder erfahrungsgemäß nur zu oft verlieren und die Beistandsperson in ihrer vermittelnden Rolle »gefangen« ist. *Möglichst früh* eine Kindesvertretung einzusetzen, ist besonders auch dann indiziert, wenn damit gerechnet werden muss, dass ein Entscheid weitergezogen wird. Eine Kindesvertretung, die über längere Zeit mit den Verhältnissen vertraut ist, kann ihren Auftrag effektiver und effizienter, weil mit mehr Erfahrung und Hintergrund, erledigen.

Rolle und Position

In direktem Zusammenhang mit der Rolle steht die Sicherheit, mit der die Rolle ausgeübt wird. Hier spielen sowohl personale als auch fachliche Erfahrungen und Kompetenzen eine ausschlaggebende Rolle. Diese Kompetenzen können in Weiterbildungen erworben werden, sie sollten zudem ergänzend im regelmäßigen kollegialen Austausch unter Leitung einer ausgebildeten Person überprüft werden.

---

2 Vgl. BGE 142 III 153, E. 5.2.3.1; Basler Kommentar BSK ZPO (2017), N 19 zu Art. 299.

Wie bereits andernorts erwähnt, muss die anwaltliche Vertretung des Kindes ausschließlich auf das Kindeswohl fokussieren. Somit ist ihre Position eindeutig und nicht verhandelbar; gleichzeitig muss sie in der Lage sein, mit den anderen Parteien – meistens Eltern und/oder ihren Vertretungen – die Kommunikation aufrechtzuerhalten. Indem die Kindesvertretung diese Grundpositionen deutlich macht und allenfalls wiederholt formuliert, wird sie erfahrungsgemäß von den anderen Parteien besser akzeptiert.

Verantwortung

Die Kindesvertretung hat eine große Verantwortung, geht es doch darum, in einem Verfahren die Interessen des betroffenen Kindes zu wahren und argumentativ stringent zu vertreten. Die Kinderanwältin/Der Kinderanwalt gibt dem nicht anwesenden Kleinkind eine Stimme oder dem anwesenden Jugendlichen Support für seine Interessen und Anliegen. Besonders bei Letzteren gilt es, sie beim oft vorhandenen Loyalitätskonflikt zu begleiten und zu beraten. In diesem Zusammenhang erinnere ich mich an eine Kindesvertreterin, die am liebsten still blieb und von der Gerichtspräsidentin jeweils aufgefordert werden musste, ihre Stellungnahme abzugeben. Da erlebe ich andere Vertreter*innen als viel effektiver, die sich bei Bedarf aktiv einbringen. Dies ist gemäß meiner Erfahrung in einem zivilrechtlichen Verfahren vor Obergericht durchaus möglich, verfolgen wir doch auch auf dieser Ebene den Grundsatz, einer Verhandlungslösung den Vorzug vor einem Entscheid zu geben, der vielleicht nur teilweise umgesetzt oder gar boykottiert wird.

Fazit

Meiner Erfahrung nach drängt sich eine Kindesvertretung in all jenen Situationen auf, wo die Eltern zerstritten sind. Wegen der persönlichen Betroffenheit wird dann oft das Wohl des Kindes aus den Augen verloren. Eine Kindesvertretung kann hier dazu beitragen, die Bedürfnisse und Interessen des Kindes zu wahren und diesem eine Stimme zu geben. Dies ist auch dann der Fall, wenn wie beim Kindes- und Erwachsenenschutzgericht des Kantons Bern ein Fachgericht urteilt, da dessen Abklärungsmöglichkeiten beschränkt sind. Bei der Kindesvertretung geht es dabei nicht nur um die prozessuale Optik, vielmehr kann die Kindesvertretung mit einem mediativen Ansatz beitragen, dass Eltern im Interesse des Kindes einvernehmlich eine Lösung finden können. Deshalb sind an die Kindesvertretungen hohe Ansprüche zu stellen, die über das Juristische hinausgehen: entwicklungspsychologisches Wissen, Umgang mit Kindern verschiedenen Alters, soziale Kompetenzen, Kommunikation usw. Eine solche Kindesvertretung, die sich ihrer Aufgabe, ihrer Rolle und ihrer Verantwortung bewusst ist und diese Funktion kompetent umsetzt, leistet einen Beitrag zur Optimierung der Abläufe und zur besseren Qualität der Entscheide.

Sandra Gutmann und Claudia Jacober, Gerichtspräsidentinnen am Regionalgericht Berner Jura-Seeland, beide Mlaw, Rechtsanwältinnen und CAS Judikative

Erfahrungen

Als erstinstanzliche Gerichtspräsidentinnen am Regionalgericht Berner Jura-Seeland haben wir bis jetzt mehrheitlich positive Erfahrungen mit Kindesvertretungen gemacht. Eine Kindesvertretung haben wir bisher in den in Art. 299 Abs. 2 lit. a Ziff. 1–4 und lit. b sowie Art. 299 Abs. 3 ZPO genannten Fällen angeordnet. Vor allem bei Kindern über 10 Jahren hat sich der Einsatz einer Kindesvertretung bewährt.

Nach unserer Auffassung gewährleistet eine Kindesvertretung, dass den Eltern und dem Gericht die Meinung und Wünsche des Kindes besser aufgezeigt werden können. Die durch das Gericht zeitlich oft vorgängig, teilweise mehrere Wochen vor der Anhörung der Eltern durchgeführte Kinderanhörung gibt lediglich die Meinung des Kindes im Zeitpunkt der Anhörung wieder. Die Kindesvertretung hat demgegenüber den Vorteil, den Kindeswillen im dynamischen familienrechtlichen Prozess aktiv und gestalterisch einzubringen, da mit dem Kind mehrfach und auch zeitnah Gespräche geführt werden können.

Die Kindesvertretung kann in einer kindergerechteren Umgebung mit sämtlichen am Verfahren beteiligten Personen Gespräche führen. Als Richterinnen ist uns dies nicht möglich. Im Rahmen des Gerichtsverfahrens hören wir die Kinder in einem für sie ungewohnten förmlichen Umfeld getrennt von ihren Eltern an. Die Kindesvertretung hat aus unserer Sicht deshalb eine andere Ausgangslage, um den wirklichen Willen des Kindes in Erfahrung zu bringen, diesen in Relation zum Möglichen zu setzen und dem Kind dies auch in kindgerechter Art und Weise zu erklären.

Die Zusammenarbeit zwischen dem Gericht und der Kindesvertretung haben wir bisher als sehr positiv und konstruktiv erlebt. Hervorzustreichen ist vorab die zeitliche Flexibilität der Kindesvertretungen, trotz oftmals sehr kurzfristiger Mandatierung. Gerade bei hochstrittigen Fällen mit urteilsfähigen Kindern kann die Kindesvertretung zudem zu einer Deeskalation des Konflikts führen, es sind nachhaltigere Lösungen möglich und das Verfahren kann dadurch vereinfacht und rasch zu einem Abschluss gebracht werden.

In der Anwaltschaft und auch bei den Gerichten scheint die Kindesvertretung teilweise noch nicht wirklich bekannt resp. akzeptiert zu sein. Problematisch ist überdies, dass im ohnehin schon kostspieligen Zivilprozess nebst den Gerichts- und Anwaltskosten eine weitere Kostenposition anfällt. Wenig Erfahrung haben wir bisher mit dem Einsatz einer Kindesvertretung von urteilsunfähigen Kindern. Diesbezüglich fragen wir uns, ob gerade bei ganz kleinen Kindern ein Gutachten nicht zielführender ist.

Best Practices

Es hat sich bewährt, eine Kindesvertretung bereits zu Beginn des Verfahrens anzuordnen, sofern in diesem Zeitpunkt schon ersichtlich ist, dass eine Vertretung notwendig oder angezeigt ist. In den anderen Fällen ist eine Kindesvertretung so rasch als möglich einzusetzen. Die Kindesanhörungen durch das Gericht sind daher möglichst früh im Verfahren durchzuführen und das Kind ist ggf. auf die Möglichkeit einer Kindesvertretung aufmerksam zu machen.

Eine Kindesvertretung erachten wir vor allem in strittigen bis hochstrittigen Verfahren als sinnvoll. Damit eine Kindesvertretung angeordnet werden kann, müssen unseres Erachtens beim Kind folgende Voraussetzungen gegeben sein:

- Es muss in der Lage sein, die Situation zu verstehen;
- es muss sich ausdrücken können;
- es muss wissen, was es möchte oder nicht möchte; und
- es muss damit einverstanden sein, in das Verfahren seiner Eltern involviert zu werden.

Wünsche

Verbesserungsvorschläge bzw. Wünsche an die Praxis der Kindesvertretung in der Schweiz haben wir derzeit nicht.

6.4 Erfahrungen und Einschätzungen von weiteren Fachpersonen

Hadmut Prün, Dr. med., Chefärztin, Psychiatrische Universitätsklinik Zürich, Klinik für Kinder- und Jugendpsychiatrie und Psychotherapie, Zentrum für Jugendpsychiatrie

Was haben die Kinder- und Jugendpsychiater dazu zu sagen, ob ein Kind, eine Jugendliche, ein Jugendlicher kinderanwaltlich vertreten wird?

Meine Erfahrung ist, dass stationäre Behandlungen, welche gegen den Willen der betroffenen Kinder oder Jugendlichen durchgeführt werden, schlechtere Chancen auf ein Gelingen haben.

Alles, was das Vertrauen in die Behandlung unterstützt, nützt den betroffenen Kindern oder Jugendlichen.

Ein Kinderanwalt bzw. eine Kinderanwältin vertritt die Interessen der Kinder und Jugendlichen und gibt ihnen eine Stimme. Er oder sie kann aber auch übersetzen und mithelfen, dass die Kinder und Jugendlichen die Realitätsgrenzen wahrnehmen, ihnen aufzeigen, was sie noch erreichen können und was nicht.

Ein verfremdetes Beispiel:

> Der 14-jährige Kevin wurde gegen seinen Willen wegen Suizidalität aus dem Übergangsheim in die Klinik eingewiesen.
> Er wollte im Heim nicht bleiben, denn die Platzierung durch die Kindes- und Erwachsenenschutzbehörde war weit weg von seinem Wohnort erfolgt, und eigentlich wollte er überhaupt nicht platziert werden.
> Der Kinderanwalt setzte sich dafür ein, dass Kevin am Wohnort nochmals eine Chance gegeben wurde, und Kevin konnte sich aus diesem Grund auf die Behandlung einlassen. Die Beiständin konnte ein geeignetes Heim für Kevin finden.

Die Kliniker versuchen, möglichst alle relevanten Bezugspersonen in die Behandlung von Kindern und Jugendlichen einzubeziehen. Doch manchmal gelingt es nicht, zu einer gemeinsamen Problem- und Lösungssicht zu gelangen. Wenn Eltern in solchen Konstellationen aus einem Interessenskonflikt heraus die Interessen des Kindes nicht wirklich vertreten können, kann eine kinderanwaltliche Vertretung für die Kinder und Jugendlichen entlastend sein.

Ein verfremdetes Beispiel:

> Die 12-jährige Lara wurde zuhause misshandelt. Ihre Eltern stritten dies ab und wünschten wie Lara selbst, dass diese so rasch wie möglich aus der Klinik austreten solle. Für eine Platzierung war der Beistand zuständig. Laras Interesse, baldmöglichst die Klinik zu verlassen, wurde vom Kinderanwalt vertreten. Dies entlastete die Situation, da Lara in diesem Punkt nicht auf ihre Eltern angewiesen war. Die Behandlung musste fortgesetzt werden, doch Lara wusste, dass sie jederzeit juristischen Beistand einholen konnte. Das ermöglichte ihr auch, Vertrauen in das Behandlungsteam zu fassen.

Kinderanwältinnen und Kinderanwälte unterstützen die Partizipationsmöglichkeiten der Kinder und Jugendlichen und fördern daher nach meiner Erfahrung die Erfolgschancen einer auf schwierigen Rahmenbedingungen gegründeten unfreiwilligen Behandlung.

Thomas Werner, Leiter Ermittlungen Kinderschutz der Stadtpolizei Zürich

Erfahrungen

Es läuft m.E. recht gut mit den Kindesvertretungen. Einige, eher unerfahrene Prozessbeistände tun sich schwer mit der Kontaktaufnahme mit den Kindern, weil diese ja in den meisten Fällen nicht beim Kind zu Hause und auch nicht im Beisein der Eltern oder eines Elternteils geschehen sollte. In einigen Fällen dürfen die Eltern nichts im Vornherein erfahren, dies gilt es zu berücksichtigen. In solchen Situationen muss die Kindesvertretung so schnell wie möglich eine gute Variante suchen. Es besteht die Möglichkeit, das Kind in der Schule, im Hort oder im Kindergarten zu besuchen, den Entscheid zu fällen und direkt im Anschluss bei der Polizei die Befragung durchzuführen. In schwierigen Situationen kann das Gespräch aber auch direkt bei der Polizei, unmittelbar vor der allfälligen Befragung durchgeführt werden. Zwischen dem Gespräch (Kindesvertretung/Kind) und der Befragung des Kindes bei der Polizei sollte so oder so möglichst wenig Zeit vergehen, weil das Kind sonst zu Hause in einen Konflikt kommt respektive etwas verheimlichen muss.

Best Practices

Die Befragungen der Kinder sollten immer so rasch als möglich nach dem Vorfall durchgeführt werden. Man spricht von Tagen. Die Polizei bestellt bei der KESB den Prozessbeistand und diese ernennt dann die Kindesvertretung. Diese sollte sich umgehend über die Situation des Kindes und die Möglichkeiten zur Kontaktaufnahme mit dem Kind informieren, sich in den Fall einlesen, so schnell wie möglich mit dem Kind sprechen und den Entscheid fällen, ob das Kind vom Aussageverweigerungsrecht Gebrauch macht oder nicht und ob es allenfalls gegen einen Elternteil einen Strafantrag stellt oder nicht. Ist der Entscheid gefällt, kann die Polizei, sobald sie vom Prozessbeistand über den Entscheid informiert worden ist, die Befragung des Kindes organisieren und durchführen.

Vorschläge

Es gibt sehr viele Faktoren, die einen Einfluss auf den optimalen Ablauf haben, deshalb sollte jeder Fall einzeln für sich betrachtet und geplant werden. Verbessert und optimiert werden kann der Ablauf durch aktive Kommunikation zwischen der ernannten Kindesvertretung und der Polizei und der KESB, das ist nicht inhaltlich, sondern rein organisatorisch gemeint.

Die Kinder bis zum Ende des 15. Lebensjahrs, bei welchen der/die Beschuldigte aus der Familie kommt, bekommen ja von Beginn der Ermittlungen an einen Prozessbeistand oder eine Prozessbeiständin. Sind diese Opfer zwischen 16–18 Jahre alt, wird kein Prozessbeistand mehr aufgeboten. Wir stellen uns die Frage, wie optimal diese Gruppe von Kindesopfern juristisch beraten ist resp. zu welchem Zeitpunkt sie juristisch beraten und vertreten wird. Wir werden dieses Thema in den nächsten Monaten genauer unter die Lupe nehmen.

Paul Gerber, Sozialpädagoge HF, Heimleiter VSA/IAP, Institutsleiter

Erfahrungen

In unserer sozialpädagogischen Institution erhielten in den vergangenen Jahren mehrmals Kinder und Jugendliche eine Kindesvertretung durch eine Rechtsanwältin oder einen Rechtsanwalt. Die Erfahrungen, die sich durch die Kontakte und die Zusammenarbeit für uns als Institution ergeben haben, waren durchweg positiv.

Die Kindesvertretung wie die sozialpädagogische Betreuung erhält den Auftrag, für das Wohl desselben Kindes zu sorgen. Dabei richtet sich der Fokus der jeweiligen Auftragsempfängerin auf unterschiedliche Aspekte des Kindeswohls. Es ist deshalb wichtig, dass sich die verschiedenen Fachstellen, die einen Auftrag erhalten haben, darum kümmern, eine möglichst ganzheitliche Sicht auf das Wohl des Kindes zu entwickeln. In diesem Sinne erlebte ich auch die bisherige Zusammenarbeit mit Kindesvertretungen. Die damit betrauten Rechtsanwältinnen und Rechtsanwälte nahmen mit uns Kontakt auf, hörten sich an, wie wir die Situation des betreffenden Kindes wahrnahmen und wo wir die Herausforderungen verorteten. Die in solchem Austausch gewonnenen Einschätzungen führten dazu, dass nicht einseitig das juristisch Mögliche angestrebt, sondern das Kind in seinem ganzen Kontext wahrgenommen wurde.

Oft erweisen sich die Konstellationen im Herkunftsnetz als sehr komplex. Als sozialpädagogische Institution, die die Kinder stationär begleitet, ist uns eine »neutrale« Betreuung, die sich am Wohl des Kindes orientiert, sehr wichtig. Ebenso von großer Bedeutung ist, dass die Rollen der verschiedenen Fachpersonen klar sind und es für alle Beteiligte transparent ist, wo welche Entscheide getroffen werden.

Als direkt Betreuende des Kindes sind wir gewissermaßen die Stelle, in deren Obhut sich das Kind (das Pfand), um das gekämpft und gestritten wird, befindet. In der Regel suchen die Eltern und andere Familienmitglieder den Kontakt zu ihrem Kind und kommen somit automatisch auch in Kontakt mit uns und wir mit ihnen. Dementsprechend stehen wir mit den einzelnen Parteien oft in regelmäßigem Kontakt. Weil wir als Institution nicht Entscheidungsträger sind, sind diese Kontakte wenig belastet. Demzufolge werden uns auch systeminterne Informationen zugetragen, die bisweilen Lösungsansätze beinhalten. Durch die gute und verbindliche Zusammenarbeit konnten so nächste Schritte taktisch überlegt und eingeleitet werden, die einer Lösung näherkamen.

Best Practices

Kinder befinden sich, wie die allermeisten Menschen, in einem Kontext von verschiedenen Beziehungen und von stärkeren oder schwächeren Abhängigkeiten. Das Verständnis dafür, wie ein Kind und sein System funktionieren, kann Hinweise dafür geben, wie eine Lösung aussehen könnte. Lösungen sind erst dann gute Lösungen, wenn sie von möglichst allen, insbesondere den Direktbetroffenen, mitgetragen werden.

Kindesvertretungen haben, wie alle beteiligten Fachdisziplinen, das Wohl des Kindes und seine Entwicklung im Fokus, sie setzen ihre juristische Kompetenz dafür ein. Die professionelle Profilierung misst sich daran und nicht umgekehrt.

Grundsätzlich möchten alle Eltern gute Eltern sein und alle Kinder wünschen sich starke Eltern. Meinungsverschiedenheiten und Konflikte, die zu Interventionen führen, die das Kindeswohl sicherstellen sollen, liegen in den seltensten Fällen einer bewussten Absicht zugrunde. Dementsprechend sollen die Interventionen der Fachpersonen aller Disziplinen, die mit den Kindern und deren Systemen zusammenarbeiten, von Wertschätzung und Respekt geprägt sein.

»Ich fand es sehr gut, dass die Kinderanwältin uns immer unterstützt hat. Die Beiständin fragte bei jedem Gespräch das Gleiche und hörte uns nicht zu. Die Beiständin schaute nicht auf das Wohl der Kinder, sondern nur auf die juristischen Regeln. Für mich waren die Gespräche eine Belastung, weil alles, was ich sagte, dreimal verdreht wurde, und dann haben die KESB-Leute einfach das gesagt, was ihnen gepasst hat. Wenn unsere Kinderanwältin dabei war, konnten wir beweisen, was wir gesagt hatten, und es kam nicht dreimal anders raus. Am liebsten hätte ich aber gar keine Gespräche gehabt.«

Olaf

7. Epilog

1900 veröffentlichte Ellen Key ein Buch, das dem 20. Jahrhundert seine pädagogische DNA geben sollte: »*Das Jahrhundert des Kindes*«[1]. Keys Buch wurde zum Bestseller, war aber auch sehr umstritten, forderte die Autorin doch die »Hochachtung vor dem Kind« und verkehrte die Generationenverhältnisse in ihr Gegenteil: Bereits im ersten Kapitel postulierte sie das »Recht des Kindes, seine Eltern zu wählen«. Tatsächlich richtete sich schon bald das Forschungsinteresse auf die kindliche Entwicklung. Man erforschte etwa die kognitive Entwicklung (Jean Piaget), die Entwicklung des Spracherwerbs (Clara und William Stern), die Beziehungsentwicklung (Donald Winnicott) oder die zentrale Stellung des Spiels bei der Ausbildung der Persönlichkeit (Johan Huizinga). Anders als in der Romantik wurde das Kind im Zuge dieser Forschungen nicht mehr als der Mensch in seinem Urzustand gesehen, sondern als eigenständiges Wesen, das sich nicht primär in seine Umgebung einfügen sollte, sondern von dieser in seiner individuellen Entwicklung zu fördern war.

Ist das 20. Jahrhundert das geworden, wovon Ellen Key träumte? Der Faschismus, totalitäre Regime, eine entfesselte Weltwirtschaft, die sich nicht scheut, Kinder auszubeuten – die Bilanz scheint erschreckend. Und doch gibt es viele positive Entwicklungen: Reformpädagogik, inklusive Schule, Partizipationsmöglichkeiten für Kinder und Jugendliche, allgemein zugängliche Freizeit- und Förderangebote und: Kinderrechte.

Wird nun, verspätet, das 21. Jahrhundert das Jahrhundert der Kinder und Jugendlichen werden? Unser Buch hat gezeigt, wie Kinder und Jugendliche nach Art. 12 UN-KRK bei Entscheiden, von denen sie betroffen sind, am Verfahren teilnehmen können. Auch wenn es an dieser Teilnahme noch einiges zu verbessern gilt und noch manche Skeptiker*innen zu überzeugen sind, glau-

1 Key (2012).

ben wir, dass sich das Institut der Kindesvertretung allmählich durchsetzen und selbstverständlich werden wird.

Dieser Glaube ist nicht etwa Wunschdenken, sondern stützt sich auf Beobachtungen von Veränderungen, die sich auch in ganz anderen Bereichen der Gesellschaft anbahnen. In der Pädagogik rücken mehr und mehr die lernenden Subjekte – also Kinder und Jugendliche – in den Fokus. Im Unterricht werden nicht mehr einfach Inhalte »abgearbeitet« bzw. »durchgenommen«, sondern Kompetenzen vermittelt, mit denen die Schüler*innen Probleme lösen können. Das gelingt nicht ohne Wissen und Fertigkeiten im traditionellen Sinn, greift aber weit über diese beiden hinaus: Im Zentrum steht nun das Kind, mit je individuellem Vorwissen, spezifischen Interessen, eigenen Lerntechniken. Erfolgreich ist Lernen erst, wenn im Sinne einer Ko-Konstruktion Lernende und Lehrende sich aufeinander beziehen und sich beide auf die Unterrichtsinhalte einlassen.

Auch in der Politik rückt die nachkommende Generation vermehrt ins Blickfeld. Im In- und Ausland wird über das Stimmrechtsalter 16 diskutiert und es gibt seit einiger Zeit Kinder- und Jugendsessionen. Klimaschutz und ökonomische Umverteilung sind Themen geworden, für die sich die Jugend politisch engagiert, und auch etwa zum Thema Altersvorsorge wird von der Idee einer Art Kinder- und Jugendverträglichkeitsprüfung gesprochen. Nachhaltig ist Politik in den allermeisten Fällen dann, wenn die Maßnahmen nicht für die Generation, die sie beschlossen hat, positive Wirkung entfalten, sondern für die Generation der Kinder und Enkel*innen.

In Anbetracht dieser Tendenzen möchten wir also mit demselben Optimismus, der Ellen Key auszeichnete, aber auch mit dem sie charakterisierenden Engagement das 21. Jahrhundert zum »Jahrhundert der Partizipation« erklären.

Dank

Herzlich bedanken möchten wir uns bei Dieter Bürgin für das Geleitwort, Urs Albrecht, Linguist, für die kritische Durchsicht und zahlreiche Anregungen, Sara Mühlematter und Sarah von Känel für ihre Unterstützung im Erstellen von Grafiken, Rekha Oleschak für die sorgfältige Durchsicht des Manuskripts und zahlreichen Freundinnen und Freunden, die uns mit ihrem Interesse und ihren Fragen zum Weiterdenken angeregt haben.

8. Anhänge

8.1 Standards Kinderanwaltschaft

Kinderanwaltschaft
Schweiz

Standards für die Rechtsvertretung von Kindern in gerichtlichen und verwaltungsrechtlichen Verfahren

Präambel der Standards für die Rechtsvertretung von Kindern[1, 2]

Die Rechtsvertretung von Kindern verbindet grosses Engagement für die Interessen von Kindern bei gleichzeitiger Wahrung von professioneller Distanz. Sie ist sich bewusst, dass für Kinder die Verfahren, in die sie involviert sind, oft schwierig zu verstehen sowie mit Unsicherheiten und unter Umständen mit negativen Erfahrungen verbunden sind. Die Rechtsvertretung verhält sich transparent und offen. Diese nimmt das Kind und seine Anliegen ernst. Insbesondere informiert sie das Kind seinem Alter und seiner Reife entsprechend über Inhalt, Ablauf sowie Einflussmöglichkeiten/seine Rechte im Verfahren und die Rollen der verschiedenen Involvierten. Sie berücksichtigt das kindliche Zeitempfinden und passt die Rahmenbedingungen entsprechend an. Sie setzt sich für kindgerechte Verfahren ein. Die Rechtsvertretung interveniert,

---

1 Der Begriff »Rechtsvertretung« entspricht den Leitlinien des Europarates für eine kindgerechte Justiz und steht für Bezeichnungen wie Kindesverfahrensvertretung, Prozessbeistand, Verfahrensbeistand und weitere.

2 Unter Kindern werden Kinder und Jugendliche Verstanden.

wenn immer möglich, deeskalierend, ressourcenorientiert und kooperationsbezogen. Sie bekennt sich zu einer Null-Toleranz-Haltung gegenüber sexueller Ausbeutung, Missbrauch und anderen Grenzverletzungen.

1. KOMPETENZEN

1.1. Fachliche Kompetenz

Eine juristische, sozialarbeiterische, psychologische, sozialpädagogische oder medizinische Grundausbildung (Universitäts-/Fachhochschulabschluss oder gleichwertiger Fachabschluss) sowie bei einem zertifizierten Aktivmitglied eine komplementäre Zusatzqualifikation für psycho-sozialpädagogische Fachpersonen im juristischen Bereich und für juristische Fachpersonen im psycho-sozial-pädagogischen Bereich werden vorausgesetzt.

1.2. Kommunikative Kompetenz

Die Rechtsvertretung ist in der Lage, Gespräche mit einem Kind entwicklungsadäquat zu führen und sich mit Fachpersonen unterschiedlicher Disziplinen auszutauschen.

1.3 Persönliche Kompetenz

Die Rechtsvertretung zeichnet sich durch Belastbarkeit, Konflikt- und Vermittlungsfähig- keit, Empathie und die Fähigkeit zur Selbstreflexion aus und weist Erfahrung im Umgang mit Kindern und Jugendlichen auf.

1.4 Berufspraktische Kompetenz

Drei Jahre Berufserfahrung in einem Bereich der Grundausbildung werden vorausgesetzt.

2. ALLGEMEINE GRUNDSÄTZE

2.1 Voraussetzungen für die Fallübernahme

Unabhängigkeit

Die Rechtsvertretung prüft vor der Übernahme eines Mandats, ob die Voraussetzung für dessen unabhängige Ausübung gegeben ist. Unabhängigkeit bedeutet insbesondere, dass die Rechtsvertretung im Umfeld des vertretenen Kindes keiner anderen Person oder Institution verpflichtet ist und auch keinen entsprechenden Anschein erweckt. Mitglieder/Angestellte einer Behörde oder einer privaten oder öffentlich-rechtlichen Kindesschutzinstitution können nur außerhalb des jeweiligen Kantons und nur dann ein Mandat übernehmen, wenn die jeweilige Behörde oder Institution aktuell oder in der Vergangenheit nicht bereits mit dem Kind bzw. dessen Umfeld befasst war.

Fallspezifische Kompetenz

Die Rechtsvertretung prüft, ob sie über die im konkreten Fall erforderlichen Kompetenzen verfügt. Wenn nötig eignet sie sich das zusätzlich erforderliche Wissen an oder zieht eine Fachperson bei.

Zeitliche Verfügbarkeit

Die Rechtsvertretung ist sich bewusst, dass Rechtsvertretungen von Kindern und Jugendlichen eine hohe zeitliche Verfügbarkeit erfordern, oft dringend sind und Besprechungen bisweilen kurzfristig und eventuell am Aufenthaltsort des Kindes stattfinden müssen. Sie rechnet eine Reserve zum voraussichtlichen Zeitaufwand ein.

Klärung der Finanzierung

Die Regelung der Honorierung der Rechtsvertretung darf in keinem Fall deren Unabhängigkeit beeinträchtigen. Rechtsvertreter/innen nehmen überdies nie Honorare direkt von Kindern und Jugendlichen entgegen. Deshalb strebt die Rechtsvertretung in aller Regel die behördliche oder gerichtliche Einsetzung an. Wird diese abgelehnt, ist die Finanzierung über unabhängige Stiftungen oder – ausnahmsweise und wenn eine Interessenkollision oder deren Anscheinerweckung mit Sicherheit ausgeschlossen werden kann – über Personen aus dem Umfeld des betroffenen Kindes sicherzustellen. In familienrechtlichen und Kindesschutzverfahren ist die direkte Finanzierung über Personen aus dem Umfeld des Kindes ausgeschlossen.

2.2 Auftragsklärung

Die Rechtsvertretung befragt das Kind zu seinen Anliegen, klärt es über seine Rechte, über die Möglichkeiten und Grenzen von deren Durchsetzung, über die Bedeutung des Kindeswillens, des Kindeswohls und die Rolle der Rechtsvertretung auf. Sie formuliert den Auftrag für das Kind in einer verständlichen Sprache. Die Rechtsvertretung sichert dem Kind Vertraulichkeit zu, soweit nicht gravierende Kindeswohlgefährdungen drohen.

2.3 Interessen des Kindes

Die Rechtsvertretung stellt den persönlichen Kontakt zum Kind und allenfalls Drittpersonen aus dessen Umfeld her, nimmt Einsicht in die verfügbaren Akten und studiert sie. Die Rechtsvertretung stellt im Verfahren immer den Willen des Kindes umfassend und differenziert dar. Sie berücksichtigt die objektiven Interessen des Kindes. Stellt sie Konflikte zwischen Kindeswillen und den objektiven Interessen fest, prüft sie sorgfältig, ob und wie sie dies dem Gericht/der Behörde und Dritten mitteilt und ob sie weitere Abklärungen beantragt. Die Rechtsvertretung sucht, wenn möglich, nach vermittelnden Lösungen.

3. UMGANG MIT DEM KIND

3.1 Kontakt mit dem Kind

Die Rechtsvertretung stellt einen persönlichen Kontakt zum Kind her. Der Kontakt soll nur dann ausbleiben, wenn es unter dem Aspekt des Kindeswohls oder -willens triftige Gründe gibt, die dagegensprechen.

3.2 Kindeswillen

Die Rechtsvertretung klärt den Kindeswillen sorgfältig und umfassend ab. Sie hilft dem Kind, wenn nötig, diesen Willen zu entwickeln, sichtbar zu machen und zu formulieren. Bestehen Konflikte zwischen Kindeswillen und Kindeswohl, reflektiert dies die Rechtsvertretung mit dem Kind so weit wie möglich.

3.3 Informationen zum Verfahren

Die Rechtsvertretung informiert das Kind seinem Entwicklungsstand gemäß über seine Rechte, den Ablauf des Verfahrens und die Rolle aller Akteure. Sie beschreibt und erklärt dem Kind die einzelnen Verfahrensschritte, damit es sich eine angemessene Vorstellung davon machen kann.

Die Rechtsvertretung informiert das Kind mündlich oder schriftlich über den Ausgang des Verfahrens und klärt mit ihm nach Möglichkeit seinen Willen bezüglich Einlegung eines Rechtsmittels ab.

3.4 Erreichbarkeit

Die Rechtsvertretung informiert das Kind mündlich und schriftlich, wann und wie sie erreichbar ist.

3.5 Einbezug des Kindes in alle Verfahrensschritte

Die Rechtsvertretung leitet alle wichtigen Informationen, die sie erhält, an das Kind weiter und bespricht sich in geeigneter Weise mit ihm.

3.6 Abschluss der Vertretung

Die Rechtsvertretung bietet dem Kind ein Abschlussgespräch an. Es soll sich dazu äußern können, wie es das Verfahren erlebt hat und wie die Rechtsvertretung seine Erwartungen erfüllt hat.

4. UMGANG MIT DRITTEN

4.1 Austausch mit Fachpersonen

Die Rechtsvertretung holt Auskünfte von Dritten oder spezielles Wissen von Fachpersonen ein, wenn dies erforderlich ist, um dem Kind gerecht zu werden.

4.2 Rollenklärung

Mit bereits involvierten Beistandspersonen nimmt die Rechtsvertretung Kontakt auf zum Austausch und zur Rollenklärung.

5. QUALITÄTSSICHERUNG

5.1 Bereitschaft zu Datenweitergabe und Dokumentation

Mitglieder des Vereins Kinderanwaltschaft Schweiz sind bereit, periodisch die Daten zu jeder von ihnen geführten Kindesvertretung anonymisiert an den Verein weiterzugeben, damit er Auswertungen vornehmen und durch die gewonnenen Erkenntnisse zur Qualitätsverbesserung und Verbreitung der Rechtsvertretung und die Umsetzung der Leitlinien des Europarates für eine kindgerechte Justiz in der Schweiz beitragen kann.

5.2 Weiterbildung

Die Rechtsvertretung verpflichtet sich, jährlich an mindestens einer Weiterbildungsveranstaltung teilzunehmen, die der Verein anbietet oder empfiehlt.

5.3 Reflexion

Die Rechtsvertretung verpflichtet sich zu regelmäßigen (mind. zweimal jährlichen) Intervisionen mit Vereinsmitgliedern, wie z.B. der Teilnahme an Learning Communities oder von Vereinsmitgliedern organisiertem Fachaustausch.

Beschlossen und sofort in Kraft gesetzt an der ordentlichen Mitgliederversammlung vom 26. Mai 2009. Ergänzt durch einen Beschluss der Mitgliederversammlung vom 24.5.2012 und vom 23. Juni 2020. Redaktionelle Ersetzung des Begriffs »Kindesverfahrensvertretung« durch »Rechtsvertretung« durch die Geschäftsstelle, ohne weiteren Beschluss der MV.

8.2 Standards Musivo[3]

Musivo-Standards der Transdisziplinären Fallführung (TF) *(08.10.2019)*

1. Fall ist, was der Fall ist.
2. In der TF gibt es grundsätzlich keine dominierende Profession/Wissenschaft. Fach- und Expertenmeinungen sowie Meinungen beteiligter sowie außenstehender Laien werden als grundsätzlich gleichwertig entgegengenommen und in die TF einbezogen.
3. TF hat intervenierenden Charakter, eingebettet in eine gelassene und empathische Grundhaltung. Sie zielt auf die Entwicklung von Selbstverantwortlichkeit und Autonomie aller Beteiligten ab.
4. Wirkung und Ergebnisorientierung stehen im Zentrum. Grundlage für eine effektive Fallführung ist ein umfassendes Verständnis der Fallstruktur. Hierfür entwickeln die Fallführenden Fallstrukturhypothesen, welche sie im Lauf der Fallbearbeitung laufend überprüfen und weiterentwickeln.
5. Fallführende sind sich sowohl des Wertes ihrer Fachkompetenz als auch deren Begrenztheit für den Erfolg der Fallführung bewusst. Sie arbeiten auf Augenhöhe mit internen und externen Vertreter*innen anderer Professionen und Fachrichtungen am Fall zusammen. Sie respektieren andere Fachrichtungen und Meinungen nicht nur, sondern haben und entwickeln ein eigenes Interesse dafür.
6. Falladäquate (angemessene) Partizipation Involvierter steht immer vor deren Ausschluss. Wenn immer möglich und sinnvoll, ist der Kontakt mit ihnen aufrechtzuhalten.
7. Fallführende sind in der Lage zu erkennen, wann und mit welchen (internen oder externen) Knowhowträger*innen oder Vertreter*innen anderer wichtiger Fachrichtungen Austausche und Fallkonferenzen notwendig sind, und können diese – auch kurzfristig – organisieren und durchführen.
8. Fallführende überprüfen vor Fallannahme ihre innere und äußere Unabhängigkeit und entscheiden in der Fallführung autonom und nicht weisungsgebunden.

---

3 Musivo ist eine Genossenschaft und führt als Entwicklungsunternehmen verschiedene Betriebe, die auf transdisziplinäre Lösungen in für das Gemeinwohl relevanten Tätigkeitsfeldern spezialisiert sind. Die 2005 gegründete Genossenschaft ist partnerschaftlich organisiert und geführt und verfolgt eine moderate Wachstumsstrategie.

9. Krisen sind die Regel, nicht die Ausnahme: Sie werden nicht zu Störfällen degradiert, sondern bewusst für Fortschritte in der Fallführung genutzt.
10. Effizienz und Wirtschaftlichkeit sind wichtige Kriterien der TF.
11. Die Kommunikation in der TF ist klar und transparent, offen und aufrichtig sowie auf Augenhöhe mit den Angesprochenen. Die Zusammenarbeit ist inspirierend, humorvoll, leicht, flexibel, verlässlich und bodenständig.
12. Die individuelle Kompetenz der Fallführenden als Voraussetzung für TF umfasst:

- intrinsische Motivation und Disziplin
- die Fähigkeit, Informationen zu interpretieren und zwischen wichtig und unwichtig zu unterscheiden
- die Fähigkeit, Informationsstückchen zu einem umfassenden Bild der Welt zusammenzusetzen.
- die Fähigkeit, mit Veränderungen umzugehen und in unvertrauten Situationen das innere Gleichgewicht zu bewahren.

8.3 Vom »Kindeswillen« zur »Willensäußerung des Kindes«[4]

Zur Notwendigkeit der Klärung und des Umgangs mit Willensäußerungen von Kindern, insbesondere in gerichtlichen und behördlichen Verfahren

Einleitung

Der Verein IF-Kind ist ein multidisziplinärer Zusammenschluss von Fachpersonen aus Deutschland, Österreich und der Schweiz zur Förderung der qualitativ hochstehenden Interessenvertretung von Kindern und Jugendlichen insbesondere in Gerichts- und Verwaltungsverfahren. An seinem jährlichen Austauschtreffen im Juni 2020 wurde über den Kindeswillen diskutiert. Die Autorinnen und Autoren[5] haben sich kritisch mit der bisherigen Definition, der Erhebung und der Berücksichtigung des Kindeswillens in allen drei Staaten bzw. Rechtsordnungen auseinandergesetzt mit dem Ziel, auf der Basis der UN-KRK ein von den einzelstaatlichen Rechtsordnungen unabhängiges, kindgerechtes Vorgehen zum Umgang mit dem Kindeswillen zu finden. Der vorliegende Beitrag ist das Resultat dieser Diskussionen und möchte alle Fachpersonen und Menschen im Umfeld von verfahrensbetroffenen Kindern zu einer kritischen Reflexion und zu weiteren Diskussionen und fachlichen Auseinandersetzungen über ihren bisherigen Umgang mit dem Kindeswillen vor allem im familiengerichtlichen bzw. Familienschutz-Verfahren anregen.

Bisherige Definition des Kindeswillens gemäß aktuellem Stand der Wissenschaft

Dettenborn[6] hat folgende Definition veröffentlicht:

> »Als Kindeswille wird hier die altersgemäß stabile und autonome Ausrichtung des Kindes auf erstrebte, persönlich bedeutsame Zielzustände verstanden. Damit ist nichts zum Bewusstseinsgrad sowie zu den emotionalen und kognitiven Anteilen gesagt. Es ist auch nichts zu den hinter der Willensbildung stehenden Motiven gesagt.«

---

4 Vgl. IF-Kind; www.ifkind.org

5 Siehe am Schluss dieses Beitrags.

6 Dettenborn (2021).

Diese Definition wird auch von Balloff verwendet. Salzgeber[7] zitiert ebenfalls Dettenborn – ergänzt aber zusätzliche Fragestellungen: Rational – emotional? Eigenständig – beeinflusst? Wille und Beziehung hängen zusammen? Wille und Bindung? Wille und Kontinuität? Wille bei Umzug oder Wechselmodell? Wille Ausdruck der Solidarität, der Loyalität, der Ambivalenz, Schutz vor dem Elternkonflikt? Danach sei *»vom Kindeswillen dann auszugehen, wenn Zielorientierung, Intensität, Stabilität, Autonomie (im Sinne individueller, selbstinitiierter Bestrebungen) erfüllt sind.«* Und: *»Es besteht für die verbalen Äußerungen kein eindeutiges Kriterium, das zwischen echtem Wunsch und Willen eines Kindes und einer Vereinnahmung durch einen Elternteil zu trennen vermag«*.

Obwohl dieses Konstrukt auf den ersten Blick klar erscheint, sorgt der Umgang damit in der Praxis für viel Unsicherheit und es wird oft heftig darüber gestritten. Unserer Meinung nach existiert dieser Streit stellvertretend für die bei Entscheiden zu Kinderbelangen immanente Unsicherheit. Es gibt keine Eindeutigkeit darin, was einem Kind im Verlaufe seiner Entwicklung gut bekommt. Und es existiert keine Möglichkeit, weitere Versuche zu starten, die Aufschluss darüber geben könnten, welches der bessere Weg gewesen wäre. Obwohl dies jedoch Überlegungen und Dilemmata in Bezug auf die Frage des Kindeswohls sind, werden sie immer wieder bei der Definition des Kindeswillens abgehandelt.

Einteilungen von kindlichen Willensäußerungen in solche von urteilsfähigen versus noch nicht urteilsfähigen Kindern oder die Erstellung von Kategorien wie die des ›induzierten‹ (d.h. von Dritten beeinflussten oder gar gesteuerten) und des ›selbstgefährdenden‹ Willens sollten helfen, den Umgang mit kindlichen Willensäußerungen zu erleichtern. Dies führte in der Praxis gemäß unserer Beobachtung zu einer Verstärkung der Konfusion, weil sich Fachpersonen, Behörden und Gerichte nun vor allem verpflichtet sehen, bei jeder Willensäußerung zu entscheiden, inwiefern diese der Kategorie des »echten« oder »unechten« Willens angehöre. Vielfach wurde den kindlichen Willensäußerungen deshalb eher mit ermittelnder Wachsamkeit denn mit einem aufmerksamen, wohlwollenden Interesse begegnet.

Unseres Erachtens wurde manchmal nicht anerkannt, dass eine Willensäußerung in erster Linie vollumfänglichen Respekt und Akzeptanz erfordert und zunächst einmal ohne Wertung entgegengenommen werden muss. Sie ist

---

7 Salzgeber, J.: Psychologische Gutachten im familiengerichtlichen Verfahren – Erkenntnismöglichkeiten und -grenzen, Vortrag ZKJ-Tag 2019 in Köln.

der individuellste, persönlichste Beitrag, den ein Kind zu seiner Situation äußern kann oder will. Die Überlegungen, aus welcher Situation heraus der Wille entstanden sein mag, ist vielleicht für Überlegungen zum Kindeswohl wichtig, nicht aber für das Aufnehmen eines Kindeswillens. Auf der Suche danach, wie es zu dieser Entwicklung kommen konnte, sind die AutorInnen auf neun verbreitete »Irrtümer über den Kindeswillen« gestoßen, die dafür verantwortlich sein könnten. Sie werden in der Folge vorgestellt und diskutiert.

Neun Irrtümer über den Kindeswillen und ihre Auflösung

1. Irrtum: Das Kind hat immer einen Willen und diesen Willen kann man immer eruieren.
Wir möchten betonen, dass es verschiedene Gründe gibt, weshalb ein Kind bezüglich einer bestimmten Frage oder eine Situation **keinen Willen hat** oder aber zwar einen Willen hat, diesen aber **nicht äußern will**. Manchmal konnte es seinen Willen nicht bilden, weil es sich mit der Situation noch nicht genügend hat befassen können. Vielleicht war ihm die Situation verborgen oder sie war kognitiv zu anspruchsvoll. Eventuell ist das Kind zwar genügend orientiert und informiert, jedoch bezüglich seines Willens ambivalent und es weiß nicht, wie es dies äußern kann. Oder vielleicht möchte das Kind enge Bezugspersonen nicht verletzen oder erzürnen und hat deshalb entschieden, nichts zu äußern. In der Regel sind Kinder emotional sehr abhängig von ihren Bezugspersonen. Kinder aus kollektivistischen Gesellschaften (Migration) haben zudem ein anderes Verhältnis zum Kindeswillen. Sie haben gelernt, dass ihr individueller Wille weniger Gewicht hat als ihre Wirksamkeit in der Gemeinschaft.

2. Irrtum: Was das Kind sagt, ist sein wahrer Kindeswille.
(Die verbale Äußerung ist nur eine von vielen Ausdrucksformen.)
Der Wille selbst ist nie direkt »greifbar«, sondern nur im Gesamtbild der – verbalen wie nonverbalen – Äußerungen erfahrbar. Je jünger Kinder sind, desto schwieriger ist es für sie, innere Gefühle, Wünsche und Ziele zu verbalisieren. Kinder äußern sich manchmal bei verschiedenen Personen und in verschiedenen Situationen unterschiedlich. Die eine Äußerung ist dabei nicht von vornherein als »wahrer« als eine andere erkennbar. Vielmehr soll es darum gehen, die Gesamtheit der Willensäußerungen zu betrachten und sie in einen Zusammenhang zu setzen. So entsteht ein möglichst vollständiges Bild dessen, was ein Kind über seinen Willen äußern kann. Es ist dabei zentral, dass der geäu-

ßerte Willen nicht zwingend alles von einem innerlich verspürten Willen abbildet. Dennoch ist der geäußerte Wille das, was das Kind als seinen Beitrag zur Verfügung stellt.

3. Irrtum: Kleine Kinder dürfen Wünsche äußern, große ihren Willen.
(Alter ist kein Grund für ausbleibende Einlassung auf den Kindeswillen resp. Auseinandersetzung damit.)
Der Wunsch kann als eine Stufe zur Willensbildung angesehen werden. Im Hinblick auf die zu erwartende Reaktion gibt es für das Kind einen Unterschied, ob es einen Wunsch oder einen Willen äußert: für Wünsche wird man nicht bestraft, mit Willensäußerungen kann man Eltern verletzen. Auch kleine Kinder sollen an Entscheidungen partizipieren können. Alle Wahrnehmungsbereiche sind grundsätzlich gleichwertig. Bei kleinen Kindern ist der Schwerpunkt nonverbal, bei älteren eher verbal. Daraus ergibt sich, dass sowohl bei kleinen als auch großen Kindern alle Arten von Willensäußerungen gleich zu beachten sind. Gerade junge Kinder, Kinder in situativen Schwierigkeiten oder auch Kinder, die eine Behinderung haben und sich deshalb verbal nicht gut ausdrücken können, benötigen in verstärktem Maße, dass die Erwachsenen sich vertieft damit auseinandersetzen, was für das betreffende Kind akzeptabel und wünschenswert ist oder was ihm unerträglich erscheint.

4. Irrtum: Der Wille von Kindern mit Behinderung/Einschränkungen oder von Säuglingen kann und braucht nicht ermittelt zu werden.
Je nach Art und Grad einer Behinderung können Kinder nur eingeschränkt oder lediglich nonverbal ihren Willen ausdrücken. Gleiches gilt für kleine Kinder und Säuglinge. Gestik, Mimik, Zeichen- oder Gebärdensprache, Verhalten oder auch nur beobachtbare Gefühlsregungen lassen sehr wohl Rückschlüsse auf einen Willen des Kindes zu. Es werden daher hohe Ansprüche an die Qualifizierung der Personen gerichtet, die sich mit diesen Kindern beschäftigen. Die Beiziehung von und mit dem Kind vertrauten Personen kann bei der Ermittlung des Kindeswillens helfen. Interaktionsbeobachtungen zwischen Kind und dem beteiligten Elternteil oder sonstigen Bezugspersonen können eine wichtige Möglichkeit zur Willensermittlung sein. Die Einordnung in den jeweiligen Kontext und die Situation sollten bei der Interpretation und Begründung der Äußerungen berücksichtigt werden.

5. Irrtum: Nur der Kindeswillen eines einsichts- und urteilsfähigen Kindes ist zu berücksichtigen.
(»Unreife«, eingeschränkte Kognition etc. sind keine Gründe für ausbleibende Einlassung auf die Auseinandersetzung mit dem Kindeswillen.)
Die zunehmend Einfluss gewinnende Haltung, nur den Willen eines *einsichts- und urteilsfähigen* Kindes zu berücksichtigen, ist aus kinderrechtlicher Sicht kritisch zu hinterfragen. Zum einen geht es ja nicht darum, dass ein Kind plötzlich für seine Situation umfängliche Verantwortung übernimmt, sondern um die Frage, wie das Kind sich zu seiner Situation stellt. Und diese Frage darf, ja soll das Kind ganz subjektiv beantworten. Den »vernünftigen« Überlegungen müssen sich die Erwachsenen stellen. Wenn das Kind auch bei den realitätsbezogenen Abwägungen mitmachen mag, ist dies im Sinne der Autonomieentwicklung des Kindes natürlich zu begrüßen.

6. Irrtum: Es gibt einen induzierten (beeinflussten) Kindeswillen, der per se nicht zu beachten ist.
Kinder sind grundsätzlich, d.h. immer und in hohem Mass, beeinflusst von ihrer engen Umgebung: Erziehung stellt gewissermaßen Beeinflussung in Reinform dar. Außerdem bildet sich ein Wille nie im freien Raum, er steht immer in Abhängigkeit zur Umgebungsrealität. Eine Vielzahl von Aspekten einer Situation – auf der Ebene der Beziehungen aber auch bezüglich der emotionalen Verarbeitung, des befürchteten Stresses oder etwa der persönlich erhofften Freiheiten – führt zu einer Willensbildung. Die menschliche Psyche ist keine Einbahnstraße, sondern ein komplexes Geflecht an bewussten und unbewussten inneren Prozessen. Selbstverständlich bilden auch Erwachsene ihren Willen nicht frei von Beeinflussung. Erstaunlicherweise stellt man jedoch an die Unabhängigkeit der Willensäußerung eines erwachsenen Menschen oft weniger hohe Anforderungen als an diejenigen eines Kindes. Es ist also **immer** davon auszugehen, dass die kindliche Willensbildung in Abhängigkeit zu den wichtigen Personen und zur gesamten Situation entstanden ist, sei es im Einklang mit dem Willen von Bezugspersonen oder vielleicht – als Akt der Abgrenzung im Prozess der Autonomieentwicklung – gerade dagegen. Aber spricht das dagegen, den Kindeswillen zunächst einfach entgegenzunehmen? Für das Entgegennehmen bzw. Festhalten eines Kindeswillens ist es nicht nötig zu erkennen, auf welche Weise der Wille zustande gekommen ist. Der geäußerte Wille des Kindes– in seiner oben geschilderten Gesamtheit – ist, was er ist. Es sind Kindeswohlüberlegungen, die gemacht werden, wenn darüber entschie-

den werden soll, ob sich Eltern ihrem Kind gegenüber allzu manipulativ oder bedrängend verhalten. Und es braucht dann nicht extra Entscheidungen gegen den Willen des Kindes, um dem Kind einen unabhängigeren Willen zu ermöglichen (so wird bisweilen auf paradoxe Weise argumentiert), sondern allenfalls eine längerfristige *Unterstützung des familiären Systems, um dem Kind zu mehr Autonomie zu verhelfen.*

7. Irrtum: Es gibt Personen, die einen privilegierten Zugang zum Kindeswillen haben.

Vater, Mutter, eine Kinderanwältin, ein Gutachter – niemand kann in den Kopf des Kindes sehen und es gibt auch keine Zaubermethode, um den Kindeswillen zu eruieren, Alle können nur Zeichen und Signale deuten. Jeder sieht Ausschnitte, jede hat durch die eigene Beziehung und Rolle einen gefärbten Blick. Die Beteiligten und sonstige Bezugspersonen sind geprägt durch ihre eigene Biografie, Kultur, Beziehung, Bindung und Profession. Ziel sollte es deshalb sein, die Eindrücke der vielen Beteiligten zusammenzuführen und daraus ein Gesamtbild zu erstellen. Keine Person hat privilegierten Zugang zum Innenleben eines Kindes.

8. Irrtum: Eine Einigung der Eltern ist für Kinder immer das Beste, der Wille des Kindes ist dann nicht mehr zu berücksichtigen.

Kinder und Eltern haben nicht automatisch die gleichen Interessen und es kann sein, dass Eltern sich einig sind entgegen dem Willen eines Kindes. Kinder haben Anspruch auf eine eigenständige Perspektive und Auseinandersetzung mit ihren Vorstellungen, Wünschen und Grenzen sowie auch ein Anspruch auf Ambivalenz. Das meint der Grundsatz der Partizipation. Nicht alles, was die Eltern als gut und gerecht empfinden, ist auch aus Sicht des Kindes gewünscht. Es geht dabei primär um die Selbstwirksamkeit und Partizipationsmöglichkeit des Kindes, die neben der elterlichen Verantwortung nicht vernachlässigt werden soll.

9. Irrtum: Durch mehrfache Gespräche kann man den wirklichen Willen des Kindes besser erfragen und es wird dem professionellsten Verfahrensbeteiligten irgendwann das sagen, was sein »wahrer Wille« ist beziehungsweise was unserer Vorstellung vom Kindeswohl nahekommt.

In einigen Verfahren gibt es Mehrfachgespräche des Kindes mit den verschiedenen Professionen oder wiederholte Befragung durch die gleichen Beteiligten mit den gleichen Fragestellungen. Mehrfache Gespräche sind nicht per se problematisch. Kritischer ist es aber, wenn das Gespräch in eine Art »Verhör« oder »Zeugeneinvernahme« kippt. Das immer wieder neue Befragen eines Kindes im Sinne eines Hinterfragens seines Willens sowie ein Befragen des Kindes mit einem bestimmten Ziel kann eine große Belastung für das Kind darstellen. Das Plus an Quantität ist nicht notwendig ein Plus an Qualität. Das Kind erlebt womöglich, dass seine Äußerungen nicht ernst genommen werden, und versucht in einigen Fällen durch Anpassung seiner Aussagen dem Gegenüber gerecht zu werden oder aber geht in verstärkten Widerstand. Wenn man den Willen eines Kindes erfassen möchte, sollte es auch nicht darum gehen, Widersprüche in seinen Äußerungen aufzudecken, und es sollte auch nicht um Bewertung von Vernunft der Willensäußerung des Kindes gehen. Wichtig sind gutes Zuhören sowie das Schärfen des eigenen Bewusstseins für mögliche Belastungen des Kindes. Der geäußerte Wille ist ernst zu nehmen, die eigene Haltung und die dem Kind gestellten Fragen hingegen sind kritisch zu hinterfragen und zu reflektieren.

Neue Definition des Kindeswillens: Willensäußerung des Kindes

Wunsch und Ziel gehören zum Kindeswillen, sie sind Aspekte davon. Der Wille des Kindes ist eine innere Ausrichtung auf angestrebte Ziele.

a) Wir meinen mit dem Begriff Kindeswille sowohl konkrete Zielvorstellungen und Wünsche, Anliegen und Einschätzungen, die ein Kind verbal äußert, als auch starke Gefühlsregungen des Kindes (z.B. Heimweh), mimische und nonverbale Äußerungen im Hinblick auf eine einzuschätzende Situation (z.B. Lachen oder Weinen), psychosomatische Reaktionen auf eine Situation (z.B. Bauch- oder Kopfschmerzen) und konkretes Verhalten in einer Situation (z.B. Wegrennen). Wie die Beispiele schon zeigen, stehen bei den nicht verbal geäußerten Willenstendenzen diejenigen mit negativer Ausprägung etwas im Vordergrund, aus dem einfachen Grund, weil eine Zustimmung des Kindes einfacher zu handhaben ist.
b) Das Eruieren eines »wirklichen Willens« ist nicht möglich. Weder existiert der Wille insgesamt als inhärente Größe, noch ist dieser in seiner komplexen Gesamtheit einfach so zu zeigen. Vielmehr sind es lediglich Äußerungen, die aufgenommen werden können. Sie weisen darauf hin, was ein Mensch zu einem bestimmten Zeitpunkt von sich zu zeigen bereit und in der Lage ist. Werden diese Äußerungen aufmerksam und möglichst umfassend erfasst – verbal wie nonverbal –, bilden sie den innerlich verspürten Willen eines Kindes ab, vielleicht recht detailgetreu oder auch

nur holzschnittartig. Willensäußerungen zeigen sich außerdem einmal einheitlich, dann wieder völlig konträr oder vielseitig – so wie auch die menschliche Psyche oft voller Widersprüche und Ambivalenzen ist. Dies gilt es in seiner Gesamtheit zu akzeptieren. Manches kann, wenn es betrachtet wird, eingeordnet und verstanden werden, anderes nicht.

c) Der Wille eines Kindes ist nicht als zeitüberdauernde Größe zu verstehen. Da Kinder sich im Verlaufe ihrer Entwicklung stark verändern, ist auch ihr Wille in stärkerem Maße als bei Erwachsenen abhängig von Alter, Zeit, Ort und Umständen. Er kann sich rasant verändern und weiterentwickeln. Dennoch ist dem momentanen Willen des Kindes immer Beachtung zu schenken. Denn das ist es, was das Kind als seine gefühlte Wirklichkeit im Hier und Jetzt verspürt.

d) Die Feststellung des Willens ist stets das Ergebnis einer Deutung. Zwischen der Wahrnehmung der Willensäußerung und seiner Deutung muss klar unterschieden werden. Die Willensäußerungen des Kindes sollen in ihrer Vielfältigkeit wahrgenommen, dargestellt und transparent gedeutet werden. Keine außenstehende Person hat privilegierten Zugang zum Innenleben eines Kindes. Um ein möglichst umfassendes Bild vom Willen des Kindes zu erhalten, sind die Perspektiven aller Beteiligten in die Deutung einzubeziehen.

e) Das Kind hat Anspruch darauf, dass eine Auseinandersetzung mit seinen Willensäußerungen stattfindet und dass es eine Begründung erhält, weshalb seinem Willen gefolgt resp. davon abgewichen wird. Es sollte auch wissen, was mit seiner Willensäußerung geschieht, in welchen Kontext diese verwendet wird und wer hiervon Kenntnis erhält. Weder die allenfalls eingeschränkte Urteilsfähigkeit des Kindes noch die Beeinflussung seines Willens noch eine Selbstgefährdung sind Gründe, um sich nicht mit seinem Willen auseinanderzusetzen. Für das Verständnis des Willens des Kindes ist es notwendig, sich mit seiner Perspektive zu identifizieren, diese zu erweitern mit Überlegungen zu Ressourcen und Befürchtungen. Alle Aspekte sind wiederholt abzuwägen und das Ergebnis so weit als möglich transparent zu machen. Erst in einem zweiten Schritt ist abwägen, inwiefern den Vorstellungen des Kindes gefolgt werden kann. Dann aber besteht eine Begründungspflicht für Übernahme, teilweise Übernahme und Ablehnung des Kindeswillens.

In den drei deutschsprachigen Ländern gibt es unterschiedliche Ansätze, wie der Kindeswille in Verfahren eruiert wird, ins Verfahren eingebracht wird und wie hiermit umgegangen wird. Wir wollen mit diesem Papier sensibilisieren, die Forschung vorantreiben und uns dafür stark machen, dass die oben genannten Aspekte in Bezug auf den Kindeswillen in der Schulung und in der praktischen Arbeit und Professionalisierung der Fachkräfte gestärkt werden.

Reinhard Prenzlow (Verfahrensbeistand und Vormund, D), Ute Kuleisa-Binge (Verfahrensbeistand und Vormund, D), Franziska Lorenz (Fachanwältin für Familienrecht, Mediatorin und Verfahrensbeistand, D), Sabine Brunner (Psychologin und Psychotherapeutin am Marie Meierhofer Institut für das Kind, CH), Stefan Blum (Kinderanwalt, CH), Susanne Meier (Kinderanwältin, CH), Peter Grossniklaus (Dipl. Sozialarbeiter i.R., CH), Regina Studener-Kuras (Kinderbeistand, AUT), Christophe Herzig (Kinderanwalt, CH)

Verzeichnis der Abkürzungen

AEMR	Allgemeine Erklärung der Menschenrechte
BBl	Bundesblatt (bei Fedlex, der Publikationsplattform des Bundesrechts)
BG-KKE	Bundesgesetz über Kindesentführung
BGE	Bundesgerichtsentscheid
BGEr …	Bundesgericht
BSK	Basler Kommentare zu juristischen Themen, bei Stämpfli Buchhandlung, siehe auch Belser/Molinari im Literaturverzeichnis
BV	Bundesverfassung
GC	General Comments zu verschiedenen Artikeln der UN-KRK
EGMR	Europäischer Gerichtshof für Menschenrechte
FamFG	Gesetz über das Verfahren in Familiensachen und in den Angelegenheiten der freiwilligen Gerichtsbarkeit (Deutschland)
FamKomm	Kommentar zum Familienrecht, Herausgeber Roland Fankhauser und Ingeborg Schwenzer, Verlag Stämpfli
FRA	European Union Agency for Fundamental Rights
ICF	International Classification of Functioning, Disability and Health
KESB	Kindes- und Erwachsenenschutzbehörde
KESG	Kindes- und Erwachsenenschutzgericht
KOKES	Interkantonale Fach- und Direktorenkonferenz der Kantone für Kindes- und Erwachsenenschutz
MMI	Marie Meierhofer Institut für das Kind, Zürich
NFP 52	Nationalfondsprojekt 52: Kindheit, Jugend und Generationenbeziehungen im gesellschaftlichen Wandel (SNF)

OF	Orell Füssli: Kommentare zu juristischen Themen, siehe Biaggini im Literaturverzeichnis
SNF	Schweizerischer Nationalfonds (zur Förderung der wissenschaftlichen Forschung)
SR	Systematische Rechtssammlung (bei Fedlex, der Publikationsplattform des Bundesrechts)
UN-BRK	UN-Behindertenrechtskonvention
UN-KRK	UN-Kinderrechtskonvention
UNICEF	Kinderhilfswerk der Vereinten Nationen (ursprünglich United Nations International Children's Emergency Fund)
UNO-Pakt I	Auch UN-Sozialpakt; Internationaler Pakt über wirtschaftliche, soziale und kulturelle Rechte
UNO-Pakt II	Auch UN-Zivilpakt; Internationaler Pakt über bürgerliche und politische Rechte
WHO	World Health Organisation
ZGB	Zivilgesetzbuch
ZPO	Zivilprozessordnung

Abbildungsverzeichnis

Tabellenverzeichnis

Literaturverzeichnis

ANDERSON, Priscilla (2008, 2nd ed), Young Children's Rights: Exploring Beliefs, Principles and Practice. London and Philadelphia.

ARBEITSGRUPPE FAMILIENRECHTLICHE GUTACHTEN (2015), Mindestanforderungen an die Qualität von Sachverständigengutachten im Kindschaftsrecht. www.psychologenverlag.de

BARTH, Peter; DEIXLER-HÜBNER, Astrid (Hg.) (2011), Handbuch des Kinderbeistandsrechts. Aufgaben, Arbeitsweise, Rechtsstellung des Kinderbeistands aus interdisziplinärer Sicht, Schriftenreihe iFamZ. Wien, Linde Verlag.

BASLER KOMMENTAR ZPO (2017), Michel/Steck, Art. 299. Basel, Helbing Lichtenhahn Verlag.

BELSER, Eva Maria; MOLINARI, Eva (2015), Art. 7 BV (Menschenwürde). In: WALDMANN, Bernhard; BELSER, Eva Maria; EPINEY, Astrid (Hg.) (2015). Basler Kommentar zur Schweizerischen Bundesverfassung (BSK). Basel, Helbing Lichtenhahn Verlag.

BIAGGINI, Giovanni (2017, 2. Aufl.), BV Kommentar. Bundesverfassung der Schweizerischen Eidgenossenschaft. Zürich, Orell Füssli.

BISCHOF-KÖHLER, Doris (2011), Soziale Entwicklung in Kindheit und Jugend. Stuttgart, Verlag W. Kohlhammer.

BLASER, Martina; AMSTAD, Fabienne T. (Hg.) (2016), Psychische Gesundheit über die Lebensspanne. Grundlagenbericht. Gesundheitsförderung Schweiz, Bericht 6. Bern und Lausanne.

BLUM, Stefan; PRENZLOW, Reinhard (2011), 3 Länder – eine Sprache – grosse Unterschiede. ZKJ 10/2011, S. 397 ff.

BLUM, Stefan; COTTIER, Michelle; MIGLIAZZA, Daniela (Hg.) (2007), Anwalt des Kindes. Ein europäischer Vergleich zum Recht des Kindes auf eigene Vertretung in behördlichen und gerichtlichen Verfahren. Bern, Stämpfli Verlag.

BRAZELTON, T. Berry; GREENSPAN, Stanley. I. (2002, dt. Übers.), Die sieben Grundbedürfnisse von Kindern. Weinheim und Basel, Beltz Verlag.

BRUNNER, Sabine; TROST, T. (2014), Leitfaden zur Kindesanhörung für Fachpersonen und Behördenmitglieder im Rechts-, Bildungs- und Gesundheitswesen; Informationsbroschüren und Leitfaden zur Kindesanhörung für Kinder, Jugendliche und Erwachsene. Zürich, Unicef.

BUNDESGESETZBLATT FÜR DIE REPUBLIK ÖSTERREICH (2009), 137. Bundesgesetz, mit dem zur Einführung des Kinderbeistands das Außerstreitgesetz, die Zivilprozessordnung, das Gerichtsgebührengesetz und das Justizbetreuungsagentur-Gesetz geändert werden (Kinderbeistand-Gesetz). https://www.ris.bka.gv.at/Dokumente/BgblAuth/BGBLA_2009_I_137/BGBLA_2009_I_137.pdfsig

BÜRGIN, Dieter (2017), Zur Ko-Kreation eines kooperativen Kontextes. In: HARMS, A.; HARTMANN, H.P. (Hg.), Einsamkeit. Jahrb. Selbstpsychologie. Frankfurt, Brandes & Apsel, S. 178–190.

BÜRGIN, Dieter (2020), gemeinsam mit STAEHLE, A.; WESTHOFF, K.; WYLER-VON BALLMOOS, A., Psychoanalytische Grundannahmen. Frankfurt, Brandes & Apsel.

CAVALLERI HUG, Katja; FREI, Cristina (2020), Schlussbericht des Projekts Child-friendly Justice Kanton Graubünden. https://www.gr.ch/DE/institutionen/verwaltung/dvs/soa/familie/Documents/Kinder_Jugendpolitik_GR_Schlussbericht_Ch-f-J_V1-0.pdf

COESTER, Michael (1983), Das Kindeswohl als Rechtsbegriff: Die richterliche Entscheidung über die elterliche Sorge beim Zerfall der Familiengemeinschaft. Frankfurt a.M., Metzner.

COTTIER, Michelle (2006), Subjekt oder Objekt? Die Partizipation von Kindern in jugendstraf- und zivilrechtlichen Kindesschutzverfahren. Bern, Stämpfli Verlag.

COTTIER, Michelle (2012), Inter- und Transdisziplinarität in der Familienwissenschaft aus der Sicht des Familienrechts. FamPra.ch/2012,1, S. 65ff.

COTTIER, Michelle (2017), FamKomm Erwachsenenschutz/Cottier, Art. 314a^{bis}, N 10ff.

CRENSHAW, Kimberlé (1989), Demarginalizing the Intersection of Race and Sex: A Black Feminist Critique of Antidiscrimination Doctrine, Feminist Theory and Antiracist Politics. University of Chicago Legal Forum, Vol. 1989, Iss. 1, Article 8. http://chicagounbound.uchicago.edu/uclf/vol1989/iss1/8

DETTENBORN, Harry (2021, 6., überarb. Aufl.), Kindeswohl und Kindeswille. München, Ernst Reinhardt Verlag.

DEUTSCHE KINDERHILFE (Hg.) (2016), Tagungsdokumentation Fachtagung Kindgerechte Justiz, 13. September 2016.

DEUTSCHES KINDERHILFSWERK (2019), Fachgespräch »Kindgerechte Justiz – Fortbildung und Qualifikation von Richterinnen und Richtern«. https://www.dkhw.de/fileadmin/Redaktion/1_Unsere_Arbeit/1_Schwerpunkte/2_Kinderrechte/2.19_Kindgerechte_Justiz/DIMR_DKHW_Kinderrechtsbasierte_Kriterien_im_familiengerichtlichen_Verfahren.pdf

DEUTSCHES KINDERHILFSWERK (o.J.), Kinderrechtsbasierte Kriterien für das familiengerichtliche Verfahren. https://www.dkhw.de/schwerpunkte/kinderrechte/koordinierungsstelle-kinderrechte/kindgerechte-justiz/kinderrechtsbasierte-kriterien-fuer-familiengerichtliche-verfahren/

DIE JUSTIZBETREUUNGSAGENTUR JBA (o.J.), Kinderbeistand (Allgemeine Informationen, Struktur, Infos für Eltern, Infos für Bewerberinnen und Bewerber). http://jba.gv.at/kinderbeistand/

DIMDI, DEUTSCHES INSTITUT FÜR MEDIZINISCHE DOKUMENTATION UND INFORMATION (2005), ICF Internationale Klassifikation der Funktionsfähigkeit, Behinderung und Gesundheit, Version 2005. https://www.dimdi.de/static/de/klassifikationen/icf/icfhtml2005/

DOLTO, Françoise (1996, dt. Übers.), Scheidung – wie ein Kind sie erlebt. Stuttgart, Klett-Cotta.

DREIFUSS, Corinne (2016), Partizipation in der frühen Kindheit – eine Reflexion zur Vielschichtigkeit des Themas. undKinder Nr. 98, Zürich, S. 27ff.

EMPRECHTINGER, Julia; VOLL, Peter (2018), Disziplinarität, Interdisziplinarität und Transdisziplinarität. Die Kindes- und Erwachsenenschutzbehörde als organisationaler Rahmen für professionelle Profilierung. In: NEUHAUS, Lukas; KÄCH, Oliver, Professionelles Handeln im Kontext von Institution und Organisation. Weinheim und Basel, Beltz Juventa, S. 101–129.

EUROPARAT (2010), Leitlinien des Ministerkomitees des Europarates für eine kindgerechte Justiz. www.coe.int/children

EUROPARAT (o.J.), Child-friendly justice. https://www.coe.int/en/web/children/child-friendly-justice

FAMFG, Gesetz über das Verfahren in Familiensachen und in den Angelegenheiten der freiwilligen Gerichtsbarkeit vom 1. September 2009, § 158 Verfahrensbeistand FamFG.

FAMKOMM Scheidung (2017, 3. Aufl.), Bern, Stämpfli Verlag.

FRA European Union Agency for fundamental rights (2017), Kindgerechte Justiz – Sichtweisen und Erfahrungen von Kindern und Fachkräften. Zusammenfassung. https://fra.europa.eu/sites/default/files/fra_uploads/fra-2017-child-friendly_justice-summary_de.pdf

Graf-van Kesteren, Annemarie (2015), Kindgerechte Justiz. Wie der Zugang zum Recht für Kinder und Jugendliche verbessert werden kann. Berlin, Deutsches Institut für Menschenrechte. https://www.institut-fuer-menschenrechte.de/filead min/Redaktion/Publikationen/Policy_Paper_34_Kindgerechte_Justiz.pdf

Hanschitz, Rudolf-Christian; Schmidt, Esther; Schwarz, Guido (2009), Transdisziplinarität in Forschung und Praxis. Wiesbaden, VS Verlag für Sozialwissenschaften, S. 189ff.

Hart, Roger A. (1992), Childrens participation: from tokenism do citizenship. Florenz.

Havighurst, Robert J. (1972, 3rd ed.), Developmental tasks and education. New York, David McKay.

Hegnauer, Cyril (1994), Der Anwalt des Kindes. ZVW 1994, S. 181ff.

Heimlich, Ulrich (2014), Teilhabe, Teilgabe oder Teilsein? VHN, 83. Jg., S. 1 –5. DOI 10.2378/vhn2014

Herzig, Christophe (2017), Die Parteistellung von Kindern und Jugendlichen. ZKE 2017, S. 461–474.

Herzig, Christophe (2020), Die Rolle der Kindesvertretung. FamPra.ch, 3,2020, S. 567ff.

Hoffmann, Helena; Yalcin, Kubilay (2019), Kindgerechte Justiz – Rechtliche Anforderungen und deutsche Rechtswirklichkeit im Vergleich. Schriftenreihe des Deutschen Kinderhilfswerkes e.V.–Heft 5. https://www.dkhw.de/fileadmin/Redaktion/1_Unsere_Arbeit/1_Schwerpunkte/2_Kinderrechte/2.19_Kindgerechte_Justiz/Schriftenreihe_Nr._5_Kindgerechte_Justiz.pdf

ICF: Deutsches Institut für Medizinische Dokumentation und Information (DIMDI), Internationale Klassifikation der Funktionsfähigkeit, Behinderung und Gesundheit, Version 2005 https://www.dimdi.de/static/de/klassifikationen/icf/icfhtml2005/

Jeltsch-Schudel, Barbara; Schindler, André (2020), Behinderung als Leitbegriff in der Sonderpädagogik – Suche nach stringenter Definition oder Umgang mit Widersprüchen? Ein Kommentar zum Diskurs von Kuhn, Andreas; Kuhl, Jan. In: Grosche, Michael; Gottwald, Claudia; Tre-

SCHER, Hendrik (Hg.), Diskurs in der Sonderpädagogik – Widerstreitende Positionen. München, Reinhardt, S. 70–79.

KÄLIN, Walter; KÜNZLI, Jörg (2019, 4. Aufl.), Universeller Menschenrechtsschutz. Basel, Helbing Lichtenhahn Verlag.

KARDOFF, Ernst v. (2014), Partizipation im aktuellen gesellschaftlichen Diskurs – Anmerkungen zur Vielfalt eines Konzeptes und seiner Rolle in der Sozialarbeit. Archiv für Wissenschaft und Praxis der sozialen Arbeit (2), S. 4–15.

KEY, Ellen (2012, dt. Übers.), Das Jahrhundert des Kindes. Weinheim und Basel, Beltz Verlag.

KINDERANWALTSCHAFT SCHWEIZ (2014–2020), Jahresberichte. https://www.kinderanwaltschaft.ch/page/wissenswertes.

KINDERANWALTSCHAFT SCHWEIZ (2020), Schlussbericht des Projekts Childfriendly Justice Kanton Graubünden. https://www.gr.ch/DE/institutionen/verwaltung/dvs/soa/familie/Documents/Kinder_Jugendpolitik_GR_Schlussbericht_Ch-f-J_V1-0.pdf

KINDERANWALTSCHAFT SCHWEIZ (2021), Standards für die Rechtsvertretung von Kindern in gerichtlichen und verwaltungsrechtlichen Verfahren. https://www.kinderanwaltschaft.ch/sites/default/files/uploads/KiAn_KA_Strategie_2021_Standards_v07_20201207.pdf

KINDGERECHTE JUSTIZ, SAMMELBAND (2019), Mit Beiträgen von Expert*innen aus Wissenschaft und Praxis (Dr. Rainer BALLOFF, Dr. Philipp B. DONATH, Nerea GONZALEZ MENDEZ DE VIGO, Robert GRAIN, Prof. Dr. Stefan HEILMANN, Helena HOFFMANN, Anja REISDORF, Uta RIEGER). https://www.dkhw.de/fileadmin/Redaktion/1_Unsere_Arbeit/1_Schwerpunkte/2_Kinderrechte/2.19_Kindgerechte_Justiz/Sammelband_Kindgerechte_Justiz.pdf

KLAUSS, Theo (2017), Teilhabe und Inklusion im Rahmen des Bundesteilhabegesetzes aus Sicht der Betroffenen. Fachtagung der Johannes-Diakonie 21. 06. 2017 Löwenstein https://www.ph-heidelberg.de/fileadmin/wp/wp-klauss/Klauß_2017_Teilhabe_und_Inklusion_vor_HiGru_BTHG_und_ICF_Text.pdf

KLING, Vera (2009), Gutachten im Familienrecht: Sind Standards notwendig? FamPra.ch, 3,2009, S. 612–633.

KOKES (2022), Statistik – aktuelle Zahlen. https://www.kokes.ch/de/dokumentation/statistik/aktuellste-zahlen.

KOKES (2017), Praxisanleitung Kindesschutzrecht, Zürich und St. Gallen, Dike Verlag.

LANSDOWN, Gerison (2001), Promoting Children's Participation in Democratic Decision-Making. www.unicef-irc.org/publications/pdf/insight6.pdf

LEUTHOLD, Ursula; SCHWEIGHAUSER, Jonas (2016), Beistandschaft und Kindesvertretung im Kindesschutz – Rolle, Aufgaben und Herausforderungen in der Zusammenarbeit. ZKE 2016, S. 463ff., S. 475.

LIEBEL, Manfred (2009), Kinderrechte – aus Kindersicht. Wie Kinder weltweit zu ihrem Recht kommen. Berlin und Münster, LIT Verlag Dr. W. Hopf.

MAIHOFER, Andrea (2005), Inter-, Trans- und Postdisziplinarität. Ein Plädoyer wider die Ernüchterung. In: KAHLERT, Heike; THIESSEN, Barbara; WELLER, Ines (Hg.), Quer denken – Strukturen verändern. Gender Studies zwischen Disziplinen, Wiesbaden, VS Verlag für Sozialwissenschaften, S. 185, 197ff.

MAYWALD, Jörg (2009), Zum Begriff des Kindeswohls. Impulse aus der UN-Kinderrechtskonvention. IzKK-Nachrichten H. 1, S. 16–20.

MAYWALD, Jörg (2014), Recht haben und Recht bekommen. Der Kinderrechtsansatz in der Kinder- und Jugendhilfe. http://2014.kinderrechte-kongress.de/fileadmin/downloads/Vortrag_Maywald_PPP.pdf

MITTELSTRAß, Jürgen (2003), Transdisziplinarität – wissenschaftliche Zukunft und institutionelle Wirklichkeit. Konstanz, UVK.

MORITZ, Heinz Peter (1989), Die (zivil-)rechtliche Stellung der Minderjährigen und Heranwachsenden innerhalb und außerhalb der Familie. Berlin, Duncker & Humblot.

MURCH, Mervyn (2007), Rechtsvertretung von Kindern in familienrechtlichen Verfahren in England und Wales. In: BLUM, Stefan; COTTIER, Michelle; MIGLIAZZA, Daniela (Hg.), Anwalt des Kindes, Bern, Stämpfli Verlag.

NIEHAUS, Susanna (2017), Besonderheiten der Einvernahme und Aussagebeurteilung bei Personen mit einer geistigen Behinderung. In: LUDEWIG, Revital; BAUMER, Sonja; TAVOR, Daphna (Hg.), Aussagepsychologie für die Rechtspraxis. Zürich, Dike Verlag, S. 427–455.

NUSSBAUM, Martha (2010), Grenzen der Gerechtigkeit. Behinderung, Nationalität und Spezieszugehörigkeit. Frankfurt, Suhrkamp.

PREGER, Arno (2008), Interdisziplinarität und Transdisziplinarität in der Sozialen Arbeit. Saarbrücken, VDM Verlag.

PRENZLOW, Reinhard (Hg.) (2013), Handbuch elterliche Sorge und Umgang. Pädagogische, psychologische und rechtliche Aspekte. Köln, Reguvis.

RESCH, Franz; PARZER, Peter (1999), Entwicklungspsychopathologie des Kinder- und Jugendalters. Weinheim und Basel, Beltz Verlag.

ROGERS, Carl R. (1983, 21. Aufl.), Die klientenzentrierte Gesprächspsychotherapie. Frankfurt a.M., Fischer Taschenbuch.

Rudolf, Gerd (2000), Die Entstehung psychogener Störungen: ein integratives Modell. Praxis der Kinderpsychologie und Kinderpsychiatrie 49, 5, S. 351–366.

Salgo, Ludwig (1993), Der Anwalt des Kindes. Köln.

Salgo, Ludwig (1996), Der Anwalt des Kindes – Die Vertretung von Kindern in zivilrechtlichen Kindesschutzverfahren. Eine vergleichende Studie. Frankfurt a.M, Suhrkamp.

SAMW, Schweizerische Akademie der Medizinischen Wissenschaften (o.J.), Empfehlungen. https://www.samw.ch/de/Publikationen/Empfehlungen.html

Sandland, Ralph (2017), A clash of convention? Participation, power and the rights of disabled children. *Social Inclusion, 5 (3)*, S. 93–103. https://doi.org/10.17645/si.v5i3.955

Schaber, Peter (2012), Menschenwürde. Stuttgart, Reclam.

Schröder, Richard (1995), Kinder reden mit! Beteiligung an Politik, Stadtplanung und Stadtgestaltung. Weinheim und Basel, Beltz Verlag.

Schulze, Heike (2007), Handeln im Konflikt – Eine qualitativ-empirische Studie zu Kindesinteressen und professionellem Handeln in Familiengericht und Jugendhilfe. Würzburg, Ergon Verlag.

Schweighauser, Jonas (2017), FamKomm, Anh. ZPO Art. 300, N 1ff., insb. N 21ff.

Sen, Amartya (2009), Die Idee der Gerechtigkeit. München, dtv.

Simoni, Heidi (2007), Was Kinder in schwierigen Lebenslagen stärkt: Erkenntnisse zur Resilienz aus Forschung und Praxis. MMI Jahresbericht 2007.

Simoni, Heidi (2017), Wie Kinder und Jugendliche ihre Rechte wahrnehmen (können). In: Kaufmann, Claudia; Hausammann, Christina (Hg.), Zugang zum Recht. Basel, Helbing Lichtenhahn Verlag.

Staub, Liselotte; Grütter, Thomas; Reardon-Kofmel, Iris (2020), Anleitung zur Beurteilung familienrechtspsychologischer Gutachten. Jusletter 21. September 2020.

Stötzel, Manuela (2005), Wie erlebt das Kind die Verfahrenspflegschaft? Studie zum Qualitätsstand der Institution Verfahrenspflegschaft (gemäß §50 FGG) unter Berücksichtigung der Perspektive des Kindes. Herbolzheim, Centaurus Verlag & Media.

Stötzel, Manuela; Wolff, Mechthild (o.J.), Verfahrenspflegschaft aus der Sicht der betroffenen Kinder. https://www.lwl.org/lja-download/datei-download/LJA/erzhilf/Familie/kinderschutz/1105428238/1105428393_0/Verfahrenspflegschaft.pdf (abgerufen am 28.02.2020).

THOMAS, Nigel (2007), Towards a Theory of Children's Participation. International Journal of Children's Rights 15 (2007), S. 199–218, https://brill.com/view/journals/chil/15/2/article-p199_1.xml

UNDKINDER Nr. 98 (2016), Fachzeitschrift des Marie Meierhofer-Instituts für das Kind MMI. Zürich. – Beilage.

UNESCO (2011), The Review of Legal Protection Indicators in Early Childhood, by Adem Arkadas-Thibert, International Children's Center, Finalized in 30 September 2011. Published in March 2012. www.researchgate.net/publication/305769050

VEREINTE NATIONEN (2009), Allgemeine Bemerkung Nr. 12 (2009). Das Recht des Kindes auf Gehör. https://www.institut-fuer-menschenrechte.de/fileadmin/user_upload/Publikationen/Information/Information_GC12_barrierefrei_geschuetzt.pdf

WALDSCHMIDT, Anne (2005), Disability Studies: individuelles, soziales und/oder kulturelles Modell von Behinderung. Psychologie und Gesellschaftskritik 29 (1), S. 9–31.

WATZLAWICK, Paul (2011), Man kann nicht nicht kommunizieren. Das Lesebuch. Bern, Verlag Hans Huber.

WEBER KHAN, Christina; HOTZ, Sandra (2019), Umsetzung des Partizipationsrechts Art. 12 KRK. Studie, Bern, www.skmr.ch

WIDER, Diana (2011), Interdisziplinäre Zusammenarbeit in der Kindes- und Erwachsenenschutzbehörde, Bachelorarbeit Hochschule Luzern für Soziale Arbeit.

WOCKEN, Hans (o.J.), Inklusive Momente in Bildungsprozessen. Kritik einer bildungstheoretischen Grundlegung der schulischen Inklusion. https://www.inklusion-online.net/index.php/inklusion-online/article/download/588/428?inline=1

WYTTENBACH, Judith (2006), Grund- und Menschenrechtskonflikte zwischen Eltern, Kind und Staat. Basel, Helbing Lichtenhahn Verlag.

Mögen alle Wesen glücklich sein